# L'ARGOT MUSICAL

L'ARGOT MUSICAL

CURIOSITÉS
ANECDOTIQUES ET PHILOLOGIQUES

PAR

ÉMILE GOUGET

AVEC UNE INTRODUCTION
DE
LOUIS GALLET

PARIS
LIBRAIRIE FISCHBACHER
(SOCIÉTÉ ANONYME)
33, RUE DE SEINE, 33
1892
Tous droits réservés.

INTRODUCTION

Victor Hugo, en son langage pittoresque, si puissant en ses images, a dit de l'argot: « C'est toute une langue dans la langue, une sorte d'excroissance maladive, une greffe malsaine qui a produit une végétation, un parasite qui a ses racines dans le vieux tronc gaulois. Selon qu'on y creuse plus ou moins avant on trouve dans l'argot, au-dessous du vieux français populaire, le provençal, l'espagnol, l'italien, l'anglais, l'allemand, du roman, du latin, enfin du basque et du celte. Formation profonde et bizarre, édifice souterrain bâti en commun par tous les misérables. »

Cet argot, dont parle ainsi le grand poëte, était celui des gueux et des pauvres et aussi des poètes gueusards comme Villon. Du XIVe siècle, il est venu jusqu'à nous, se transformant, se repétrissant, empruntant des mots nouveaux aux époques qu'il traversait, en abandonnant, le long du chemin, d'autres qu'on ne connaît plus ou qui, du moins, restent profondément mystérieux, comme lui-même l'est resté, car, malgré les définitions subtiles et les dérivés ingénieux, on ne sait encore rien de précis sur son origine.

Mais ne suffit-il pas qu'on l'ait défini, et ce mystère originel ne convient-il pas aux choses destinées à se fixer sans raison démonstrative dans l'esprit des peuples? Comme j'interrogeais, un jour, le poète Frédéric Mistral sur l'étymologie du mot félibre, dans lequel les uns, analystes naïfs, voient « faiseur de livres » et les autres, plus compliqués, « homme de foi libre, libre penseur, indépendant, » il me répondit fort simplement : « *Félibre* est un mot de pure convention, sans attache certaine avec aucun autre, un signe de reconnaissance pour un groupe. — Il est bon qu'il y ait ainsi à l'origine des institutions des vocables obscurs d'où émane pour certains une idée lumineuse. »

Je m'imagine que l'argot, ou pour mieux

dire les argots, car il y en a aujourd'hui autant que de professions ou de groupes humains, sont nés ainsi d'un simple désir de particularisation, d'un parti pris de créer des formules comprises d'une seule collection d'êtres et faites, comme un habit d'Arlequin, de pièces empruntées aux technologies professionnelles ou simplement aux mots usuels détournés de leur sens.

C'est en somme une langue caricaturale, et si nous la considérons telle qu'il la faut entendre aujourd'hui, ce n'est plus qu'un jargon.

On ne retrouve, en effet, que très rarement aujourd'hui l'argot, tel qu'il se parlait à l'époque, par exemple, où Eugène Sue en recueillait dans les *Mystères de Paris* de curieux échantillons. Une des dernières traces que j'en aie vues est encore apparente, je crois, sur la porte battante du grand atelier où l'Opéra fait peindre ses immenses décors. Là, un pinceau sans façon, pour inviter le visiteur à fermer la porte, a écrit: *Bouclez la lourde!* Cela est pittoresque et les profanes le comprennent tout de suite.

Cet argot, utilisé par Eugène Sue de la façon vivante que l'on sait, l'auteur des *Mystères de Paris* l'avait, détail peu connu, emprunté au Vocabulaire des langues bigornes, recueilli par F. V. Raspail dans les prisons et publié dans son *Réformateur*, en 1835.

En se raffinant, l'argot est devenu assez inintelligible. Celui de nos jours ne sert qu'aux aimables drôles qui vont de temps en temps faire figure sur les bancs du Palais de justice; il n'a rien à voir avec celui de ce petit livre, que son auteur, M. Émile Gouget, a bien voulu me prier de présenter au public.

En vérité, il n'avait que faire de cette présentation, se présentant lui-même assez clairement, pourvu qu'on l'ouvre au hasard et qu'on en lise deux ou trois pages. On voit tout de suite ce qu'il est: non point un vocabulaire d'argot pur, mais une curieuse et amusante collection de mots appliqués arbitrairement, de tournures conventionnelles, de termes techniques plaisamment détournés de leur objet et surtout un chapelet d'anecdotes et de réflexions drôles, telles qu'il s'en échange, à l'orchestre, entre musiciens en belle humeur.

La plupart de ces termes, de ces formules sont lettre morte pour le curieux qui vit hors du monde de ces grands enfants, qui sont les artistes. M. Émile Gouget a entrepris de parfaire sur ce point notre éducation, tout en récréant légèrement notre esprit. Il nous a, dans cette bonne pensée, donné son *Argot musical*, dont la préface dira mieux que ces quelques lignes, le véritable caractère.

Louis Gallet.

PRÉLUDE

Tu le vois, ami lecteur, ceci n'est point une préface, c'est un simple prélude, une façon d'accorder nos flûtes, dont certainement tu daigneras tolérer le passager charivari dans l'espoir que notre orchestre ne t'écorchera pas les oreilles en exécutant sa Symphonie Argotique.

Ne t'offusque pas du titre de cette fantaisie vocale et instrumentale. Il faut savoir se mettre au diapason *et entrer dans le mouvement de son époque.*

L'argot *n'a-t-il pas ses titres de noblesse ? Interrogeons les étymologistes, détenteurs de ces précieux papiers de famille. Argot, dit l'un, descend en droite ligne d'*Argos. Argot, *dit un autre, a pour ancêtre* Argus. Erreur, *ajoute un troisième,* Argot *est l'enfant naturel de* Ragot. *Voici la vraie généalogie, s'écrie un quatrième philologue :* Argot *est né d'un père français appelé* Jargon, *fils d'une Italienne* *nommée* Lingua gerga, *issue d'une mère grecque du nom de* Hiera *signifiant sacrée.* Ergo, *donc l'argot est une langue sacrée.*

Il ne nous serait pas impossible de trouver à l'argot quelque ancêtre musical, ne fût-ce que l'Arigot, flûte champêtre sur laquelle les oiseleurs imitaient le jargon *inintelligible des oiseaux chantés par nos vieux poètes.*

« *Il n'y a bête ni oiseau*
Qu'en son jargon *ne chante ou crie.* »

CHARLES D'ORLÉANS.

« *Je connais quand pipeur* jargonne. »

FR. VILLON.

Il ne faudrait pas croire que l'argot ait été créé par une bande d'escarpes et de grinches. Cette langue fut primitivement parlée par la corporation des merciers du Poitou, colportant leurs produits de foire en foire.

« *Il arriva que plusieurs merciers mangèrent leurs balles, néanmoins ne laissèrent pas que d'aller aux susdites foires où ils trouvèrent quantité de pauvres gueux desquels ils s'accostèrent et leur apprirent leur langage et leurs cérémonies. Les gueux, réciproquement, leur enseignèrent charitablement à mendier.* »

(Le Jargon ou langage de l'argot réformé. *1660.*)

L'argot particulier que les Anglais nomment cant *ne serait-il pas une importation française faite par des colporteurs habitués à vendre leur marchandise à la criée, à l'encan (in cantus)? L'argot n'était-il pas appelé en Angleterre, le* français des colporteurs (pedlars french)?[1]

Autrefois l'argot était la langue des gueux et des voleurs. Aujourd'hui chaque classe de la société possède un argot qui lui est propre. C'est ainsi qu'on distingue l'argot des ateliers, l'argot des coulisses, l'argot du demi-monde, l'argot des joueurs, l'argot des faubourgs, l'argot des prisons, l'argot des collèges, l'argot du palais, l'argot des peintres, l'argot des musiciens, l'argot des poètes, l'argot des savants, etc. Et chacun de ces argots se divise et se subdivise en autant d'idiomes que chaque classe sociale comporte de variétés.

Ainsi l'argot musical qui fait ici l'objet de notre étude spéciale, comprend plusieurs catégories: l'argot des chanteurs, l'argot des instrumentistes, l'argot des compositeurs, l'argot des théoriciens, l'argot des luthiers, etc.

Demandez au professeur de musique pourquoi

---

[1]. Les cris des marchands ambulants sont une sorte d'argot musical intelligible seulement pour les ménagères. Si l'on en croit d'Ortigue, ces cris qui se transmettent de père en fils invariablement sur le même mode, la même intonation, le même accent, la même cadence tonale, seraient dérivés des modes du plain-chant.

il se sert des mots diatonique *et* chromatique, *il vous répondra que ces mots ont été tirés du grec et que, bien qu'ils n'expriment nullement l'idée que les Grecs attachaient à ces vocables, il croit néanmoins devoir les employer, parce qu'ils sont dans le dictionnaire officiel et que les savants ne leur ont point trouvé d'équivalents.*

Demandez au chanteur pourquoi il use de ces expressions : accoucher de sa note, la donner, se l'extraire, se gargariser, jouer du larynx, accorder ses badigoinces, remuer la commode, *il vous répondra que ces argotismes expriment des nuances qu'aucun lexique officiel ne mentionne et que, d'ailleurs, le mot* chanter *est mal porté depuis qu'on l'a détourné de son sens propre pour en baptiser un acte criminel.*

On voit par ces deux exemples que la création des argotismes est une conséquence de la pauvreté de la langue officielle.

Notre langue, disait Voltaire, est une gueuse fière à qui il faut faire l'aumône malgré elle. [1]

Si la musique est une langue universelle, son vocabulaire est une véritable tour de Babel ; l'italien, le grec, le latin, l'hébreu et le chinois s'y coudoient par ordre alphabétique.

---

[1] *Un certain nombre de mots français doivent leur origine à l'argot du peuple romain qui trouva piquant, par exemple, d'appliquer à la tête* (caput) *la métaphore de pot cassé* (testa) *et à l'intestin* (intestinum) *le surnom de boudin* (botellus), *mot d'où sont tirés nos boyaux.*

Que l'on emprunte à l'Italie sa terminologie en l'appliquant sans en altérer le sens, rien de mieux; c'est un hommage rendu au berceau de l'art musical.

Mais que dire de ces sept barbares syllabes tirées d'une hymne latine qui avait, assure-t-on, la propriété de guérir de l'enrouement ?

> Ut *queant laxis*
> Resonare *fibris*
> Mira *gestorum*
> Famuli *tuorum,*
> Solve *polluti*
> La*bii reatum,*
> Sancte Ioannes.

N'est-ce pas véritablement parler argot que d'employer ces sept vocables pour qualifier non seulement les sept degrés de l'échelle musicale, mais encore les échelons intermédiaires, tant dièses que bémols ?

Que dire également de ces mots empruntés aux Grecs et employés à contre-sens, tels que diapason, orchestre, coryphée, rythme, *etc. ?*

Un facteur invente-t-il un nouvel instrument de musique, il se hâte de fouiller dans la grande tire-lire des Grecs pour en extraire un nom de baptême en mélo *ou en* phone, *et c'est ainsi que surgissent ces interminables files d'argotismes, marqués de la même estampille, tels que* saxophone, sarrusophone, mélophone, acoucryptophone, *etc.*

On n'emprunte qu'aux riches, dit un proverbe. Encore faudrait-il connaître les richesses des gens qu'on dépouille. Or, que savons-nous du système musical des Grecs? On bataille vainement depuis longtemps autour de deux ou trois fragments échappés à la faux du temps, comme dirait l'argot classique.

Il faut avouer que les musiciens qui ont créé le peu de mots français ornant notre lexique musical, n'ont pas eu la main heureuse. La plupart de ces vocables sont basés sur une idée conventionnelle émanée de la notation linéaire qui écrit les sons du grave à l'aigu, de bas en haut, à l'inverse des Grecs.

De sorte que si la notation sur la portée vient un jour à disparaître, on se demandera avec étonnement ce que nous entendions par sons hauts et sons bas, monter et descendre la gamme; et l'innombrable famille des argotismes qui en dérivent: alto, contralto, hautbois, basse, dessus, contre-basse, *etc., sembleront aux futurs musicographes autant d'hiéroglyphes indéchiffrables.*

Pour redresser notre vieille langue musicale, incapable d'exprimer les nuances multiples de la tonalité et de l'instrumentation modernes, il faudrait de savants et hardis orthopédistes, capables de forger en pur métal de nouveaux vocables exprimant les besoins de l'art, et résolus à lutter contre la routine et à imposer la réforme lexicographique aux esprits les plus rebelles. Malheureusement les musiciens militants, lancés dans des luttes purement artistiques, se désintéressent profondément des questions de linguistique.

Cette indifférence se trahit jusque dans les titres des chefs-d'œuvre de nos plus grands génies musicaux. Presque tous les maëstri se sont contentés de numéroter leurs œuvres, en tête desquelles ils ont placé la même étiquette banale : Sonate, concerto, quatuor, symphonie, etc.

De sorte qu'afin de nous reconnaître parmi tant de merveilles, nous sommes forcés de désigner chaque ouvrage par le ton ou le mode dans lequel est écrit son premier morceau. C'est ainsi que les affiches de concert étalent aux yeux du public ces titres irrésistibles :

> Sonate en Ut ♯ mineur, pour piano....
> Symphonie en La....
> Septième concerto, pour violon....

Nos compositeurs français se sont toujours montrés plus révolutionnaires en pratique qu'en théorie. Pendant 18 ans, F. Halévy eût l'honneur d'être secrétaire perpétuel à l'Académie des Beaux-Arts et de mettre la main à ce fameux dictionnaire que Beulé comparait à « la toile de Pénélope. »[1]

---

[1] Le dictionnaire des Beaux-Arts est loin d'être parachevé. La lettre C est encore en cours d'exécution. Pourtant la section musicale de l'Académie des Beaux-Arts, comprenant six sièges, a compté depuis sa fondation en 1795, trente-quatre membres titulaires, ce qui représente une gestation de 582 ans, c'est-à-dire plus de Cinq Siècles et demi.

L'auteur de la Juive qui eût le premier l'audace d'introduire les cloches et les instruments Sax dans son orchestration, se serait fait un cas de conscience de glisser un mot nouveau dans la langue musicale.

Pourtant, à un art nouveau il fallait une langue nouvelle.

Berlioz et C. Blaze ont créé quelques argotismes qui sont plutôt du domaine de la critique que de la terminologie musicale.

G. Kastner, dont les travaux originaux attestent la science et l'esprit philosophique, semblait désigné pour préparer la revision du vocabulaire musical. Malheureusement, chez lui, le penseur absorbait le réformateur.

Néanmoins quelques néologismes germèrent sur notre sol ingrat, semblables à ces plantes exotiques déposées sur nos monuments séculaires par les oiseaux de passage. C'est ainsi que les mots orchestration, orchestrer, harmoniser, choral, orphéon, opérette, *etc., considérés d'abord comme de vils argotismes, eurent l'honneur d'être classés dans l'herbier académique, à côté de ces deux fleurs hermaphrodites,* hymne *et* orgue, *qui en forment l'ornement le plus excentrique. Ce n'est qu'en 1877 que l'Académie française reconnut officiellement ces mots que depuis longtemps déjà le monde musical parlait couramment.*

Le rôle des corps savants consiste simplement à

enregistrer et à rectifier les créations dues à cette collaboration anonyme qu'on nomme le peuple. En 1877 l'Académie impose consonance *avec une* n, solfège *avec un accent grave,* contrebasse *et* contretemps *sans trait-d'union,* rythme *avec une seule* h, *etc. Telles sont les réformes microlexicographiques de la docte assemblée.*

Dumarsais n'avait-il pas raison de dire qu'il se débite plus de figures de rhétorique à la halle, un jour de marché, qu'à l'Académie française ?

« *Une langue cultivée, écrite, dit E. Quinet, vit de la substance qu'elle emprunte aux dialectes populaires. Si l'intervalle devient trop grand entre ces dialectes vivants et la langue traditionnelle, celle-ci se dessèche comme une plante à laquelle manque le sol. Histoire de la vie et de la mort des langues.* »[1]

« *En fait de musique et de langage, dit d'Ortigue c'est le peuple qui invente. Viennent ensuite les savants, les grammairiens, les théoriciens, qui mettent en œuvre, mais qui n'inventent pas. Ceux-ci font bien ou mal, suivant qu'ils ont ou n'ont pas de génie. Mais ceux qui ont du génie ne sont pas ceux qui mettent de leur crû, qui tirent d'eux-mêmes ; ce sont ceux, au contraire, qui puisent dans le fonds commun, dans le vaste réservoir populaire, ceux dont l'instinct devine la fibre sympathique et la fait vibrer.* »[2]

---

[1] *La Création*, II, 146.
[2] *Dictionnaire de Plain-chant.*

Les argotismes, comme les mélodies populaires, en roulant de bouche en bouche, se dépouillent peu à peu de leur gangue grossière et acquièrent quelquefois le poli et l'éclat du diamant. Nos plus grands écrivains et nos plus illustres compositeurs n'ont point dédaigné d'enchâsser ces joyaux dans leurs œuvres dont ils rehaussent l'éclat et dont ils popularisent le succès. [1]

Il est à remarquer qu'en matière d'invention néologique, le peuple se montre plus patriote que les savants. Dans son argot, il fait rarement appel à l'étranger. Ce n'est pas le peuple qui a inondé la France de cette armée d'héllénismes et d'anglicismes dont l'invasion lente et continue menace de dénationaliser notre langue.

On trouve encore dans la bouche de nos paysans

---

[1] *Un savant qui a profondément étudié les écoles de musique du moyen âge, Bottée de Toulmon, dit qu'à côté de la musique compliquée des musiciens proprement dits, il existait encore une autre musique, assez méprisée, du reste. « Celle-là, dit-il, c'était celle du peuple, et malheureusement pour les prétentions de nos ancêtres connaisseurs, il faut le dire, c'était la vraie; c'est elle qui a produit l'art moderne. »*

Un autre savant musicographe, M. Danjou, ajoute que « non seulement la musique populaire n'avait pas voulu subir le joug de la science, mais pendant que cette dernière s'efforçait de créer une nouvelle tonalité, ou plutôt de retrouver les genres enharmoniques et chromatiques des anciens, les compositeurs populaires devançaient toutes les réformes et réalisaient par indépendance ou par instinct, ce que les efforts des savants n'avaient pu produire » les vestiges de la langue de nos vieux poètes, proscrite depuis longtemps par l'internationale des corps savants.

Quand le peuple fait un emprunt, c'est toujours au fonds social, quelque mot qu'il trouve plaisant de détourner de son sens propre. C'est ainsi que, pour composer son argot, il a puisé à pleines mains dans le vocabulaire de l'art enchanteur avec lequel il se trouve journellement en contact, la musique.

C'est au peuple que revient la gloire d'avoir créé l'homme-orchestre *dont les pieds sont des* boites à violon ; *les jambes, une paire de* flûtes ; *le ventre, un* bedon, *renfermant une* cornemuse ; *le contraire, un* basson *ou une* contrebasse ; *les mains, des* harpions ; *les oreilles, une paire de* cymbales ; *les dents, des* touches de piano ; *le nez, un* trombone, *une* trompette *ou un* tuyau d'orgue, *selon les besoins ; la langue, un* grelot ; *et les cheveux des* baguettes de tambour.

Et les voleurs, se rencontrant avec Pascal, ont eu un trait de génie en synthétisant dans leur argot sinistre tous les éléments de cette instrumentation bizarre, et en créant leur pronom personnel : mon orgue, ton orgue...

C'est par son argot que se trahit le caractère distinctif d'une nation.

Le Français goguenard et friand d'équivoques se retrouve tout entier dans les argotismes suivants : Instruments de persécution, trio laid, prix de rhum, museau de chien, do bémol, charivarius, donner du mou à sa chanterelle, faire du contrepoing, jouer en scie, jouer du haut-bois, jouer du bas-son.

Fier de ses grands crûs, le Français devait fatalement inventer l'harmonica bachique *afin d*'entonner, *de* flûter, *de* se rincer la cornemuse *et de* se raboter le sifflet à tire-larigot.

Le Français sceptique s'empresse de rire de tout de peur d'être forcé d'en pleurer. L'idée même de la mort grimace d'une façon grotesque en son argot macabre : le tapin avale ses baguettes, *le* violoniste dévisse son archet, *l*'organiste crève son soufflet, *le trombone* crache son embouchure, *le notaire* décroche ses cymbales, *ce qui n'empêche pas les* croque-notes *de s'incliner respectueusement devant la* boîte à violon.

On voit que l'argot est une langue essentiellement poétique, riche en images et en allégories pittoresques.

Un prisonnier, ayant remarqué qu'en sciant ses fers, sa lime reproduit le mouvement de l'archet d'un violoniste, appellera cette opération jouer du violon.

Par contre, un violoniste empruntera au vocabulaire des corps de métiers cette expression qui caractérisera le jeu de son instrument : scier du bois, *et la poussière de sa colophane deviendra du* bran de scie.

Transformé en prison préventive à l'usage des tapageurs nocturnes, le violon *lui-même ne sera plus* pour *l'instrumentiste qu'un* crincrin, *une* raquette, *un* jambonneau, *une* souricière *ou un* sabot.

Les pianomanes *seront considérés comme exerçant un* métier à marteau *et leur instrument sera qualifié irrévérencieusement de* tapotoir, *de* pétrin *et de* chaudron.

Il est à remarquer que le peuple a choisi les instruments de percussion métalliques pour exprimer dans son argot les périodes de la folie. La calotte de la cloche ayant reçu du fondeur le sobriquet de cerveau, *l'encéphale humain fut assimilé à une cloche frappée par le Destin et l'homme fut ainsi condamné à* avoir martel en tête, *à* recevoir un coup de marteau, *à être* timbré, toqué *et à* battre la campane *sur tous les tons.*

Pour créer leurs argotismes, toutes les classes de la société se pillent mutuellement leurs vocabulaires techniques, ce qui pourrait donner quelque apparence de raison à ceux qui considèrent encore l'argot comme la langue des voleurs.

Les chapeliers se sont emparés du violon *et de* l'accordéon *des musiciens, les boulangers et les apothicaires leur ont emprunté leurs* flûtes, *les cuisiniers leur ont soustrait leur* timbale, *les brodeurs leur* tambour *et les tailleurs leur* sifflet d'ébène.

Les vétérinaires font harper *et* pianoter *les chevaux et les cochers de fiacre leur font jouer de la* musette; *les joueurs* font de la musique, *annoncent un* quatuor, *un* quintette, *un* charivari *ou un* grand opéra.

Partisans du libre échange, les peintres et les musiciens troquent leur gamme des couleurs *et leur* palette des sons. *Les virtuoses* jouent *d'un instrument comme les joueurs* musiquent *leurs cartes; les pianistes* jouent aux dominos ; *les contrebassistes* rabotent l'armoire *comme de simples ébénistes.*

Pénétrez dans les cuisines musicales ; *quels bruits, quel tohu-bohu ! Les cordons bleus de l'art du chant apprêtent leur* filet de vinaigre *et leurs* citrons ; *l'organiste, assis devant le* buffet, *travaille à son* pétrin ; *le timbalier* nourrit *ses trémolos en blousant ses* chaudrons ; *le triangle fait vibrer son* trois-pieds, *et les* croque-notes *prennent le la de la* fourchette *harmonique pour accorder la* flûte à l'oignon *si chère à l'école du civet sans lièvre.*

Non contents de faire subir des emprunts forcés à tous les corps d'état, les musiciens mettent en coupe réglée le glossaire de la musique des bêtes. Les chanteurs chevrotent, beuglent, roucoulent, ânonnent *la* musique enragée *qu'on leur a* serinée *et font une concurrence déloyale aux* sirènes de moulin *et aux* rossignols à glands. *Et pour accompagner cette ménagerie vocale, les pianistes* barbotent *en* taquinant les dents d'éléphant, *les flûtistes soufflent dans leur* os à moelle, *les fifres agacent leur* perce-oreille, *les clarinettes* canardent, *les violons s'es-*

criment sur leurs boyaux de chat *et les tapins sur leur* peau d'âne.

On verra, dans l'étude détaillée de ces argotismes musicaux que la plupart reposent sur une observation juste, sur une analogie souvent piquante et, quelquefois même, sur une idée profondément philosophique.

L'ARGOT MUSICAL

A

Académicien, ne. — Artiste de l'Académie nationale de musique. (Argot de musicistes.)

Dans sa facétieuse *Constitution de l'Opéra*, publiée en 1737, Chévrier observe que l'*Académie royale de musique* et l'*Académie française* ont beaucoup de rapport par leur objet, par les talents qu'elles rassemblent et par les circonstances de leur établissement.

« C'est de l'Italie, dit-il, qu'elles tirent toutes deux leur origine. Elles ont eu, l'une et l'autre, pour fondateur, un premier ministre cardinal. Leur but est également de perfectionner la langue et la musique. Le portrait des filles d'opéra ne figurerait pas mal avec celui des auteurs de l'Académie française. On pourrait juger de ceux ou de celles qui ont le plus travaillé, par la liste de leurs ouvrages ou de leurs intrigues. »

Ajoutons que, sous le rapport de la langue, nos belles *académiciennes* d'opéra en montreraient aux quarante du pont des Arts. On a vu des ducs et des princes illettrés s'asseoir dans l'éternel fauteuil, et des chanteuses d'opéra ceindre la couronne ducale; on a vu, malgré les jetons de présence, plus d'un immortel mourir dans la misère et de simples rats d'opéra devenir millionnaires, grâce aux charmes séducteurs de leur Académie; enfin, pour achever le parallèle, on a vu l'Académie chantante accueillir à bras ouverts *Psyché* et *le Devin du Village* pendant que l'Opéra du dictionnaire ouvrait à Molière et à Jean-Jacques son salon des refusés.

Académie nationale de musique. — Théâtre de l'Opéra. (Argot officiel.)

Cette *Académie* n'a rien de commun avec le fameux jardin d'Academus où s'épanouirent, il y a deux mille ans, les théories de l'amour platonique.

Ce fut un poète musicien, Antoine de Baïf, qui dota la langue de cet argotisme.

«Après un long séjour à Venise, dit Castil Blaze dans son histoire de l'académie de musique, Baïf désirant faire connaître, au moins par fragments, les opéras qu'il avait admirés, et donner une idée du drame lyrique naissant à ses compatriotes, fit exécuter à Paris des scènes italiennes traduites et des cantates de sa façon. Les exercices des musiciens qu'il réunissait en sa maison de la rue des Fossés-

Saint-Victor ne pouvaient être appelés *opéras*, puisqu'ils étaient privés de théâtre et de mise en scène. Baïf leur donna le nom d'*Académie*, traduction d'*accademia*, qui signifie *concert* en italien; le mot concert n'ayant pas encore dans notre langue le sens qu'il reçut plus tard à l'endroit de la musique. Les lettres patentes accordées à Baïf par le roi Charles IX, en 1570, autorisent l'établissement d'une *académie de musique*, c'est-à-dire un *concert de musique*. En 1668, lorsque Perrin sollicitait le privilège d'un théâtre où le drame lyrique parut avec tous ses moyens de séduction, le brevet accordé cent ans auparavant fut remis en lumière. Le titre d'*Académie* annonçait à peu près le contraire du spectacle projeté, mais ce titre était déjà consacré par une patente royale; Perrin demandait ce que Baïf avait obtenu; malgré son inconvenance, *académie de musique* fut adopté. On ajouta le mot *royale*, pour donner plus de solennité, plus de pompe à ce titre. »

Vers 1630, une réunion de littérateurs s'étaient emparés du néologisme créé par Baïf pour s'intituler l'*Académie des beaux esprits*, œuf d'où, cinq ans plus tard, devait éclore l'*Académie française*. On voit que la docte assemblée a, de par ce larcin, une origine musicale dont cependant elle ne daigna se souvenir qu'une seule fois, en 1780, en offrant son neuvième fauteuil au sieur Chabanon. Le poète Lemierre, avec lequel ce candidat se trouvait en concurrence, s'écriait piteusement: « M. de Chabanon l'emportera; il joue du violon et moi je ne joue que de la lyre. »

En effet, Chabanon entra à l'Académie; son plus grand titre était son talent sur le violon dont il jouait dans le *concert des amateurs,* dirigé par le chevalier de Saint-Georges, à l'hôtel Soubise.

Cette réception fut saluée de l'épigramme suivante :

>A Foncemagne on veut, dit-on,
>Pour le fauteuil soporifique,
>Faire succéder Chabanon ;
>Mais son mérite académique ?
>— Aucun. Il est grand violon.
>Dans le sein de la compagnie
>Manquant d'accord et d'unisson
>Il rétablira l'harmonie.

Accordéon. — Chapeau à claque, dont la surface cylindrique se replie comme un soufflet *d'accordéon.* (Argot populaire.)

On donne également le nom *d'accordéon* au chapeau haute forme ordinaire qui a reçu un renfoncement.

« Le pianiste Z..., célèbre surtout par ses distractions, est prié dans un salon de faire entendre sa *pluie d'étoiles.* Il dépose son couvre-chef sur le tabouret du piano, ôte ses gants en promenant déjà sur son auditoire un regard conquérant. Soudain un cri retentit, suivi d'une longue exclamation. L'infortuné pianiste venait de s'asseoir sur son chapeau.

— Suis-je donc aveugle ? s'écrie-t-il d'un ton vexé, en désaplatissant le soyeux cylindre.

— Alors, maëstro, lui dit-on, jouez-nous de l'accordéon. »   (*Musicorama.*)

Malgré les railleries dont il fut si souvent la cible, le chapeau-accordéon a droit aujourd'hui à la considération publique. M. P. Giffard raconte qu'un jour Edison s'amusait à parler dans son *accordéon* qu'il tenait de la main gauche tandis que la droite était placée sur le fond extérieur de cette coiffure. S'étant aperçu que le son de sa voix faisait vibrer le fond du chapeau, Edison se dit qu'une plaque de métal répéterait encor mieux ces vibrations. A quelque temps de là, le phonographe était inventé.

On voit que cette admirable découverte n'eût pu se réaliser sous Louis XIV, où la coiffure se composait d'un feutre mou, ni même de nos jours, si le Nouveau-monde avait adopté le fez ou le melon.

L'Accordéon n'est point le seul argotisme qui serve de trait-d'union entre la chapellerie et la musique. Les Françaises portaient, à la fin du XVIIe siècle, de hautes coiffures dites à tuyaux-d'orgues et si élevées que leur tête semblait être placée au milieu du corps. On fabrique encore nos chapeaux de feutre en jouant du monocorde. (Voir Arçon).

Un instrument de percussion, naguère usité dans nos musiques militaires, avait été baptisé du nom de chapeau-chinois.

Un spirituel écrivain, Cl. Caraguel, a même eu la hardiesse de comparer la voix de nos grands chanteurs à un vulgaire chapeau.

« Que l'on se figure, dit-il, une patère placée beaucoup trop haut pour que l'on y puisse atteindre et à laquelle pourtant ou serait tenu d'accrocher son chapeau, sous peine de passer pour un malôtru. Tous les hommes qui entrent dans l'appartement se livrent à des bonds prodigieux pour s'élever jusqu'à la patère. La plupart y renoncent après s'être essoufflés en vains efforts, quelques-uns, s'élançant avec trop d'impétuosité pour pouvoir maîtriser leurs mouvements, — n'aboutissent qu'à crever leur chapeau contre la patère. De loin en loin, il se rencontre un tambour-major qui parvient à accrocher son chapeau sans l'abîmer.

Cette patère c'est l'ut de poitrine auquel le chanteur est tenu d'accrocher sa voix. »

Accordeur de flûtes. — Juge de paix. (Argot des voleurs.)

Sans doute parce que cet honorable magistrat est appelé souvent à remettre au même diapason les gens qui ont trop *flûté*.

(Voir *Flûter.*)

Accordeur de la Camarde. — Nom donné au bourreau quand il apprête les bois de justice pour l'exécution d'un condamné à mort.

Argotisme inventé par ceux qui considèrent la guillotine comme un piano à une touche, sur lequel la mort au nez camard aime à exécuter de temps à autre quelque aubade sanglante.

Une dame demandait un jour à Villemot : « Aimez-vous le piano ? » — « Madame, je le préfère à la guillotine, » répondit le pianophobe, ignorant sans doute les liens qui unissent ces deux instruments de supplice.

Tout le monde connaît cette chanson que l'on chantait, sous la Révolution, sur l'air du *menuet d'Exaudet* :

>   Guillotin,
>   Médecin
>   Politique,
>   Imagine, un beau matin
>   Que pendre est inhumain
>   Et peu patriotique.
>   Et sa main
>   Fait soudain
>   Une machine
>   Humainement qui tuera
>   Et qu'on appellera
>   Guillotine.

L'idée première de cette invention appartient à un facteur de clavecins, nommé Schmidt, habile mécanicien et passionné musicien.

Ayant vendu un clavecin au bourreau de Paris, Charles-Henri Sanson, Schmidt se lia peu à peu avec l'exécuteur des hautes-œuvres qui était assez bon exécutant sur le violon et le violoncelle. Le répertoire de Gluck fut le trait-d'union de ces deux mélomanes. Schmidt, au clavecin, et Sanson, l'archet en main, déchiffraient avec ardeur les partitions d'Orphée et d'Iphigénie en Aulide.

Un soir qu'un passage difficile avait enrayé la marche du duo, Schmidt proposa de trancher la difficulté en faisant une coupure. A ce mot, Sanson dépose son instrument et

(chassez le naturel, il revient au galop)

il se met à développer un nouveau projet de décollation qu'il roulait depuis longtemps dans la tête. La discussion s'engage. Schmidt oppose des arguments de mécanique. Sanson riposte. On cherche. Tout-à-coup, le facteur de clavecins pousse le cri d'Archimède : « Eurêka ! j'ai votre affaire, » dit-il. Et, saisissant un crayon, il trace en quelques traits un dessin sur la marge de la partition de Gluck : c'était la guillotine !...

L'idée du couperet triangulaire de l'instrument sinistre avait été suggérée par le *couteau de garnisseur* dont se servent encore les facteurs pour couper net les marteaux de pianos.

Est-ce d'après le croquis de Schmidt que le baron Louis exécuta sa terrible machine ? On l'ignore mais il est permis de regretter que son premier inventeur n'ait pas poussé plus loin la réalisation de sa pensée, car il eût peut-être adouci l'horreur des exécutions capitales en créant *la guillotine à musique.*

(Voir *Pianiste.*)

Accordeur de piano. — « Libertin qui prend la taille des femmes pour un clavier, et qui pince, tapote et palpe comme s'il promenait les doigts sur les touches d'un piano. »

(L. Rigaud. *Dict. d'argot moderne.*)

Accoucher de sa note. — Se dit d'un chanteur ou d'une diva qui fait des efforts inouïs pour faire sortir de son gosier une note rétive. (Argot de coulisses.)

Les émules des Duprez et des Tamberlick ont beau faire; leur ut de poitrine est encore distancé par ce cri de la nature, poussé dans les douleurs de l'enfantement et noté ainsi par le docteur Colombat de l'Isère dans son ouvrage « *le mécanisme des cris :* »

Les éphores de Lacédémone condamnèrent avec la dernière rigueur Timothée de Milet pour avoir, dans son poème sur *l'accouchement de Sémélé*, imité d'une manière indécente les cris d'une femme en proie aux douleurs de l'enfantement. On possède un document qui contient, d'après Boèce, le texte de l'arrêt de condamnation du poète musicien.

On voit que la musique imitative, base de l'école naturaliste moderne, n'est qu'une invention renouvelée des Grecs.

(Voir *attraper le lustre, se l'extraire, la donner*.)

Accrocher. — Rater l'exécution d'un passage de musique. (Argot d'orchestre.)

Allusion à la forêt de crochets simples, doubles, triples et quadruples dont sont hérissées les parties d'orchestre et qu'il est difficile de traverser sans accroc.

(Voir *Rateur*.)

Aï. — Sobriquet mimologique donné au Paresseux, quadrupède originaire d'Amérique dont le père Kircher a ainsi noté le chant nocturne:

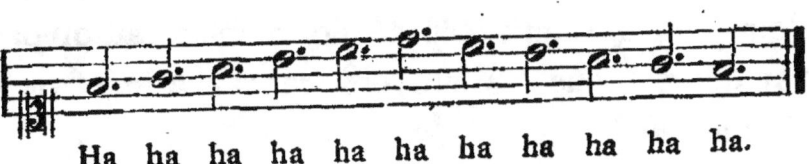

Ha ha ha ha ha ha ha ha ha ha ha.

« Si la musique avait été inventée en Amérique, s'écrie avec enthousiasme l'auteur de la *Musurgie*, je n'hésiterais pas à déclarer qu'elle dérive du chant mirifique de cet animal. »

Nodier ajoute que Kircher aurait pu d'ailleurs appuyer cette bizarre présomption d'une analogie curieuse de la langue grecque où *aïô* s'est dit quelquefois pour chanter.

Ail (Flûte à l'). — Galoubet des Provençaux, ainsi nommé parce que, sous les lèvres des aïoliphiles, l'embouchure de cet instrument s'imprègne, à la longue, d'un parfum aliacé.

On prétend que l'ail, surnommé par ses partisans « *le camphre du pauvre* » et par ses détracteurs « *l'assa fœtida de la cuisine* », a la propriété de préserver de la rage et de la peste.

Pourquoi ne chercherait-on pas à utiliser ce préservatif, non pas contre la rage (les lapins de M. Pasteur nous suffisent amplement), mais contre le choléra ?

Dans sa *Magia naturalis*, le physicien Porta recommande aux personnes atteintes de la fièvre de jouer des airs sur une flûte en bois de quinquina. Pourquoi, en temps d'épidémie, n'obligerait-on pas, par décret, tous les citoyens français à jouer de la *flûte à l'ail* ?

(Voir *flûte à l'oignon*, *Galoubet*, *Tutu-panpan*.)

Air à moustaches (L'). — Métaphore pittoresque par laquelle nos soldats de 1792 désignaient la Marseillaise.

Une scène de club, notée par A. de Lasalle, pendant le siège de Paris :

« Un orateur monte à la tribune et commence ainsi son discours : « Citoyens, nous inaugurons une ère nouvelle... »

Un gamin aussitôt de hurler avec la voix traditionnelle de Gavroche :

« Pas *d'ère* nouvelle ! pas *d'ère* nouvelle !... la Marseillaise !... »

Air et la chanson (En avoir l'). — Se dit de quelqu'un dont le caractère ou les facultés répondent à ses allures ou à sa physionomie.

> Quoique en dise Lavater,
> Ne nous fions pas à l'air.

L'air ne dit rien sans *la chanson*. Les coupletiers ont adapté une infinité de paroles contradictoires sur le même air. Beaucoup de gens d'esprit ont *l'air* bête en société, parce que *la chanson* les absorbe. Ils ressemblent à ces vieux comédiens de Vaudeville qui parlaient leurs couplets au lieu de les chanter.

« Mme de Sévigné, s'embarrassant dans le récit

d'un procès qu'elle avait, dit au président de Bellièvre:

« Je sais bien *l'air*, mais je ne sais pas les paroles. »

(L. Loire. *Anecdotes de la vie littéraire.*)

Air (Jouer le même). — Rabâcher. (Argot bourgeois.)

Variante de chanter toujours la même antienne, la même chanson, le même refrain.

Air de sa façon (Jouer un). — Maltraiter, variante de la faire danser. (Argot bourgeois.)

Généralement le musicien rageur qui perpètre ce genre de musique, se réserve l'honneur de tenir le bâton pour assurer le succès de l'exécution.

Le célèbre Hændel poussait jusqu'au génie l'art de *jouer* à ses interprètes des *airs de sa façon.*

Un jour, à la répétition d'un de ses oratorios, la Cuzzoni s'étant refusée d'exécuter un passage comme l'entendait le maëstro, celui-ci la saisit brutalement par la taille et, traînant la cantatrice vers la fenêtre, menaça de la jeter dans la rue si elle ne lui obéissait pas.

La Cuzzoni, peu familière avec la gamme descendante que voulait lui faire exécuter son galant répétiteur, préféra céder plutôt que d'ébrécher la réputation si méritée du vieil aphorisme: « La musique adoucit les mœurs. »

Airs. — Nom donné aux allures artificielles auxquelles on dresse les chevaux de manège. On divise ces airs en *airs bas* ou près de la terre, tels que le passage, la galopade, le piaffer, la pirouette, et en *airs relevés*, comme la pesade, le mézoir, la courbette et la cabriole. (Argot des écuyers de cirque.)

Airs (Être à plusieurs). — Être hypocrite ou fantasque; jouer les rôles les plus opposés ou changer facilement d'humeur ou d'opinion. (Argot populaire.)

Allusion à l'orgue à cylindre sur lequel on moud les *airs* les plus divers, depuis le *Miserere* du Trouvère jusqu'au *pied qui r'mue*.

Airain sacré (L'). — Les cloches. (Argot poétique.)

L'airain sacré tremble et s'agite.
C. DELAVIGNE.

L'airain retentissant dans sa haute demeure,
Sous le marteau sacré tour à tour chante et pleure.
LAMARTINE.

Un chimiste critiquait un jour cet argotisme devant un classique et lui faisait remarquer que le bronze des cloches est un alliage de 78 parties de cuivre et de 22 parties d'étain.

— Eh! bien, lui répondit le favori d'Apollon, notre *airain* n'est-il pas conforme à votre alliage? La première syllabe *air* ne dérive-t-elle pas du latin *æs, æris,* cuivre et la seconde *ain* ne contient-elle pas un peu d'étain?...

(*Musicorama*[1].)

Alleluia (Entonner l'). — Célébrer une personne ou une chose, les prôner à l'excès. Locution empruntée au chant hébraïque dont la signification est *louange de Dieu*.

Ame. — Petite pièce de sapin cylindrique posée dans l'intérieur des instruments à chevalet et reliant le fond à la table d'harmonie. (Argot des luthiers.)

C'est peut-être de ce néologisme, aussi métaphysique que la *psyché* des fabricants de meubles, que dérive l'expression *avoir l'âme chevillée dans le corps*.

Amen. (Chanter). — Ponctuer de « Très bien! » et d'« A merveille! » les paroles de quelqu'un, de la même façon que les fidèles répondent aux prières liturgiques par le mot hébreu *amen*, signifiant ainsi-soit-il!

---

[1] Les anecdotes données sous la rubrique *Musicorama* sont extraites d'un de nos ouvrages en cours d'exécution.

Puis ils rêvèrent en silence ;
On n'entendit plus que le pas
Des chevaux marchant en cadence ;
Le brigadier ne parlait pas.
Mais, quand revint la pâle aurore,
On entendit un vague son :
« Brigadier, répondit Pandore,
Brigadier, vous avez raison. »

G. NADAUD.

Andalouserie. — « Romance mi-sentimentale, mi-cavalière, comme on en chante dans les cafés-concerts, et où il est toujours question du « beau ciel de l'Andalousie », des « beaux yeux des brunes Andalouses » et où le héros s'appelle toujours Pédro et l'héroïne Paquita. » (Argot des bourgeois.)

(Delvau. *Dictionnaire de la langue Verte*.)

Anonner. — « C'est déchiffrer avec peine et en hésitant la musique que l'on a sous les yeux. »

(J. J. Rousseau. *Dictionnaire de musique*.)

Un élève *ânonnait* péniblement un solfège devant son professeur impatienté.

— Ha ça ! s'écrie celui-ci, mais vous ne savez plus vos notes ?

— Pardon, m'sieur.

— Voyons ça. Répondez : combien y a-t-il de notes dans la musique ?

— M'sieur, cela dépend de la longueur du morceau.

(*Musicorama*.)

Antienne (Chanter une). — Synonyme de chanter une gamme. (V. ce mot.)

On entend par *antienne* les paroles qui se chantent au commencement de chaque psaume

Chanter toujours la même antienne, c'est chanter toujours la même chanson, le même refrain, défaut qu'évitent avec soin les amateurs de l'harmonica bachique. (V. ce mot.)

> Entonnons, en buvant,
> Une joyeuse antienne,
> Mais souffrez que la mienne,
> Amis, se chante avant.
>
> Désaugiers.

Apollon (Disciple ou favori d'). — Poète ou musicien. (Argot des poètes classiques.)

Par quelle aberration les poètes ont-ils choisi pour patron ce sinistre pinceur de lyre dont la fable étale complaisamment les forfaits ?

L'écorcheur du satyre Marsyas et l'assassin de la fille d'Amphion, coupables tous les deux d'avoir osé douter de son talent de virtuose, eut un digne émule en la personne de Néron qui punissait de mort les Romains, dont les battoirs avaient omis de claquer en son honneur.

Bien que ce mythe soit légèrement démodé, les allégoriciens de la peinture et de la statuaire ne continuent pas moins à glorifier le divin Phœbus et son cheval frisé, en étalant sur les murs de nos monuments publics l'apothéose de ce Don-Quichotte lyrique.

Appeler Azor. — Siffler. (Argot de coulisses.)
On disait autrefois *appeler Tarquin*. Voici l'origine de cette expression :

« Un jeune homme, ayant plus d'avantages extérieurs que de talents, jouait la tragédie, vers 1733 à 1736, au Théâtre-Français ; son nom de guerre était comme le mien : Fleury. Le public l'avait pris en grippe. Ce comédien avait un père aubergiste et de plus cent-suisse du roi. Ainsi que tous les pères, il croyait au talent de son fils, attribuant à la cabale le bruit injurieux dont on accueillait celui-ci.

Une fois il veut y mettre fin. Il endosse son uniforme, fourbit son épée et, en compagnie d'un magnifique chien, il se rend dans les coulisses du théâtre. Bien entendu que le superbe Tarquin est tenu en laisse. On craignait cet homme, dont le caractère était indomptable, et on le laissa se placer à sa fantaisie, après s'être assuré de la captivité de son compagnon. On jouait *Iphigénie en Aulide*. Le roi des rois avait éveillé Arcas, Ulysse venait de parler politique, Achille paraissait. (Achille, c'était mon homonyme.) Le parterre lui fit entendre à sa manière qu'il le reconnaissait. Fleury, en homme accoutumé, n'y fit pas autrement attention ; mais le père se lève furieux. Dans l'action, le chien s'échappe; il court à son jeune maître, flaire les personnages, remue joyeusement la queue et lèche les mains du fils de Thétis. Certes, les chiens pouvaient être de coutume chez les Grecs, et tout le monde connaît l'histoire de celui d'Ulysse; mais les spectateurs, peu touchés des tendres caresses de Tarquin, n'en continuent que de plus belle. Les entrailles paternelles s'émeuvent, le cent-suisse ne peut se contenir; il tire son épée, il va y avoir du sang répandu... quand Gaussin s'approche de lui, retient son bras, et avec cet accent qu'on lui connaissait:

— «Eh, Monsieur! on avait aperçu votre chien: ne comprenez-vous pas qu'on appelle Tarquin?»

Le pauvre père, désarmé, crut d'autant plus cela que Fleury, embarrassé de la bête, criait du théâtre aussi haut que son rôle:

— «Sifflez donc, mon père, sifflez donc!»

Et le père de se joindre au chorus général, et, par amour paternel, de siffler de toutes les forces d'un cent-suisse.

Depuis, chaque fois que pareille tempête se déchaîne contre un comédien, on nomme cela, en langage de coulisse: *appeler Tarquin.*

(Fleury. *Mémoires.*)

Quand le public *appelait Tarquin ou Azor*, le compositeur Sacchini continuait de battre la mesure sur le parquet avec sa canne; Cimarosa maugréait et jurait comme un païen entre ses dents; Saliéri restait calme et impassible; Piccini, pour se donner une contenance, croquait des dragées; Païsiello se bourrait les narines de tabac d'Espagne; Rossini se levait et saluait profondément, ce qui désarmait le public.

Archet chauve. — Se dit d'un archet qui a perdu ses crins dans le feu des batailles harmoniques. (Argot d'orchestre.)

Cet argotisme est la conséquence forcée de *crinière* pris dans le sens de *chevelure*.

Le nombre des crins employés dans la confection des archets varie de 175 à 250, selon la grosseur des crins; le nombre des cheveux plantés sur une tête humaine est d'environ 140,000. Vérifiez.

Archet d'Apollon (L'). — Tourte dont les poètes classiques ont gratifié le dieu de la musique, croyant de bonne foi que l'écorcheur de Marsyas jouait sur un Amati.

Cette boulette poétique rappelle l'anachronisme commis par le peintre Dominiquin faisant exécuter à Sainte-Cécile un concerto de violoncelle.

Arçon. — « *L'Arçon* est une espèce d'archet d'une grande dimension, qu'on suspend au plancher vers le milieu, afin de pouvoir le placer dans toutes les directions possibles. Cet archet est situé au-dessus d'une table recouverte d'une claie d'osier fine et assez serrée pour ne laisser passer que les ordures. On place les poils sur cette claie, on fait entrer la corde de l'arçon dans le tas et, sans qu'elle en sorte, on la met en jeu à l'aide d'une *coche*, sorte de fuseau en bois dur, terminé à chaque extrémité par un bouton en forme de champignon. C'est en accrochant la corde avec ce bouton et en la tirant fortement qu'elle finit par glisser sur le bouton et qu'elle entre en vibrations d'autant plus accélérées que le mouvement de l'*arçonneur* a été plus brusque. »

Manuel du fabricant de chapeaux. Cluz et J. de Fontenelle.)

Ajoutons, pour compléter ces renseignements, que la corde fixée à l'*arçon* est une corde à boyau que les arçonneurs nomment *chanterelle*.

Au XIIIe siècle, l'archet des musiciens portait le même nom que l'outil des chapeliers. Comme l'indique leur commune étymologie latine, *arcus*, *arc*, ces deux sortes d'*arçon* affectaient à l'origine une forme cintrée qui s'est modifiée avec le temps [1].

---

[1] La pièce de bois cintrée qui soutient la selle du cheval est le seul *arçon* qui n'ait point renié son étymologie.

Dans l'argot des voleurs, dit Vidocq, *faire l'arçon*, c'est faire le signal de reconnaissance qui est le bruit d'un crachement et le dessin d'un *c* (*arcus*, *arc*) sur la joue avec le pouce.

On voit que l'*arçon* des chapeliers est un véritable monocorde dont les vibrations, destinées à séparer les matières laineuses des substances étrangères, sont provoquées par un plectre en bois. Le nom de *coche*, donné à ce plectre, semble indiquer qu'il ne se composait primitivement que d'un simple morceau de bois dans lequel on avait pratiqué une entaille.

Que le lecteur nous pardonne ces détails, mais il nous a semblé piquant de constater dans l'atelier des fabricants de chapeaux du XIXe siècle les derniers vestiges de la lyre d'Apollon.

(Voir *Violon*.)

Aria. — Situation embarrassante et ennuyeuse. (Argot populaire.)

Dans son *Glossaire du centre de la France*, le comte Jaubert remarque qu'*arria*, embarras, attirail, ressemble au vieux mot français *arroi*, train, équipage.

Aria serait plutôt proche parent de *désarroi*, à moins qu'il ne soit une maligne allusion à l'embarras et à l'ennui qu'éprouve un chanteur inexpérimenté en présence d'un *aria* (air), qu'il doit déchiffrer à première vue.

Armer la clef. — « C'est y mettre le nombre de dièses ou de bémols convenables au ton ou au mode dans lequel on veut écrire de la musique. »

(J. J. Rousseau. *Dictionnaire de musique*.)

Les dièses et les bémols que l'on rencontre dans le cours d'un morceau ont été baptisés du sobriquet d'*accidents*, sans doute à cause de ceux qu'ils provoquaient autrefois pendant l'exécution.

Mlle LATIFOL, maîtresse de piano.

Fa dièse.

OCTAVIE

Je ne vois pas de dièse.

Mlle LATIFOL

Il en faut un, c'est une faute.

Mme GODET

Ton père a la malheureuse habitude de toujours acheter sans regarder ; si l'on n'y fait pas attention, les marchands ne demandent qu'à vendre leurs musiques sans dièses ; c'est tout profit pour eux.

(H. Monnier. *Les bourgeois de Paris*.)

Armoire (Raboter l'). — Jouer de la contrebasse. (Argot d'orchestre.)

Le Hongrois Kœmpfer avait baptisé du nom de Goliath l'*armoire* géante sur laquelle il *rabotait* des concertos de violon. Ce meuble se démontait et servait de valise au célèbre artiste, dans ses voyages.

Le duc Maurice de Saxe avait une telle passion

pour ces sortes d'*armoires* qu'il en avait placardé les quatre murs de la grande salle de son château de Mersebourg. Au centre de cette pièce, trônait une *armoire* monstre qu'on ne pouvait *raboter* qu'en grimpant sur une échelle.

La plus gigantesque *armoire* qui ait été *varlopée* par une main humaine est l'octo-basse de Vuillaume. Elle est exposée, comme un objet de curiosité, au musée du Conservatoire de Paris. Puisqu'on n'en joue pas, ne pourrait-on, en s'inspirant du Goliath de Kœmpfer, lui donner le sobriquet biblique de *Sanson*?

Armoire (Remporter son). — Variante de remporter sa veste, créée en 1865, après l'insuccès remporté par les frères Davenport avec leur armoire à musique.

Arpège. — Accord brisé dont les notes s'exécutent successivement. (Argot officiel.)

Castil-Blaze a vainement bataillé pour que ce mot soit armé d'une *h* comme la *harpe* dont il dérive, parce qu'il en est le trait favori.

G. Kastner a repoussé l'*h* aspirée par Castil-Blaze, prétendant qu'elle changerait en hiatus le plus mélodieux... *harpège*.

D'autres musicographes ont proposé d'adopter l'*h* muette, qui n'aurait pas cet inconvénient, mais qui obligerait logiquement à prononcer *des z harpes*.

Le peuple a tranché la question d'une façon piquante.

« Octavie est au piano, étudiant sa sonate sous l'œil paternel.

La bonne (entrant). — Mam'selle, madame dit comme ça que vous veniez déjeuner.

Le père. — Un moment, qu'elle finisse ses *arpèges*.

La mère (entrant). — Eh bien! Sera-ce pour aujourd'hui?

La bonne. — Elle dit qu'il faut qu'elle finisse ses *asperges*. »

(H. Monnier. *Les bourgeois de Paris*.)

Arracher les oreilles. — C'est, après les avoir écorchées, leur donner le coup de grâce. (Argot des dilettantes.)

Mlle Levasseur, jouant le rôle d'Alceste de Gluck, chantait le bel air qui finit par ce vers:

« Il me déchire et m'arrache le cœur. »

Un Picciniste s'écria: « Ah! Mademoiselle, vous m'*arrachez les oreilles*. »

— « Quelle fortune, si c'est pour vous en donner d'autres! répliqua son voisin. »

Arranger. — « C'est réduire la partition d'un opéra, d'une ouverture, d'un air, ou de tout autre morceau de musique pour un petit nombre d'instruments ou pour un seul, ou seulement en changer la nature, comme lorsqu'on arrange un concerto de violon pour piano, et *vice versa.*

« Il serait plus exact de dire déranger qu'arranger, car on ne change guère la disposition primitive d'un bon morceau de musique sans en altérer le caractère et l'effet. »

(F. J. Fétis. *Dictionnaire de musique.*)

On voit que le verbe *arranger*, pris par antiphrase pour déranger, entre de plein droit dans notre vocabulaire d'argot musical.

« M. Fétis eut le tort *d'arranger* beaucoup des anciennes pièces qu'il fit entendre à ses concerts historiques. On devait en donner à l'exposition universelle de Paris; je faisais partie de la commission instituée dans ce but et j'ai conservé religieusement un madrigal d'Orlando de Lassus, envoyé par notre président M. Fétis : cette pièce n'est autre chose qu'une imitation composée par M. Fétis lui-même, et l'imitation est de telle nature qu'elle ne pourrait tromper que des ignorants en archéologie musicale. » (Weckerlin. *Musiciana.*)

Ne frémit-on pas de songer que ce fut Fétis qui, après la mort de Meyerbeer, fut chargé de monter l'*Africaine* à l'Opéra ? Il est vrai que, de son vivant, l'auteur des *Huguenots* prenait gaîment son parti des mutilations que l'on faisait subir à ses œuvres. — «Que voulez-vous? s'écriait-il, mieux vaut vivre avec un bras de moins que de ne pas vivre du tout.»

Arrangeurs. — Compositeurs, chefs d'orchestre, directeurs, éditeurs, amateurs, chanteurs, instrumentistes ou même chefs de claque accommodant la musique des autres à des sauces variées. (Argot musical.)

Mozart a instrumenté les oratorios de Hændel et, juste châtiment, Mozart a été réinstrumenté à son tour. On a bourré *Figaro* et *Don Juan* d'ophicléides et de grosse caisse.

— «C'est indigne! c'est affreux! disait un jour à Berlioz l'auteur de la *Vestale;* mais on me corrigera donc aussi, moi, quand je serai mort?

— «Dame! mon cher Spontini, vous avez bien corrigé Gluck.»

Habeneck aimait à promener son crayon rouge sur les partitions qu'il devait conduire.

«*Il arrangeait, arrangeait, arrangeait.*»

L'entrée des contrebasses du fameux scherzo de la symphonie en ut mineur de Beethoven n'étant pas de son goût, il biffa l'entrée des contrebasses.

Il eut, un jour, à ce sujet une chaude discussion avec Berlioz que celui-ci termina en s'écriant: «Si

Beethoven revenait au monde et si, en entendant sa symphonie comme vous l'avez *arrangée*, il demandait qui s'est avisé de lui donner là une leçon d'instrumentation, vous feriez en sa présence une singulière figure. Oseriez-vous lui répondre : c'est moi ? Lulli cassa un jour un violon sur la tête d'un musicien de l'Opéra qui lui manquait de respect ; ce n'est pas un violon, mais une contre-basse que Beethoven casserait sur la vôtre. »

Berlioz, qui lança tant de foudres contre les *arrangeurs*, ne put lui-même échapper à la contagion. De même que Castil-Blaze, dont il avait anathématisé le *Robin des Bois*, l'auteur des *Troyens* se rendit coupable du crime de lèse-Weber, en soudant par des récitatifs les pages inspirées du *Freyschutz*.

Rossini raillait en entendant parler des changements, des broderies et des platitudes que ses interprètes introduisaient dans ses opéras.

— « Ma musique n'est pas encore *faite*, disait-il, on y travaille. Mais ce n'est que le jour où il n'y restera plus rien de moi qu'elle aura acquis toute sa valeur. »

Pendant longtemps on joua la moitié du quatrième acte de *Moïse*, pour servir de lever de rideau avant un ballet. Le directeur de l'Opéra, rencontrant un jour Rossini, l'aborde avec ces mots : « Eh bien, cher maître, nous jouons demain le quatrième acte de votre *Moïse*. »

— Bah! tout entier? réplique le maëstro.

Tirons le bouquet des artifices employés par les arrangeurs, en reproduisant cette affiche de 1808, citée dans les souvenirs d'A. Adam :

THÉATRE DE GIVET

Aujourd'hui, pour célébrer la présence dans nos murs de notre célèbre compatriote

M. MÉHUL

La première représentation de

UNE FOLIE

Opéra-comique en deux actes, de MM. BOUILLY et MÉHUL.

Nota. — Dans l'intérêt de la pièce, on a cru devoir supprimer les morceaux de musique qu ralentissaient la marche de l'action.

(Voir *Décompositeur, Pastiche, Pâtissier.*)

Artistes-consommateurs. — Dilettantes, habitués de théâtres lyriques ou de concerts. (Argot de critiques.)

(Voir *Pilier d'opéra.*)

Attaque (Être d'). — Se dit d'un musicien attaquant hardiment un morceau sans avoir peur des casse-cou dont la route est semée. (Argot d'orchestre.)

Comme les anciens preux, les chevaliers de la double-croche sont d'autant plus *d'attaque* que leur armure est moins chargée.

(Voir Chef d'attaque.)

A tour de bras (Musique). — Musique bruyante où dominent les instruments de percussion. (Argot populaire.)

(Voir Charivari.)

Attraper le lustre. — Ouvrir démesurément la bouche afin de pouvoir s'extraire une note du gosier. (Argot de coulisses.)

(Voir *Accoucher de sa note, cracher sur les quinquets, la donner, se l'extraire.*)

Aubade (Donner l'). — Maltraiter quelqu'un, lui donner un charivari.

> Certaines gens font une mascarade
> Pour vous venir donner une fâcheuse aubade.
> MOLIÈRE.

Allusion ironique au concert donné à l'aube du jour, en plein air, sous les fenêtres de quelqu'un.

Donner l'aubade s'emploie également dans un sens libre qu'un émule de Delille traduirait par

« Offrir un matinal sacrifice à Cypris. »

Les chauves sacrificateurs feront bien de méditer l'antique proverbe :

> Les vieilles gens qui font gambades
> A la mort sonnent des *aubades*.

Au bout de son rouleau (Être). — N'avoir plus rien à dire ou à faire. (Argot populaire.)

Allusion au joueur d'orgue de barbarie qui, à la fin d'un air piqué sur son cylindre, est forcé d'arrêter la mouture et de changer de cran. Parfois, en ramassant un sou, le rémouleur oublie qu'il est *au bout de son rouleau*. Alors une note plaintive, une anticipation du second tour, broyée par la manivelle inconsciente, s'échappe mélancoliquement de sa prison mécanique. Et l'artiste, se redressant fièrement sous l'œil des mansardes, ressaisit le moteur abandonné en s'écriant bravement : « Allons jusqu'*au bout de mon rouleau*. »

B

Badigoinces (Accorder ses). — S'apprêter à chanter. Les chanteurs ont emprunté les *badigoinces* (les lèvres, la bouche), à la langue de Rabelais.

Jouer des badigoinces c'est boire ou manger.

Baguettes de tambour. — Mèches de cheveux longues et rigides, tombant sur le cou comme des baguettes sur la peau de la caisse.

Cette dénomination s'applique quelquefois à d'autres organes dépourvus d'élasticité.

« Mᵐᵉ GODET

Sais-tu si Mᵐᵉ Rabouin va nous faire entendre sa fille ?

OCTAVIE

Je ne sais pas.

Mᵐᵉ GODET

Elle aura beau faire des exercices, celle-là, elle aura toujours les doigts comme des *baguettes de tambour.* »   (H. Monnier. *Les bourgeois de Paris.*)

Baguettes (Avaler ses). — Mourir. (Argot des tambours.)   (Voir *Crever son tambour.*)

Bain de sons (Prendre un). — Entendre de la musique. Jeu de mots inspiré par le vieux cliché : « *Nager dans des flots d'harmonie.* »

Barbe (Faire sa). — Gagner son cachet en exécutant son morceau dans un concert. (Argot de coulisses.)

Si seulement on rasait gratis !

Barboter. — Au propre, imiter la cane du poète Colletet :

« Que l'on voit s'humecter de la bourbe de l'eau,
D'une voix enrouée et d'un battement d'aile,
Animer le canard qui languit auprès d'elle. »

barbotage que le cardinal de Richelieu paya 60 pistoles [1].

Au figuré, exécuter un passage de musique d'une façon pitoyable et, toujours comme le palmipède de Colletet :

« D'une voix enrouée, à la note infidèle,
Mettre au monde un canard au lieu de Philomèle. »

(Voir *Canard*.)

Barytoner. — Vieux mot français que nos ancêtres traduisaient par cette métaphore hardie : Avoir un faux-bourdon au fond de ses chausses.

« Rabelais, dit G. Kastner, dans son style gaillard, dit la chose crûment, mais avec gentillesse (voir *Gargantua*, chap. VII.) et Dante, le sérieux et austère poète, n'y met pas plus de façon. Le son irrévérencieux que laisse échapper le grand diable Barbariccia à la fin du XXIe chant du poème de *l'Enfer*, est comparé par l'auteur au son de la trompette. » (*Parémiologie musicale de la langue française*.)

Ajoutons que Voltaire, plus audacieux que ses

---

[1] Un distique dédié au cardinal par le poète mis en appétit :
« Armand, qui pour six vers m'as donné six cents livres,
Que ne puis-je à ce prix te vendre tous mes livres ? »

illustres devanciers, a imaginé de doter la Renommée d'une trompette barytonant.

(Voir *Sonner de la trompette.*)

Dans son histoire de l'Opéra-Comique, Des Boulmiers raconte qu'un nommé Léger, domestique de Favart, animé par l'amour des arts, et voulant se consacrer au théâtre, débuta dans la parodie de *Thésée*, à la foire Saint-Germain, en 1745, par la moitié d'un bœuf. Pour faire entendre ceci, il est nécessaire d'expliquer que, dans le triomphe de Thésée, la monture de ce héros était le bœuf gras, figuré par une machine de carton qui se mouvait au moyen de deux hommes renfermés dans l'intérieur, le premier debout, mais un peu incliné; le second, la tête appuyée sur la chute des reins de son camarade. Léger obtint la préférence pour faire le train de devant. Gonflé d'aliments et de gloire, il *barytona* au point que son collègue en pensa suffoquer. Celui-ci, dans son premier mouvement, pour se venger de l'effet sur la cause, mordit bien serré ce qu'il trouva sous ses dents. Léger fit un mugissement épouvantable; le bœuf gras se sépara en deux; une moitié s'enfuit d'un côté, une moitié de l'autre, et le superbe Thésée se trouva à terre étendu de son long. On eut beaucoup de peine à continuer la pièce.

Bassin, Bassinant. — Bavard ennuyeux. (Argot populaire.)

Est-ce une allusion au mauvais piano que ses victimes qualifient si justement de chaudron?

Est-ce une allusion à l'instrument principal employé dans l'orchestre du charivari qui exécutait, en 1834, la musique ministérielle?

Est-ce une métaphore empruntée à l'enveloppe de cuivre des timbales dont les roulements prolongés finissent par agacer le tympan?

Peut-être *bassin* doit-il son origine au crieur de la vente à l'encan, nommée autrefois vente au *bassin*.

Quoi qu'il en soit, cet argotisme ne date pas d'hier et il est curieux d'en constater l'usage chez les Grecs de l'antiquité.

Dans une étude sur les antiquités récemment découvertes en Épire par M. C. Carapanos, le magasin pittoresque affirme qu'il existait à Dodone une statuette, offrande des Corcyréens, et un *bassin* d'airain placé entre deux colonnes. « La statuette », dit-il, « tenait à la main une baguette à l'extrémité de laquelle il y avait des osselets suspendus par des chaînettes ou par des courroies. Ces osselets, agités par le vent, allaient frapper le *bassin* et lui faisaient rendre des sons qui se prolongeaient, paraît-il, fort longtemps, en sorte qu'on appliquait souvent aux grands parleurs l'épithète de *bassins de Dodone.* »

(*Mag. pitt.* année 1882.)

Basson (Jouer du). — Crepitare. (Argot populaire.)

Prendre un lièvre pour faire un civet, rien de plus logique ; mais prendre des flageolets pour *jouer du basson,* n'est-ce pas bouleverser de fond en comble les notions les plus élémentaires de l'instrumentation ?

Les commentateurs, pour expliquer cette anomalie, nous ont conté un tas de fagots dont un seul a survécu.

Dans un accès de bonne humeur, un grand compositeur viennois imagina une symphonie imitative pour un petit orchestre composé exclusivement d'instruments à vent, parmi lesquels il introduisit des flageolets. Cette symphonie, écrite tout entière en si bémol, fut exécutée pour la première fois, à huis-clos, chez le duc de Crépitoskof, à Moscou.

Le basson qui, dans le final, faisait la partie principale, joua avec tant d'expression que toutes les dames du noble auditoire portèrent vivement leur mouchoir à leur visage.

On raconte que le titre de cette œuvre fut trouvé à la suite d'un incident qui agrémenta la répétition générale.

Dans un passage du fameux final, sous lequel le compositeur avait écrit quatre P (abréviation du terme Piano), afin qu'il fut joué avec la plus grande douceur, le basson, ayant à soutenir une pédale en ut, se mit à souffler de toute la force de ses poumons.

— « Piano l'ut! lui cria le maëstro, piano la pédale! Tâchez donc de faire les P qui sont marqués. »

Cette admonestation valut à l'œuvre le titre de Symphonie des P.

(*Musicorama.*)

Bastringue. — Nom d'une ancienne contre-danse, servant aujourd'hui à qualifier un mauvais musicien ou un mauvais orchestre.

Musique de bastringue se dit d'une musique vulgaire et bruyante.

Dans l'argot des voleurs, *bastringue*, substantif féminin, signifie un étui contenant des scies. « Les malfaiteurs, dit V. Hugo, ayant adopté l'expression jouer du violon pour scier ses fers, ont été conséquents en donnant le nom de *bastringue* à l'étui qui renfermait leurs instruments. »

(*Les Misérables.*)

Bâton m.... — Chef de musique grincheux que ses musiciens ne savent jamais par quel bout prendre. (Argot d'orchestre.)

Depuis que l'archet a détrôné le *bâton* des vieux batteurs de mesure, on ne saurait sans anachronisme appliquer cette épithète à nos chefs d'orchestre modernes, bien que quelqu'uns n'en fussent pas indignes.

Parmi les vieux *bâtons....* d'épines, on peut citer en première ligne Lulli, mort victime de ses brutalités. Le rageur Florentin menait les artistes de l'opéra comme un troupeau de bœufs. Il lui arriva plus d'une fois de briser un violon sur le dos de celui qui n'en jouait pas à son gré.

Hændel était aussi d'une violence extrême. Il lui arriva un soir, chez le prince de Galles, de lancer les timbales de l'orchestre par la tête de ses musiciens.

(Voir *Battre la mesure, bénisseur.*)

Bâtons rompus (A). — Battre à *bâtons mêlés,* dit Bescherelle dans son Dictionnaire National, c'est battre la caisse en donnant successivement un coup avec une main et deux coups avec l'autre; mais battre à *bâtons rompus,* c'est battre la caisse en donnant deux coups de suite avec chacune des deux mains. Il résulte de là un bruit bizarre qui a donné lieu au proverbe *agir à bâtons rompus,* agir sans suite, sans ordre, en interrompant et en reprenant sans cesse la chose dont on s'occupe.

Suivant une tradition des tambours-maîtres, il faut que le tapin, en battant *à bâtons rompus,* fasse dire à sa caisse: Papa! maman! papa! maman!...

Battant. — Le cœur. (Argot des voleurs.)

Placé au centre de notre orchestre organique que les grinches ont si justement baptisé du nom *d'orgue,* c'est le cœur qui bat la mesure, en dirigeant la symphonie de la vie.

« Cet invisible chef d'orchestre, écrivait l'auteur de la Juive, dont les fonctions commencent à notre naissance pour ne cesser qu'à la mort, nous dirige sans relâche et sait à merveille modifier sa mesure. Il nous fait passer, dans le cours de notre vie, par trois mouvements différents: dans l'enfance, dans la première jeunesse, il donne au fleuve vivifiant qui nous anime une entraînante impulsion; les battements précipités du pouls marquent une mesure rapide; nous vivons *allegro*. Bientôt, et peu à peu, ce mouvement accéléré se calme, cette grande vitesse s'apaise, nous arrivons par une transition insensible au *moderato* de l'âge mûr; bientôt, trop tôt, hélas! il change encore de mouvement, et, toujours *rallentando* et *smorzando*, nous conduit jusqu'à ce que les chants aient cessé.

(*Lettre sur la musique*. F. Halévy.)

F. N. Marquet publia en 1769 une *méthode facile et curieuse pour connaître le pouls par les notes de la musique*.

Hérold, dans son opéra *Le Muletier*, a trouvé un effet d'orchestre très original, en faisant reproduire par les notes saccadées des cors le battement du pouls.

Battant. — La langue. (Argot populaire.)
Allusion au rôle que joue le *battant* attaché à la partie de la cloche que les fondeurs appellent le *cerveau*.

Bavarder, *faire aller son battant*, dans la langue colorée des grinches, c'est *balancer le chiffon rouge.*

« Mon propriétaire, dit Commerson, compare la femme à une cloche : plus on la frappe, plus elle *raisonne.* »

(Voir *Grelot.*)

Battante. — Cloche. (Argot populaire.)

Le bruit assourdissant des *battantes* a souvent aiguisé la verve des épigrammatistes. L'un d'eux s'écrie :

> Persécuteurs du genre humain
> Qui sonnez sans miséricorde,
> Que n'avez-vous au cou la corde
> Que vous tenez dans votre main !

Voici maintenant la recette pour conjurer le mal :

« La marquise de Richelieu se plaignait fort du bruit des cloches devant le comte de Roucy. Le comte, sérieusement et pour la garantir, lui proposa de faire mettre du fumier dans sa cour et devant sa maison. »

(Saint-Simon. *Mémoires.*)

Batterie de cuisine. — On donne plaisamment ce sobriquet aux instruments de percussion, famille composée du triangle, des cymbales, du chapeau-chinois, du tambour, des timbales et de la grosse caisse.[1]

Cette extension du mot batterie, par lequel on désigne ce groupe instrumental, a certainement vu le jour autour des gamelles servies par le timbalier du roi de Maroc.

(Voir ce mot, *timbales, trois-pieds.*)

Battre la breloque. — Déraisonner. (Argot populaire.)

« La Breloque, dit F. Génin, est une batterie de tambour dont voici le rhythme :

L'irrégularité de ce rhythme brisé à contre-temps, comme le pouls d'un fièvreux, suffit à expliquer la métaphore « *Il bat la breloque* » pour signifier il délire, il ne sait ce qu'il dit, il tient des propos décousus, bizarres. »

(*Récréations philologiques.*)

Ajoutons que cette batterie de tambour annonce les corvées, si multiples au quartier qu'elles font souvent perdre la tête au conscrit.

[1] Dans l'argot des faubouriens, dit Delvau, la *batterie de cuisine* se compose des dents, de la langue, du palais, du gosier, etc.

En dépit du vieux proverbe « *ce qui vient de la flûte retourne au tambour,* » ce n'est point de celle-ci que le bedon hérita de *la breloque,* ou, comme dit le peuple, *la berloque.*

En *battant la breloque,* le tambour n'a fait qu'imiter le tintement irrégulier et saccadé de la vieille cloche du beffroi dont le marteau *battait le bord de la cloque*[1] (cloche, en patois picard), pour sonner le *tocsin* (toquer, frapper, sein, cloche) et répandre dans la ville l'alarme et l'effroi.

Les vestiges de cette étymologie se retrouvent dans la langue des voleurs pour lesquels *berloque* signifie pendule.

Battre la campagne. — Divaguer. (Arg. popul.)

Cet argotisme est certainement une corruption de *battre la campane* (campana) battre la cloche. En effet, les sonneurs ne s'entendent plus parler quand ils sonnent les cloches à toutes volées.

Cette expression aura passé du propre au figuré pour désigner un homme étourdi, ne sachant plus ce qu'il dit. Peut-être l'expression *étourdi* n'a-t-elle pas d'autre origine.

« On dit qu'un auteur *bat la campagne* lorsqu'il perd son motif de vue et qu'il coud des accords ou des chants qu'aucun sens commun n'unit entre eux. »

(J. J. Rousseau. *Dict. de musique, article motif.*)

---

[1] On donne encore aujourd'hui le nom de *cloque* à une petite tumeur, en forme de cloche.

Battre la mesure. — Indiquer par des mouvements de convention les temps de la mesure. (Argot musical.)

Chez les anciens, le maître de musique, appelé Coryphée, était placé sur une estrade au milieu des musiciens et il *battait la mesure* des pieds et des mains. Afin de mieux se faire entendre il chaussait des sandales garnies de plaques de bois ou de fer, assez semblables aux petits tabourets que l'on met aux pieds-bots. Il frappait en même temps de la main droite dans le creux de la main gauche. Quelquefois il *battait la mesure* avec des coquilles ou des écailles d'huître qu'il frappait l'une contre l'autre comme on le fait aujourd'hui des castagnettes.

En France, avant Lulli, le chef de musique *battait la mesure* avec un rouleau de papier. L'impétueux Florentin remplaça ce modeste rouleau de papier réglé par une canne. Il la frappait avec tant de violence sur le parquet qu'il se fit au pied une blessure dont il mourut.

Les *batteurs de mesure* qui succédèrent à Lulli remplacèrent sa canne par un gros bâton de bois dur dont ils frappaient avec force pour être entendus de loin. « Les oreilles, disait J. J. Rousseau, sont choquées de ce bruit désagréable et continuel, mais c'est un mal inévitable : sans ce bruit, on ne pourrait sentir la mesure. »

Grimm comparait le *batteur de mesure* de l'Opéra à un bûcheron coupant du bois.

Aujourd'hui, dans tout orchestre qui se respecte, le chef de musique n'a plus besoin de *battre la mesure*, comme on bat le tambour, pour faire marcher au pas des recrues. La canne de Lulli est devenue l'apanage de nos tambours-majors et le bruyant gourdin des bûcherons lyriques a fait place au fragile archet dont les mouvements décrivent dans l'air les plus capricieuses arabesques destinées à mimer sans bruit toutes les délicatesses du rythme.

Nos chefs d'orchestre considéreraient comme une injure d'être traités de *batteurs de mesure*. Pourquoi ont-ils donc conservé dans leur jargon l'expression : *Battre la mesure ?*

Battre la mesure sur le dos. — Jouer sur les omoplates de son prochain le rôle des anciens *batteurs de mesure* qui s'escrimaient à coups de bâton sur la carapace du souffleur. (Argot populaire.)

Dans son étude sur le *rôle des coups de bâton dans les relations sociales,* V. Fournel raconte qu'à la suite d'un concert où il avait déployé tous les charmes de sa magnifique voix, Caffarelli fut bâtonné à Rome, dans l'antichambre du cardinal Albani, par les estafiers de l'éminence, en retour du sans-façon dédaigneux avec lequel il avait fait attendre les plus illustres personnages de la Ville éternelle, et l'assemblée du salon applaudissait à ses cris aigus, comme elle venait d'applaudir à son grand air, en répétant: « Bravo, Caffarelli ! Bravo, Caffarelli ! »

Bec. — Partie de la clarinette sur laquelle on fixe l'anche et que l'on place entre les lèvres afin de jouer de cet instrument. (Argot de facteurs.)

L'analogie de forme du *bec* de la clarinette avec celui d'un noble palmipède, ainsi que la parenté des bruits étranges qui s'échappent parfois de ces deux appendices, sont les liens qui unissent à tout jamais dans l'esprit du peuple l'enfant de Denner et le canard.

Bécarre. — Vocable qui remplaça pendant quelque temps, dans l'argot boulevardier, les termes chic, chodnosof, chouette, rupinskof, à l'oseille, épatant, aux pommes, pchutt, etc.

Bedaine. — Ventre proéminent. (Argot populaire.)

Ce mot doit son origine au bedon, gros tambour, en usage au moyen âge, que l'on battait avec deux baguettes tamponnées. Le bedon, suspendu sur le ventre de l'exécutant, lui donnait, de loin, les allures d'un Saint-Pansard bien entripaillé.

(Voir *Femme du régiment*.)

Bedon. — Ventre. (Argot populaire.)
Même origine que bedaine.
Il ne serait pas impossible que *bedon* fût une corruption *d'abdomen*, endroit où l'exécutant plaçait l'instrument pour *bedonner*.

Beffroi (Le grand). — Surnom d'un oiseau, du genre fourmilier, dont la voix est semblable à une cloche qui sonne l'alarme. (Argot zoologique.)

Bénisseur. — Chef d'orchestre compositeur ayant l'air de pontifier devant l'autel où trône sa partition. C'est presque en se signant qu'il tourne les pages de l'œuvre sublime.
Sa dextre agite onctuoso un bâton de mesure qui affecte les allures d'un goupillon, *bénissant* de-ci, les musiciens qui l'ont compris, exorcisant de là les musicastres qui n'ont pas la foi.

Benzine. — Colophane mythique employée par les exécutants pour *détacher* les notes d'un passage de musique. (Argot musical.)

Béquet. — Feuille de papier à musique collée sur les parties afin de remplacer un passage changé par le compositeur.
Les musiciens ont emprunté cet argotisme à la langue des braves cordonniers. A leur tour, les tailleurs ont emprunté aux fils d'Orphée le mot

musique pour désigner des morceaux de drap cousus les uns après les autres. C'est du libre échange.

Les cœurs sont bien près de s'entendre
Quand les mots ont fraternisé.

Berliozisme. — Argotisme, désignant la manière musicale d'Hector Berlioz.

Berliozistes. — Partisans de la musique de Berlioz.

Autant que la vieille Égypte, le Paris artistique a le culte des morts. Vivant, Berlioz est hué, sifflé, traité de fou, de monstre, de réprouvé, de brigand de la musique. Mort, on l'acclame, on le couvre de fleurs, car le cadavre d'un ennemi doit toujours sentir bon, et les crocodiles de l'art s'assemblent pour verser un pleur final autour de la statue du grand homme.

Beuglant. — Café-concert. Argotisme créé par les étudiants du Quartier latin en l'honneur de leur concert favori du café des Folies-Contrescarpe.

Cette épithète bovine s'est appliquée peu à peu à toutes les scènes de café-concert que les puritains de l'art ont qualifiées de « débits de musique culottée. »

Un certain nombre de compositeurs de talent et de chanteurs d'élite, Michot, Berthelier,

MM^{mes} Ugalde, Sass, Judic, etc. n'ont pas dédaigné cependant de faire leurs premières armes au *beuglant*.

Le café-concert, a dit M. P. Véron, n'a pas pour but de faire descendre l'art jusqu'au tréteau, mais bien de faire monter le tréteau jusqu'à l'art.

(Voir *Diva chopa*.)

Beugler. — Chanter à tue-tête. (Argot populaire.)

On pourrait donner le nom d'École de Jupiter à cette race de chanteurs qui imposent à l'Europe par leur aplomb bœuf.

Une jeune anglaise prend une leçon de musique.

— Mademoiselle, dit le professeur, la première note de la gamme se nomme tonique.

— Yes, fit l'élève, je comprends... beefsteak saignant.

Billevesée, Blague. — Sornette, vanterie, mensonge. (Argot populaire.)

G. Kastner dérive *billevesée* du patois bourguignon *vèse*, outre de peau dont les cornemuseurs garnissent leur instrument.

Littré donne à *blague* une origine gaélique: *blagh*, souffler, se vanter.

Or, qu'est-ce qu'une blague, au sens propre? Une vessie, un sac de peau destiné à renfermer le tabac du fumeur.

Le peuple, ayant remarqué une analogie entre une *billevesée*, boule en forme d'outre ne contenant que du vent et une *blague* à tabac, ne contenant que de la fumée, n'hésita pas à donner ce nom aux vessies qu'on voulait lui faire prendre pour des lanternes.

La seconde acception du mot *blague*, dans le sens de vanterie, ne nous semble qu'un simple jeu de mots sur les verbes *vanter* et *venter*, genre de facétie dont nos joyeux ancêtres s'étaient déjà égayés avec le verbe *entonner*.

(Voir *Puff, du vent, vesse.*)

Blanche. — Figure de note de musique valant deux noires ou la moitié d'une ronde. (Argot officiel.)

Une couleur, signe de durée! (On est prié de ne pas écrire cette note sur papier bleu ni tableau noir.)

Une moitié de ronde, quelque chose comme sa femme, portant l'attribut du sexe fort, c'est-à-dire le monde renversé!

Une *blanche* valant deux noires! O Schœlcher!..

Blouser les timbales. — En jouer. (Argot d'orchestre.) Mimologisme dont l'origine remonte au jeu de billard qui contenait autrefois des ouvertures, appelées blouses, où les billes allaient se perdre avec bruit. Les *blouses* du billard ont elles-mêmes emprunté leur nom au jeu d'estœuf ou de paume. Dans son dictionnaire étymologique, Roquefort parle de « Jeux, appelés *blouses* à Orléans, pour le son de l'estœuf heurtant dans le fond de ces lieux caves, au bout desquels il y a des nattes pour rabattre le coup, afin qu'il ne rejaillist dans le jeu ; ains tombast dans le trou de la *blouse*. »

Plusieurs artistes distingués ont débuté dans la carrière musicale par l'emploi de timbalier. Tels sont, entre autres, le célèbre ténor Duprez et le compositeur Adolphe Adam. « Le spirituel auteur du Chalet, dit M. Oscar Comettant, m'a avoué qu'il s'était plus d'une fois *blousé* lui-même en *blousant* ses timbales. »

Citons encore le plus excentrique des timbaliers de l'orchestre de l'Opéra, auteur de la musique de plusieurs ballets remarquables. Le nom baroque de cet artiste faisait son désespoir. On l'appelait au théâtre Chênecerf. Il voulait qu'on l'appelât Bertrand et il mettait sur ses cartes de visite :

Schneitzhœffer
(Prononcez Bertrand.)

Il voulut quitter sa place de timbalier qui lui était devenue insupportable, mais Habeneck, tenant à le conserver, refusa d'accepter sa démission. Schneitzhœffer résolut alors de se faire renvoyer.

« Un soir, raconte F. Halévy, pendant la représentation d'un ballet, il exécuta, au moment le plus paisible d'un pas de deux gracieux, un formidable roulement de timbales, qu'il soutint avec fougue pendant deux minutes, à la grande stupéfaction d'Habeneck, des danseuses et du public, jeta à plusieurs reprises ses baguettes en l'air, les reçut comme un jongleur et quitta l'orchestre. »

(*Derniers souvenirs*. F. Halévy.)

Bois (Les). — Le jargon d'orchestre comprend sous cette dénomination l'ensemble des flûtes, hautbois, clarinettes, bassons, cors anglais et même saxophones.

Remarquez que les flûtes sont en argent et les saxophones en cuivre.

Qu'importe! De par la tradition, ces instruments sont condamnés à être *bois* à perpétuité.

Qui sait? Peut-être ce vocable était-il, dans l'origine, la devise de cette classe d'instrumentistes.

Siffler, flûter ont dû nécessairement être inspirés par ce mot magique: *bois*.

Bois (Faire suer les). — Jouer d'un instrument à vent en bois [1].

L'abondante salivation provoquée par le jeu d'un instrument à embouchure finit par en humecter

---

[1] Dans l'argot des escarpes, *faire suer le chêne*, c'est assassiner.

le tube au point de faire croire qu'il dégoutte de sueur.

Cette suée n'est donc qu'une illusion; heureux quand il n'en transpire rien dans l'auditoire.

Reicha avait été invité par une société d'amateurs à entendre un de ses septuors pour instruments à vent.

Après l'exécution de l'adagio, pendant laquelle on avait vu plusieurs fois le maëstro porter son mouchoir à son visage, on lui demanda s'il avait pleuré.

— Du tout, répondit-il, j'ai sué.

Boîte à cor. — Argotisme d'orchestre désignant ce qu'on nomme ailleurs *soulier 16*, c'est-à-dire *très-étroit* ou bien encore prison de Saint-Crépin.

La boîte à cor était l'antithèse indispensable de la boîte à violon.

« Paër reçut un jour d'un bourgeois gentilhomme, enrichi dans les affaires, une invitation au bas de laquelle se trouvait ce singulier avis:

« *On est prié de ne pas venir en bottes.* »

Le compositeur fit cette réponse:

« Monsieur, les souliers du maëstro Paër, fort enchantés de l'invitation particulière dont ils sont l'objet de votre part, auront, ce soir, l'honneur de s'y rendre; malheureusement, leur maître, pris d'une attaque de goutte, se voit privé du plaisir de les accompagner. »

Et, à l'heure dite, Paër envoya, par son domestique, sa plus belle paire de vernis chez le Turcaret tout confus. (*Petite revue.*)

Boîte à musique. — Salle d'opéra ou de concert, dans l'argot des martyrs de l'orchestre condamnés à remplir l'office d'une mécanique, en soufflant ou en râclant les mêmes airs quelquefois pendant plusieurs années consécutives.

(Voir *Coup de marteau.*)

Boîte à musique (Chanter comme une). — Chanter sans âme, aussi inconsciemment qu'une *boîte* de Genève moud l'air piqué sur son cylindre.

Boîte à violon. — Grand soulier. (Argot populaire.)

Le Français, né malin, aime à renverser l'ordre naturel des choses; d'un violon, il fait un *sabot* et de sa boîte, il fait un *soulier*.

Il est fâcheux que *la boîte à violon* n'ait pas été connue au XIVe siècle, car le comte Plantagenet n'eût pas manqué de la prendre pour marraine du long soulier dont il cachait son pied difforme. « Les grands souliers (dits à la *poulaine*, du nom de Poulain, leur inventeur), dit M. Ch. Rozan, firent une telle fortune qu'ils étaient devenus la mesure de la distinction : les souliers d'un prince avaient deux pieds et demi ; ceux d'un baron, deux pieds ; d'un chevalier, un pied et demi, et ceux d'un simple bourgeois, un pied. »

Boîte à violon. — Cercueil. (Argot d'orchestre.)
Allusion à la forme allongée et à la couleur lugubre dont les luthiers enduisent l'étui de sapin des violons.

Bosse musicale (Avoir la). — Avoir le génie de la musique. (Argot populaire.)
Il serait plus juste de dire « *Avoir les bosses musicales* », car, d'après les phrénologues, les organes de la musique sont au nombre de deux : celui du temps et celui des tons.

Ces deux protubérances cérébrales se trahissent, sur le front des musiciens, par un renflement situé un peu au-dessus de l'angle externe de l'œil.

« A Vienne, raconte le docteur Gall, un ecclésiastique vint me trouver ; et, sans vouloir se nommer, il me pria de lui donner quelques éclaircissements sur l'organologie. Après que je lui en eus exposé les principes généraux, il demanda à voir quelques organes. Je lui en montrai plusieurs, tant dans les crânes que dans les plâtres. A l'occasion de l'organe des localités, je lui dis qu'il en était doué à un haut degré, et qu'il devait aimer beaucoup les voyages. Il me dit, avec joie, qu'il en était effectivement ainsi. Lorsque j'affirmai qu'il avait aussi l'organe du sens des nombres et des mathématiques très développé, il s'élança de sa chaise, et me dit qu'il était professeur de mathématiques. Cependant, continuai-je, vous vous seriez davantage distingué dans la musique, surtout dans la théorie ; alors il me sauta au cou, et me dit qu'il était l'abbé Vogler. Lui-même a raconté, dans toutes les sociétés, cette anecdote qui a fait de lui un prosélyte zélé de l'organologie. »

(Voir *Ouisme*.)

Boucan. — Tapage. (Argot populaire.)

S'emploie quelquefois pour qualifier une musique bruyante.

Certains étymologistes dérivent ce mot d'une vieille danse, la *boccane*. D'autres le rattachent au *bouc*, animal qui jouait un rôle important dans le sabbat des sorciers.

Ajoutons que le sabbat n'était qu'une réminiscence des Bacchanales, fêtes antiques où l'on immolait un *bouc* autour duquel tournait en chantant le chœur tragique (du grec *tragos*, bouc).

De nos jours encore, faire du bacchanal et faire du *boucan* sont synonymes.

On voit que le *boucan* et la tragédie se confondent dans une commune origine.

(Voir *Bousin, Charivari, Sabbat.*)

Bouffe. — Acteur d'opéra bouffon. Argot dramatique dérivé du vieux mot *buffet*, soufflet de cuisine.

Avant l'invention de cet ustensile, nos aïeux se contentaient d'allumer leur feu en gonflant les joues et en prononçant fortement les syllabes: « *Buff!* ou *Bouff! Puff!* ou *Pouff!* » De ces onomatopées naquirent *buffer, bouffer, bouffée, bouffarde, bouffe, puff, pouffer,* etc.

Quand, plus tard, le buffet fut détrôné par le soufflet, ce mot désigna, non seulement l'accessoire de cuisine, mais encore la giffle, à cause du feu qu'elle allume subitement sur la joue du patient qui la reçoit et du souffle qu'elle chasse violemment de ses lèvres.

L'ancien répertoire de la troupe des bouffons italiens était parsemé de giroflées à cinq feuilles et, pour en amortir les coups et en augmenter l'éclat, les acteurs condamnés à les subir gonflaient leurs joues comme des anges bouffis. D'où les sobriquets de *bouffes* et de *bouffons*.

(Voir *Buffet, Puff.*)

Bouffes (Les). — Argotisme traditionnel dont les dilettanti désignaient l'Opéra Italien de Paris, lors même que les pluies de soufflets y étaient remplacés par les coups de poignard.

Ce titre était aussi logique que celui de beaucoup de nos théâtres modernes, tels que le Vaudeville, l'Odéon, la Gaité, l'Ambigu comique, etc.

Bouisbouis. — Mauvais théâtre. (Argot de coulisses.)

Bouisbouis est l'onomatopée du son nazillard produit par la pratique de Polichinelle. Appeler *bouisbouis* un théâtre, c'est donc l'assimiler à un théâtricule de pantins.

Charles Nodier affectionnait ce genre de spectacle.

— Comment parvenez-vous donc, demandait-il un jour à l'impresario des Champs Élysées, à donner cette voix singulière à votre Polichinelle?

— Rien de plus simple, monsieur, il faut la pratique.

— J'entends, l'habitude...

— Non pas, la pratique, la voici, dit l'impresario en ôtant de sa bouche un petit disque de fer-blanc, percé d'un trou central.

— Permettez-vous que j'en fasse l'essai?

— Volontiers. Placez-la entre les dents et les lèvres. Parlez maintenant.

— Bouis-bouis! C'est vrai, ça va. Sapristi! Si on l'avalait!

— Bah! on s'y fait. Ainsi, celle que vous avez dans la bouche, je l'ai avalée plus de vingt fois.

Tête de l'académicien!

Boum! du cygne (Pousser le). — Rendre le dernier soupir. Argotisme traduisant plaisamment le chant suprême de l'oiseau d'Apollon par l'exclamation favorite du garçon de café.

(Voir *Cygne*.)

Bousin. — Tapage. (Argot populaire.)

G. Kastner dérive ce mot du verbe *bousiner* ou *buisiner*, sonner de l'instrument à vent nommé *buisine*, et, en général, en vieux français, sonner de la trompette.

Dans certaines villes, on donne à *bousin* la même acception que bastringue, bal de bas étage où l'on aime à faire du vacarme.

(Voir *Boucan*.)

Boyaux de chat. — Cordes à violon. Dans l'argot du peuple qui trouve que le miaulement du chat se rapproche davantage du son du violon que le bêlement du mouton.

La première moitié du nom de l'auteur de la Dame Blanche, *Boïel-dieu*, signifiait autrefois *Boyau*.

Parmi les fables ridicules imaginées contre le célèbre Paganini, on répandit le bruit qu'après avoir tué sa femme, il en avait pris les *boyaux* pour monter son violon.

(Voir *Râcleur de boyaux*, *Tord-boyaux*.)

Braillard. — Mauvais chanteur. (Argot populaire.)

« Il faudrait faire à MM. les chanteurs *braillards*

le tour que joua Manassès à un quinze-vingt. Manassès avait acheté un superbe fromage mou et le tenait à la main; il s'approcha d'un vieux quinze-vingt qu'il pria de dire un petit *salve* à son intention; pour ce faire, il lui mit un beau jeton au creux de la main. Le pauvre, ayant accordé ses badigoinces, griguenotait ce *salve* avec une voix horrifique à laquelle Manassès s'accordait. Comme on fut venu au verset qu'il se faut égueuler de crier et qu'il eut ouvert amplement la gorge et desserré la gueule assez grande pour y enfourner un demi-aloyau, les babines étant disjointes d'un demi-pied et demeurant ouvertes en cette belle extase de chant royal, Manassès lui va flanquer ce fromage mou dans le bagoulier si proprement, qu'il entra tout, et rien n'en sortit que ce que le triste et malheureux criard fit choir, estimant avoir la bouche pleine d'une autre mixtion de plus haut goût. »

(*Dictionnaire burlesque.* Clédeçol.)

Braillardocratie. — Nébuleuse de braillards. (Argot de critiques.)

« Leur donne-t-on le fouet dans la coulisse? Tous ces acteurs entrent en scène en criant. » Telle fut la question d'un anglais assistant à une bruyante représentation de Castor et Pollux de Rameau.

Le docteur Aldo, dans son dictionnaire musico-humoristique, a dressé le bordereau des valeurs échangées par un des membres de la *braillardo-cratie* contre 100.000 francs d'appointements.

	Fr.
Cris.	11,387,75
Fausses notes.	8,229,40
Fautes de mesure.	9,428,95
Contre-sens.	10,825,50
Contorsions et grimaces	5,217,35
Rhythme	2,15
Accent	1,85
Expression	95
Justesse.	2,25
Talent	1,50
Prétentions pour solde	54,902,35
Somme égale pour balance	100,000,00 fr.

Brailler. — Chanter. (Argot populaire.)

« Un chanteur, dont la voix excentrique et formidable échappait à toutes les classifications, voulant savoir à quoi s'en tenir sur la qualité de son timbre, alla frapper à la porte de Cherubini. Par miracle, ce jour-là, le maëstro était de bonne humeur. Il reçut le visiteur à merveille.

— Mettez-vous au piano et chantez, lui dit le célèbre bourru.

Ravi de cet accueil inespéré, le chanteur s'en donne à pleins poumons, de façon à ébranler les fondements du Conservatoire.

— Vous m'avez entendu, demanda-t-il à Cherubini, lorsqu'il eût fini de chanter.

— Certainement.

— Eh bien, illustre maëstro, tirez-moi d'embarras. A quel emploi dois-je me destiner ?

— A l'emploi de commissaire-priseur. »

(*Le Tintamarre* [1].)

Bran de scie. — Couche de colophane que le frottement de l'archet dépose à la longue sur la table d'harmonie d'un instrument à cordes. (Argot d'orchestre.)

Le mot *bran*, d'origine celtique, signifie en gaélique, *son*.

Le bran de scie des scieurs de bois de l'orchestre, c'est du son transformé en farine.

(Voir *Colophane*.)

Brandillante. — Clochette ou sonnette, dans l'argot distingué des gens qui appellent leur montre une branlante.

Bravoure (Air de). — Air à roulades destiné à solliciter les bravos. (Argot de dilettantes.)

— Papa, c'est le ténor qui va chanter. Pourquoi appelle-t-on ça un *air de bravoure* ?

— Ma fille, c'est à cause du courage qu'il faut avoir pour l'entendre jusqu'au bout.

[1] L'auteur de cette anecdote n'a pas songé sans doute au rapport qui existe entre l'art du chant et l'opération de vendre à *l'encan* (du latin, *in cantus*,) vendre en chantant, parce que le crieur élève la voix comme un chanteur.

Brioche (Faire une). — Commettre une faute, une maladresse. (Argot des bourgeois.)

C'est à l'orchestre de l'Opéra que cette locution prit naissance.

Au temps où cet orchestre ne se composait que de symphonistes médiocres, ces musiciens, pour s'obliger mutuellement à une attention soutenue, frappaient d'une amende de six sous tout artiste commettant une faute en public. Au bout de chaque mois, le produit de ces amendes était employé à l'achat d'une immense *brioche* que les musiciens mangeaient en commun. A cette collation, les amendés portaient à la boutonnière une petite *brioche* en carton.

Le public connut ce détail et, chaque fois qu'un musicien se trompait, un spectateur ne manquait jamais de s'écrier: Bon! Encore une *brioche!* et l'expression fut consacrée.

De nos jours, les musiciens font encore des *brioches*, mais c'est le public seul qui les avale.

Broderies. — Fioritures, notes d'agrément, ornements, suivant le docteur Aldo, qui enlaidissent presque toujours l'étoffe du compositeur. (Argot musical.)

Les musiciens ayant emprunté ce mot à l'industrie, celle-ci, en revanche, leur emprunta le tambour dont elle fit un métier à broder.

Brodeur, brodeuse. — Exécutant atteint de la manie d'enjoliver la musique en y ajoutant des notes étrangères.

En argot populaire, *broder* c'est mentir.

Dans une des soirées de Rossini, une chanteuse venait de défigurer un des plus beaux airs du Barbier de Séville, en le *brodant* à sa façon.

— Brava! lui dit le maëstro, de qui donc est ce morceau?

Brutal (Le). — Le canon. (Argot populaire.)

Cet instrument exécute la partie principale dans les orchestres du Concert européen.

« Je devins artilleur sans passer de concours.
L'artillerie ou l'art musical c'est toujours
Du train, n'est-il pas vrai? D'ailleurs Sainte-Cécile
Est sœur de Sainte-Barbe. Il est plus difficile
De jouer du canon que du cor, voilà tout.
Pour l'instrument rayé je n'avais pas grand goût;
Sa musique infernale était trop mal doigtée.
Quand je sus couramment déchiffrer la portée,
On me fit répéter pendant près de deux ans
La pièce qu'on allait monter. Ouf! mes enfants!
Ça coûte cher la note. »

(*Remi le timbalier*. Paris-orchestre. E. Gouget.)

Malgré son caractère peu musical, *le brutal* a été employé par plusieurs compositeurs.

« Ce fut, dit Lichtenthal, un Italien, le célèbre

Sarti, maître de chapelle, qui tenta, le premier, cette innovation. En 1788, lors de la fête célébrée à Saint-Pétersbourg pour la prise d'Okzakow, il composa un grand *Te Deum* qui fut exécuté dans le château impérial par une nombreuse réunion de chanteurs et d'instrumentistes, auxquels se joignit un orchestre de cors russes. Pour augmenter l'effet de cette musique grandiose, Sarti fit placer dans la cour du château des canons de différents calibres, dont les coups, tirés en mesure à des intervalles donnés, formaient la basse de certains morceaux. » (*Dictionnaire de musique.*)

En 1792, la France donnait à ses frontières un grand concert vocal et instrumental. On y exécuta la Marseillaise avec accompagnement obligé de clarinettes de cinq pieds. Le canon faisait la basse continue.

Au mois d'août 1794, la Marseillaise fut chantée officiellement dans le Jardin des Tuileries, pour célébrer la victoire de Fleurus. L'hymne de Rouget de l'Isle y fut exécuté par quinze cents musiciens, avec accompagnement de sonneries de cloches et de coups de canon. Après le festival, Gossec qui l'avait dirigé, s'écria: « C'est dommage, mes artilleurs ne sont pas partis en mesure; une autre fois, je ferai faire leur partie par la grosse caisse.»

Pendant l'exposition de 1867, l'État commanda à Rossini un *hymne à la paix*. L'immortel railleur, prévoyant les orages futurs qui allaient fondre sur l'empire, agrémenta cet hymne pacifique, en l'accompagnant de sonneries de cloches et de coups de canon. « Excusez du peu !... »

Enfin, en 1870, pendant le siège de Paris, on donna un concert dont le produit fut destiné à fondre un *brutal* que l'on baptisa du nom de canon Beethoven.

« Sous l'invocation du grand dieu de l'art, du Jupiter tonnant de la musique, s'écriait A. de Lasalle en rendant compte de ce concert, il va donc être lancé sur les Allemands des choses de fer ayant la forme de ce qu'à la classe de solfège, on appelle des rondes. »

(Voir *Clarinette de cinq pieds, coup de pistolet*.)

Bruyant. — Tambour. (Argot populaire.)

Chassé de la rue, à cause de sa bruyance, le tambour se réfugia au théâtre. Il y débuta, en 1706, en imitant modestement les sourds grondements du tonnerre, dans la tempête de l'opéra d'Alcyone.

Peu à peu, ses baguettes s'enhardirent, ses fla et ses ra s'imposèrent. Vainement un fanatique tenta d'assassiner Rossini, coupable d'avoir commencé son ouverture de la Gazza ladra par un roulement de tambour. Rien ne put intimider le *bruyant*, habitué à braver les orages. Il obtint qu'Auber lui confiât un rôle principal dans son ouverture de Fra Diavolo. Enfin Meyerbeer, dans son Étoile du Nord, lui fit rouler le : Quô non ascendam?

Aujourd'hui, il n'est pas rare de voir défiler sur la scène un bataillon de tapins dont les batteries font danser les flammes de gaz du lustre et tressauter allègrement le tympan tanné de l'auditoire. Le *bruyant* est à l'apogée de sa gloire.

Buffet. — Orgue de barbarie. (Argot populaire.)

On connaît la définition classique du *buffet*: un endroit où l'on vend aux gens qui passent des aliments qui ne passent pas.

Des étymologistes fantaisistes ont cherché à établir une parenté entre les deux *buffets*, en se basant sur l'habitude qu'ont les joueurs d'orgue de se servir de leur instrument comme d'un garde-manger, en y fourrant, après la mouture, les provisions de bouche qu'ils ont récoltées dans leur tournée.

Cet argotisme dérive simplement du vieux mot *buffet*, désignant un soufflet, accessoire, comme on le sait, indispensable au joueur d'orgue pour fricoter sa cuisine barbaresque.

Malheureusement, comme l'accordéon, le *buffet*, dit M. P. Véron, est un soufflet dont on n'a pas le droit de demander raison

C

Cacaphonie. — Corruption de *Cacophonie*, usitée par des personnes peu hellénistes, pour qualifier un assemblage de sons discordants.

Cacophonie (*Kakos*, mauvais, *phônê*, son), c'est le « la garde meurt et ne se rend pas » du charivari. *Cacaphonie* en est la version primitive.

Cadence de cigale. — Trille vocal frelaté, fait en répétant la même note.

Cet argotisme, forgé par Stéphen de la Madeleine, fait allusion au chant solinote de la cigale.

Les chanteurs dissimulent cette ficelle vocale en terminant leur trille par une fusée de notes et le public en voit trente-six chandelles.

Cadence ou Trille du diable. — En Italien, *cadenza del diavolo*. Cadence inventée par le violoniste Tartini, consistant à triller de deux doigts sur une corde, pendant que les autres doigts exécutent un chant sur la corde voisine.

L'origine diabolique de ce trille fut racontée en ces termes à l'astronome Lalande, par Tartini lui même.

« Une nuit (en 1713), je rêvais que j'avais fait un pacte et que le diable était à mon service. J'imaginai de lui donner mon violon pour voir s'il parviendrait à me jouer quelques beaux airs; mais quel fut mon étonnement, lorsque j'entendis une sonate si singulière et si belle, exécutée avec tant de supériorité et d'intelligence, que je n'avais même jamais rien conçu qui dût entrer en parallèle.

J'éprouvai tant de surprise, de ravissement, de plaisir, que j'en perdais la respiration. Je fus réveillé par cette violente sensation. Je pris à l'instant mon violon, dans l'espoir de retrouver une partie de ce que je venais d'entendre; ce fut en vain. La pièce que je composai alors est, à la vérité, la meilleure que j'aie faite et je l'appelle encore *la sonate du diable,* mais elle est tellement au-dessous de celle qui m'avait si fortement ému, que j'eusse brisé mon violon et abandonné la musique, s'il m'eût été possible de me priver des jouissances qu'elle me procurait. » (Lalande. *Voyage en Italie.*) (Voir *Musique du diable.*)

C. a. I. d. — Facétie d'orchestre qui ne manque jamais de se reproduire chaque fois qu'on interprète l'Opéra d'Haydée, d'Auber.

— Prenez l'ouverture d'Haydée, s'écrie le chef d'orchestre.

— L'ouverture du Caïd? répondent invariablement les musiciens.

— Du tout, Haydée.

— Eh bien, oui, le Caïd.

— Ah! ça, vous moquez-vous?
— Nullement. Le Caïd, *c. a. ï. d.* (c'est Haydée.)

Caisse (Bander la). — Filer Belgique en emportant la caisse. (Argot de banque.)

Allusion aux tambours de régiment qui tendent les cordes de leur *caisse* pour battre la retraite ou donner le signal de *lever le camp*. (Le peuple dit *ficher le camp* pour s'en aller.) (Voir *Fugue*.)

Caisse (Battre la). — Aller chercher de l'argent. (Argot des tambours de la garde nationale.)

(Delveau. *Dictionnaire de la langue Verte*.)

Caisse (Sauver la). — Synonyme de *bander la caisse*.

Argotisme inspiré par le « Sauvons la caisse! » du fameux Bilboquet de la pièce des Saltimbanques.

(*Nota*. — La caisse de ces derniers n'était qu'un modeste tambour.)

Campane. — Chaudière des savonniers. (Dictionnaire analogique. Boissière.)

Argotisme de métier fondé sur une analogie de forme avec la cloche (Campana).

(Voir *Battre la campagne*.)

Campane. — Tumeur en forme de cloche sous la pointe du jarret des chevaux. (Arg. d. vétérinaires.)

(Voir *Cloque*.)

Canard. — Fausse note échappée d'un instrument à vent, pendant l'exécution d'un morceau. (Argot d'orchestre.)

Quand les lèvres du clarinettiste ou du hautboïste ne serrent pas suffisamment l'anche de leur instrument, ils produisent un son analogue au coincoin du *canard*.

Les Grecs prenaient l'oie (Kên) comme terme de comparaison et ils disaient Kênidzô pour tirer de la flûte des sons nasillards semblables au cri de l'oie.

Vaucanson a fait un canard mécanique qui mangeait, digérait, nageait, plongeait, possédant en un mot toutes les qualités d'un véritable palmipède, sauf qu'il ne pouvait s'accommoder aux navets. L'illustre mécanicien a manqué de logique. A la place de son fameux flûteur, il aurait dû construire un joueur de clarinette: son *canard* eût été une conséquence de sa première invention.

Canarder. — Faire éclore un canard. (Arg. d'orch.)

Le nid de Canetons.

Barbotant, la cane légère
Plonge et picore au fond des eaux.
Elle a caché sous les roseaux
Ses œufs dans un nid de fougère.

Soudain, ô bonheur éphémère!
Un coup de feu lui rompt les os.
Le soir, aux navets, des bourreaux
Accommodent la pauvre mère...

Orphelins, qui vous couvera ?
De votre nid vert on fera
Des anches pour les clarinettes.

Vous éclorez, ô canetons,
Dans quelque bouibouis à saynètes
En canardant sur tous les tons.

Paris-Orchestre. E. GOUGET.

(Voir *Clarinette de cinq pieds*, Conac.)

Canari. — Imbécile, dans l'argot des bourgeois que le mot serin effarouche. (Voir *Serinage*.)

Cancan. — Danse populaire qui, selon F. Michel, est ainsi nommée, soit parce que les exécutants imitaient la démarche et le cri de *l'oie*, soit par suite du bruit qu'ils faisaient.

Quelques étymologistes prétendent que ce mot serait éclos au milieu des disputes qui agitaient les savants du XVIe siècle, au sujet de la prononciation du latin. Ramus voulait que le mot *quamquam* fût prononcé *quouam-quouam*, tandis que la Sorbonne opinait pour dire *kankan*.

On dit encore aujourd'hui *faire un grand cancan de quelque chose,* c'est-à-dire faire beaucoup de bruit pour rien, et *cancaner*, c'est-à-dire faire comme les portières qui, sous prétexte de sauver encore une fois le capitole dont elles ont la garde, se livrent à une foule de *cancans* qui mettent souvent les locataires en fuite.

Canon. — « Pièce de musique dans laquelle la mélodie s'accompagne par elle-même, étant prise successivement par deux, trois ou un plus grand nombre de voix ou d'instruments, à la distance d'un certain nombre de temps ou de mesures. »

(F..J. Fétis. *Dictionnaire de musique.*)

Tout le monde connaît le canon de « Frère Jacques, dormez-vous ? »

Les commentateurs ne sont pas d'accord sur l'origine du *canon*. J. J. Rousseau et les musicologues qui l'ont copié, tout en le maltraitant, affirment qu'on mettait en tête de ces sortes de fugues certains avertissements qui marquaient comment on devait les exécuter ; et ces avertissements, étant proprement les règles de ces fugues, s'intitulaient *canoni*, règles, *canons*. De là, prenant le titre pour la chose, on a, par métonymie, nommé *canon* cette espèce de fugue.

Ajoutons qu'en 1474, J. Tinctor, dans son « *Terminorum musicæ diffinitorium* » désigne sous le nom de *canon* la formule obscure qui servait de clef pour déchiffrer les canons énigmatiques. Cette formule se composait d'une devise, d'un vers latin.

D'un autre côté, F. Génin, prétend qu'on n'a pu donner le nom solennel de *canoni*, règles, à ces deux ou trois croix ou lettres qui indiquent, dans un canon ordinaire les entrées successives des parties. Il préfère tirer de l'artillerie l'étymologie de *canon*, où les voix, partant l'une après l'autre, ont une certaine analogie avec la *canonnade*.

Cette opinion n'est point en désaccord avec l'histoire, car le *chant du coucou*, cité par M. H. Lavoix, dans son histoire de la musique, comme le plus ancien *canon*, n'est pas antérieur à l'invention de l'artillerie. (1346.)

Dans l'argot populaire, un *canon* c'est un verre de vin. Ici, rien de l'artillerie. Impossible de comparer un verre de vin à un Krupp dont le boulet rouge se lance à la force du poignet au fond de l'estomac.

Ici *canon* veut dire règle, règlement et quelquefois dérèglement.

(Voir *Brutal*, *Écrevisse*.)

Cantonnade (Chanter à la). — Chanter dans la coulisse avant d'entrer en scène, ou remonter la scène pour s'adresser à un personnage dans la coulisse.

Carillonner (Se). — Se battre. (Argot populaire.)

Généralement on *se carillonne* après s'être agonisé d'injures, et les quatre poings des carillonneurs font l'office des quatre battants auxquels le *carillon* doit son nom. (*Quadrilio*, quaternaire.)

Carotte dans le plomb (Avoir une). — Etre enroué, ne pas pouvoir chanter.

Synonyme aggravant de *avoir un chat dans la gouttière*. (Voir ce mot.)

Carreau (Le). — Lieu de réunion adopté par les musiciens d'orchestre de la banlieue de Paris pour se faire engager. Ce lieu de rendez-vous est la rue du *Petit-Carreau*. Le dimanche matin, les trottoirs de cette nouvelle rue des Ménestriers sont pavés de musiciens, accourus *au carreau* pour se faire embaucher par les chefs-d'orchestre et, quelquefois aussi, se faire carotter par les entrepreneurs de soirées chorégraphiques.

Cascades. — Charges fantasques auxquelles se livrent parfois les chanteurs d'opérette. (Argot de coulisses.)

Le mot *cascade*, dit M. A. Bouchard dans sa *Langue théâtrale*, est parfait d'application : la cascade tombe de haut en bas; nous croyons que, de ce côté, l'art dramatique et l'art musical font de même.

Les *cascades*, ajoute l'impitoyable docteur Aldo, devraient valoir à ceux qui les font des chutes aussi profondes que celles du Niagara.

Casse-cou. — Passage dangereux d'un morceau de musique, souvent fatal aux meilleurs exécutants. (Argot musical.)

Casse-poitrine ou casse-g... — Morceau écrit trop haut pour la voix. (Argot musical.)

Les compositeurs qui écrivent de pareille musique peuvent être comparés à des cantonniers lyriques (*cantus,* chant) dont le rôle est de *casser* des d... ants sur la route de l'art.

Pour se soustraire à leurs atteintes, le chanteur n'a d'autre ressource que de changer de registre, ce qui transforme les *casse-poitrine* en casse-tête.

Castagnettes (Agiter ses). — Se dit d'un danseur maigre, par allusion au claquement des os qui s'entrechoquent.

Tout le monde sait que *castagnette* vient de l'espagnol castanea, châtaigne. En effet, les écales d'un marron sont creuses et arrondies comme une paire de *castagnettes.*

Cette expression s'emploie également comme synonyme de *battre la générale avec ses dents.*

« Il prit le verre en tremblant et but à petites gorgées, pendant que ses dents *jouaient des castagnettes* sur le cristal. » (Ad. Paul.)

(Voir Astiquer ses flûtes.)

Caveau. — Société de chansonniers qui auraient dû pousser la logique jusqu'au bout en remplaçant la chanson par la *Cavatine.*

Le vieux caveau fut fondé,
Fondé vers mil sept cent trente,
Par Piron, Collé, Vadé,
Et leur cohorte chantante.

> A Vadé, Collé, Piron,
> Succèdent au rang suprême
> Désaugiers, Brazier, Laujon,
> Enfin Béranger lui-même.
>
> L. F. Clairville.

En recevant, en 1874, le chanteur Duprez membre du caveau moderne, E. de la Bédollière s'écriait :

> Duprez nous marquera l'octave :
> Si nos accords capricieux
> Descendaient un peu vers la cave,
> Il les rapprocherait des cieux.

Et l'illustre chanteur, passant en revue les *galoubets* des chantres du caveau, disait gaîment :

> Voyez mes deux longues oreilles,
> Président, ne savez-vous pas
> Que, chatouilleuses sans pareilles,
> J'en héritai du roi Midas
> Ou, peut-être, de Marsyas.
> D'esprit, véritables merveilles,
> Pourquoi vos vers si frais, si bons,
> N'arrivent-ils à ces oreilles
> Que par des sons de mirlitons ?

Joyeusetés d'un chanteur dramatique. G. Duprez.

(Voir *Clef du caveau, Goguette.*)

Cerveau fêlé. — Maniaque. (Argot populaire.)
Dans ses Essais sur la musique, Grétry compare le *cerveau* à un instrument à cordes.

« J'ai entendu dire à des médecins, écrit l'inventeur de l'*instrument-cerveau*, que celui d'un fou ou d'un homme d'esprit ne différaient en rien. Je pense que leurs cervelles se ressemblent, à beaucoup d'égards, quant à la partie visqueuse, mais que les fibres sont bien différentes. Comment reconnaître, analyser ces fibres? Nos professeurs de violon ne sont point parvenus à distinguer une corde fausse, avant qu'elle soit sur l'instrument; il s'y connaissent bien à peu près, mais tous les jours ils s'y trompent. »

L'auteur de Richard cœur-de-lion, ayant failli, dans sa jeunesse, être assommé par la chute d'une cloche, ne pouvait accepter la métaphore populaire qui assimile le crâne à l'airain sacré.

Le *cerveau fêlé* est la conséquence fatale de l'abus persistant du *coup de marteau.*

Le Jacquemard qui a le plus *fêlé* de *cerveaux* dans le monde des arts, c'est *l'orgueil,* ce péché capital qui frappe impitoyablement ses amants à la tête, l'orgueil où dort cet anagramme philosophal tant convoité :

« *La gloire,* ce beau mot, bien sonore et bien creux
Qui pour un favori fait mille malheureux. »

A. LEVAIN-LANTARA.

Mais, comme la lance d'Achille, l'art guérit quelquefois les blessures qu'il a faites : on traite aujourd'hui les fous par la musique. Halévy raconte cependant que lorsque la raison de Donizetti fut atteinte, on tenta vainement de guérir l'illustre malade au moyen de cette thérapeutique musicale.

Un seul air avait le don de le faire sortir un instant de sa torpeur: la scène de folie de sa *Lucie*.

(Voir *Coup de marteau*.)

Chahut. — Danse immodeste qui précéda le cancan, à la fin de la Restauration, époque mémorable où le célèbre chicard rayonnait dans toute sa gloire. D'après F. Michel, le *chahut* vient de l'argotisme *chahuter*, crier comme un *chahu*, nom que l'on donne encore au *chat-huant* dans quelques contrées de la France.

(Voir *Cancan*.)

Chambre (Musique de). — Se dit des concerts cacophoniques qui ont lieu quelquefois à la Chambre des députés, par opposition aux paisibles réunions de quatuor d'amateurs de musique où règne l'accord le plus parfait.

Un piquant rimeur a chanté en ces termes les instruments de l'orchestre législatif.

« Je suis, lame aiguë et mince,
Le canif malicieux ;
Lorsque sur le bois je grince,
J'irrite les gens nerveux,

Et l'orateur qui s'apprête,
Fait, crispé sur la sellette,
La grimace, — et sur sa tête
Se hérissent ses cheveux.

Secs et gouailleurs, nous sommes,
Nous — les couteaux à papier.
Nous sommes au fond bonshommes
De ton un peu cavalier.
On craignait notre censure,
Quand nous battions la mesure
Aux discours de Larrabure
Et de feu Pouyer-Quertier.

Messieurs, je suis la sonnette,
Gardienne des bonnes mœurs ; —
Schneider parle — et ma voix nette
A fait taire les rumeurs.
Quand la gauche, prompte à mordre,
Donne du fil à retordre,
J'arrive — et rappelle à l'ordre,
Ou réveille les dormeurs ! »

A. MILLAUD. *Petite Némésis.*

(Voir *Musique ministérielle.*)

Chansonner. — Faire une chanson satirique contre quelqu'un. On dit également coupléter.

Chansonnet. — Véritable surnom musical du rossignol des savetiers, l'étourneau, que le peuple persiste à affubler du sobriquet de *sansonnet*.

Chanson (Chanter toujours la même). — Rabâcher. (Argot des bourgeois.)

Variante de chanter toujours la même antienne, le même refrain.

Chansons. — Sornettes, fariboles. (Argot des gens de lettres.)

Ce que je vous dis là ne sont pas des *chansons*.
(Molière. *L'École des femmes.*)

Les maux les plus cruels ne sont que des *chansons*.
(*La Fontaine.*)

Chansons (Payer en). — Ne donner que du vent à ses créanciers. (Argot littéraire.)

G. Kastner, dans sa *Parémiologie musicale*, rapporte que les ménétriers ou jongleurs pouvaient être exemptés du péage perçu à l'entrée de Paris par le Petit-Pont, moyennant un seul couplet de *chanson* qu'ils chantaient au péager.

A une autre époque, certains bateleurs et montreurs d'animaux jouirent de privilèges analogues, ce qui donna lieu à la locution

« Payer en monnaie de singe. »

Chansons (Se payer de). — Se contenter de vaines excuses ou de mauvaises raisons.

Quand le cardinal Mazarin avait mis un impôt nouveau, il demandait à ses créatures ce qu'on en disait à Paris.

— On chante de tous côtés des couplets contre votre Éminence, lui répondait-on.

— Tant mieux, reprenait le cardinal, s'ils cantent la *canzonnetta*, ils pagaront. »

Chamfort n'a-t-il pas eu raison de définir le gouvernement de France, une monarchie, tempérée par des *chansons?*

Chant. — Division d'un poème épique. (Argot des poètes classiques.)

« Je chante ce héros qui régna sur la France. »

Ainsi débute le premier chant de la Henriade. Et Voltaire, le bon sens incarné, n'a point protesté contre ce plagiat fait aux Grecs et démontré à ses contemporains que les poètes anciens, chantant réellement leurs poèmes, avaient seuls droit au fameux cliché « Je chante... »

Comment d'ailleurs concilier cet argotisme avec la boutade de Beaumarchais : Ce qui ne vaut pas la peine d'être dit, on le chante ? Le malin Caron ne se doutait guère qu'on devait musiquer son Figaro.

Chantage. — Extorsion d'argent à l'aide de la menace écrite ou verbale de révélations ou d'imputations diffamatoires. (Argot des voleurs.)

« Il se rencontre, dit M. de Belleyme, dans son rapport au Corps législatif, des hommes assez vils pour profiter de la connaissance qu'ils ont de certains secrets intéressant l'honneur des familles, et pour menacer de les dénoncer et de les répandre si on ne consent à acheter leur silence. D'autres, plus éhontés, ne savent rien qui puisse compromettre la personne qu'ils ont choisie pour victime, mais, par des combinaisons astucieuses, ils l'entraînent dans une situation suspecte et difficile à expliquer, ils font naître une circonstance d'où puisse résulter le soupçon d'une action honteuse, et, menaçant d'exploiter de simples apparences, ils arrachent à la faiblesse et à la peur la rançon d'une calomnie dont ils promettent de s'abstenir. »

La loi punit celui qui se livre au *chantage* d'un emprisonnement d'un an à cinq ans et d'une amende de 5o à 3ooo fr.

(Voir *Faire chanter, Chanteur.*)

Chant du départ (Chanter le). — Quitter une réunion d'amis. (Argot populaire.)

Allusion au titre de l'hymne composé en 1794, par M. J. Chénier et mis en musique par Méhul.

Chante-clair. — Surnom du ténor de la basse-cour, au moyen âge.

> « L'éperon haut, portant sa crête
> Comme un bonnet de liberté,
> Chante-clair va, dressant la tête,
> Marquant le pas, ferme planté. »
>
> G. Mathieu. *Chansons.*

Chanter. — « C'est, en français, dit le docteur Aldo, recevoir beaucoup d'argent pour crier et, en argot, en donner beaucoup pour empêcher de crier. » (Dictionnaire musico-humoristique.)

(Voir *Chantage, Faire chanter, Chanteur.*)

Chanter. — Célébrer. (Argot des poètes classiques.)

> « Pour *chanter* un Auguste, il faut être un Virgile. »
>
> Boileau.

(Voir *Chant.*)

Chanter. — Pleurer. (Argot populaire.)

Chanter. — « Parler sur le point de huit, demander à son partner s'il a les honneurs, auquel cas il a gagné. (Argot des joueurs de Whist.)

(Delvau. *Dictionnaire de la langue Verte.*)

Chanter (Faire). — « On dit figurément d'un homme à qui l'on veut faire faire quelque chose par force, qu'on le fera bien *chanter*, qu'on l'obligera à payer, à faire ce qu'il doit. »

(Furetière. *Dictionnaire 1688.*)

Génin prétend que cette locution est née manifestement de la coutume où étaient nos pères de chanter à table au dessert. Chacun devait payer son tribut d'une chanson ; que si quelqu'un des convives voulait s'y soustraire, les instances de l'assemblée ou de l'amphitryon ne lui laissaient point de relâche ; aucune excuse n'était admise, et, bon gré mal gré, le récalcitrant arrivait à s'exécuter : *on le faisait bien chanter !*

Autrefois, *faire chanter* quelqu'un c'était le mettre à la torture pour lui arracher des aveux.

Aujourd'hui, *faire chanter* quelqu'un c'est se rendre sur lui coupable de chantage, ou, comme le dit H. de Balzac, lui demander la bourse ou l'honneur. Une porte mal graissée chante, dit un proverbe. Il faut également graisser la patte du chanteur pour qu'il se taise. Les criminels qui se livrent à ce métier infâme désignent, dans leur argot sinistre, par le mot cigales, les pièces d'or extorquées aux victimes qu'ils font *chanter*.

(Voir *Chantage, Chanteur.*)

Chanter au lutrin. — « Donner de la voix dans le haut ou dans le bas, faire entendre des sons graves ou aigus; les basses-tailles et les trials *chantent au lutrin.* » (Manuel des coulisses, 1826.)

Chanterelle. — Perdrix femelle que l'on attache pour que son chant attire les mâles. (Argot des oiseleurs.)

(Voir *Scie.*)

Chanterelle (Appuyer sur la). — Insister fortement sur un point délicat et important. (Argot des bourgeois.)

Allusion au jeu du violoniste, *appuyant* fortement les doigts et l'archet pour faire vibrer sa *chanterelle*, corde aiguë sur laquelle s'exécute généralement le chant.

Méhul, pour donner à son opéra d'Uthal une couleur mélancolique et nuageuse, eut l'idée de remplacer les violons de l'orchestre par les altos. Il résulta une telle monotonie de l'emploi continu de cette instrumentation sombrée, que Grétry, assistant à cette représentation, ne put s'empêcher de s'écrier: « Je donnerais un louis pour entendre une *chanterelle.* »

Chanterelle (Donner du mou à la). — Au propre, détendre la corde pour *l'amollir*. Au figuré, baisser son diapason.

Les musiciens d'orchestre, en desserrant leur

cheville pour *donner du mou* à leur corde à boyau, font allusion au *mou* que l'on donne au chat pour l'empêcher de miauler.

Chanterelle (Faire baisser la). — Rabattre le caquet.

Chanterelle (Hausser la). — Élever la voix, le prendre de haut.

Chanterelle du bourreau. — Cette métaphore désignait autrefois la petite corde destinée à étrangler le condamné à la potence.

« Je croirais que le bourreau serait fort bon musicien, car depuis qu'il a pris la mesure du cou du patient, il fait bander la *chanterelle* sur un ton si haut, que bien souvent l'harmonie de la corde qui bande trop fort convertit toute la musique en soupirs et en syncopes. » (Propos de Tabarin.)

Lorsque J. J. Rousseau eût lancé sa mordante satire contre les symphonistes de l'Opéra, ceux-ci, pour s'en venger, le pendirent et le brûlèrent en effigie.

« Je ne suis pas surpris que l'on me pende, après m'avoir mis si longtemps à la question, » dit le philosophe.

(Voir *Jouer du haut-bois*).

Chanter pouille. — D'après l'Académie, *chanter pouille* à quelqu'un signifie lui dire des injures, des choses offensantes.

Les étymologistes sont loin d'être d'accord sur l'origine de cette locution.

Génin, dérivant *pouille* de poulie, prétend que *chanter pouille* à quelqu'un, c'est l'injurier d'une voix aigre comme le chant d'une poulie qui grince dans sa chape rouillée.

Il propose une autre étymologie dans le sens de *poulie*, étable à loger les chevaux, les *pouliches;* de sorte que *chanter pouille* signifierait chanter écurie, c'est-à-dire gourmander brutalement, grossièrement, en style d'écurie et de palfrenier.

Le Duchat dérive *pouilles* de pocula, prétendant que c'est entre les verres et les pots que les gens en querelle se lancent de dures vérités à la face.

La Monnaye, Ménage et Tuet croient, avec plus de raison, que cette façon de parler vient de *pouilleux* et que *chanter pouille* à quelqu'un c'est le vouer à la vermine.

Aujourd'hui on ne *chante* plus *pouille* à quelqu'un, on lui *cherche des poux.*

Chanter sur tous les tons. — Façon moins monotone de rabâcher la même chanson. (Argot des bourgeois.)

Chanteur. — « Celui qui fait chanter, qui fait contribuer, en le menaçant d'une dénonciation, un homme que, comme agent provocateur, il a amené en flagrant délit de mœurs.

Les *chanteurs* ont à leur disposition de fort jolis garçons, qu'ils décochent auprès de tel financier, de tel marquis, et même, disent-ils, auprès de tel magistrat, qui, depuis ses études classiques, est resté trop vivement pénétré des vœux d'Anacréon pour Bathylle, et de ceux de Virgile pour Alexis. Le jeune Adonis a soin d'amener le pêcheur dans un lieu propice, et là, un sergent de ville dit: « Halte-là, je vous y prends; au nom de la loi, suivez-moi chez le commissaire de police. » L'Adonis suit en pleurant, le pêcheur en suppliant et en faisant sonner les espèces; mais le sergent de ville est incorruptible; le commissaire de police l'est un peu moins; et là, dans le bureau, tout s'arrange au comptant ou par billets à vue, et le procès-verbal est jeté au feu. »

(F. V. Raspail. *Lettres sur les prisons de Paris*, 1835.)

Vidocq, l'ancien chef de la police de sûreté, esquisse en ces termes la physiologie des *chanteurs*.

« Après avoir parlé des journalistes qui exploitent les artistes dramatiques auxquels ils accordent ou refusent des talents, suivant que le chiffre de leurs abonnements est plus au moins élevé; de ceux qui vous menacent, si vous n'avez pas une certaine somme, d'imprimer dans leur feuille une notice biographique sur vous, votre père, votre mère et votre sœur ; qui vous offrent à un prix raisonnable l'oraison de celui de vos grands parents qui vient de rendre l'âme, du vaudevilliste qui a des flonflons pour tous les anniversaires, du poète qui a des dithyrambes pour toutes les naissances et des éloges pour tous les morts, il en resterait beaucoup d'autres, sinon par occasion, sinon par métier, et parmi ces derniers, il faudrait ranger ceux qui vendent leur silence ou leur témoignage, l'honneur de la femme qu'ils ont séduite, une lettre tombée par hazard entre leurs mains et mille autres encore. Mais comme il n'y a pas de loi qui punisse le fourbe adroit, le calomniateur, le violateur de la foi jurée, comme tous ceux dont je viens de parler sont de très honnêtes gens, je ne veux point m'occuper d'eux. »

(E. F. Vidocq. *Les Voleurs*, 1837.)

Après cette écœurante étude, n'éprouve-t-on pas le besoin de flairer le sel de quelque piquante anecdote ?

Le compositeur Paër, passant à Toulon, fut vivement pressé de faire exécuter une de ses compositions. Comme il objectait que, pour cela, il fallait des chanteurs, on lui amena trois jeunes hommes ayant des voix remarquables.

C'étaient tout simplement des forçats.

Un surtout fit l'admiration du maître, qui oublia complètement la position de son nouveau ténor.

— Veux-tu venir à Paris? lui dit-il. Je me charge de te faire une grande position.

— Je ne demanderais pas mieux; mais on ne me laissera pas partir, répondit douloureusement le pauvre diable.

— Ceci me regarde, tranquillise-toi.

— Mais, monsieur, reprit l'infortuné jeune homme, comment voulez-vous que j'ose me mêler à des chanteurs, avec ce que j'ai sur l'épaule.

— Qu'as-tu donc sur l'épaule, mon garçon ?

— Voyez!

Et, écartant sa chemise, il montra sur sa chair une place où le fer rouge avait imprimé d'une manière indélébile les terribles lettres T. F.

— T. F.! s'écria Paër, qui poursuivait son idée, T. F.! mais c'est parfait, mon garçon; on dirait que cela a été fait exprès, T. F.! ça fait justement *Théâtre-Feydeau*. On fera marquer les autres [1].

(Voir *Chantage, chanter*.)

Chanteur de la Chapelle Sixtine. — Chanteur castrat ou sopraniste.

Il y a une farce italienne où Arlequin dit, à propos des travers de chaque sexe, que nous serions tous parfaits si nous n'étions ni hommes ni femmes.

---

[1] Le théâtre Feydeau, fondé en 1793, fut longtemps l'heureux rival de l'Opéra-Comique.

C'est peut-être ce qui explique la perfection du chant des pensionnaires de la chapelle papale.

Le pape Clément VIII ayant autorisé, par un bref spécial, la castration *ad honorem Dei*, les États romains devinrent la pépinière des sopranistes.

« La plupart des sopranistes, dit le président de Brosse, deviennent gros et gras comme des chapons, avec des hanches, une croupe, les bras, la gorge et le cou rond et potelé des femmes. Quand on les rencontre dans une assemblée, on est tout surpris d'entendre sortir de ces colosses une petite voix d'enfant. Il y en a de très jolis; ils sont fats, avantageux avec les dames, dont ils sont fort courus à cause de leurs talents. »

(Lettres sur l'Italie, 1738.)

La duchesse de Longueville ne voulut jamais prononcer le mot qui désignait alors un sopraniste; elle disait : « Mon Dieu, que cet *incommodé* chante bien ! » La cour de Louis XIII adopta cette expression.

Le roi d'Espagne ayant donné à Farinelli, un des plus célèbres castrats de l'Italie, l'ordre de Calatrava, celui-ci fut armé chevalier avec les cérémonies ordinaires et on lui mit, suivant l'usage, les éperons. Sur quoi l'ambassadeur d'Angleterre dit : « Chaque pays, chaque mode; à Londres on éperonne les coqs, à Madrid on éperonne les chapons. »

Napoléon raconte dans son *Mémorial de Sainte-Hélène*, qu'il eut la pensée de donner la croix de la Légion d'Honneur à Talma et que, pour tâter l'opinion publique, il fit un essai en donnant l'ordre de la Couronne de fer à un castrat de la musique du palais, Crescentini.

« La décoration, dit-il, était étrangère, la personne aussi, l'acte devait être moins aperçu et ne pouvait compromettre l'autorité, tout au plus lui attirer quelques mauvaises plaisanteries. Eh bien ! voyez pourtant quel est l'empire de l'opinion et de sa nature, je distribuais des sceptres à mon gré, l'on s'empressait de venir se courber devant eux, et je n'aurais pas eu le pouvoir de donner avec succès un simple ruban ! Mon essai tourna très mal. Il emporta l'anathème de tous les salons ; la malveillance s'en donna à cœur joie et fit des merveilles. Pourtant, dans une des brillantes soirées du faubourg Saint-Germain, l'indignation qu'elle avait suscitée se noya dans un bon mot.

— C'est une abomination, disait un beau parleur, une horreur, une véritable profanation. Et quel pouvait être le titre d'un Crescentini ? s'écriait-il. » Sur quoi la belle Grassini, se levant majestueusement de son siège, lui répliqua du geste et du ton le plus théâtral :

— « Et sa blessoure, monsieur, pour quoi la comptez-vous ? »

Ce fut alors un tel brouhaha de joie, d'applaudissements, que la pauvre Grassini se trouva fort embarrassée de son succès.»

(Voir *Orgue. Rasibus.*)

Chanteur-recette. — Étoile du chant dont le nom seul assure une recette à un théâtre. (Argot de coulisses.)

Un acteur subalterne, obligé de remplacer au pied levé un *chanteur-recette* qu'un accident empêchait de jouer, chanta et fut sifflé. Sans se déconcerter, regardant fixement le parterre, il dit :

« Je ne vous conçois pas, messieurs; devez-vous imaginer que, pour 1800 francs que je reçois par année, j'irai vous donner une voix de 2.000 écus ?

On finit par l'applaudir dans le reste du rôle.

Chantonner. — Chanter sans méthode et sans goût.

S'emploie également pour chanter à mi-voix, entre ses dents, comme le font souvent, aux répétitions, beaucoup d'étoiles du chant qui veulent ménager leur diamant.

Chantonnerie. — Platitude musicale écrite pour la voix.

Chantre. — Poète. (Argot des poètes classiques.)
Les premiers sujets du lutrin poétique sont le

chantre de la Thrace (Orphée), le chantre d'Ilion (Homère), le chantre de Mantoue (Virgile), le chantre des Jardins (Delille), etc...

Chantre. — Animal chanteur. (Argot des classiques.)

Le chantre des forêts (le rossignol), le chantre des marais (la grenouille), etc...

Lorsqu'on voulut rendre à l'auteur du Devin du village ses entrées à l'opéra, Rousseau, qui habitait alors Montmorency, s'écria : « Pourquoi diable me dérangerais-je de si loin pour aller à l'opéra, tandis que je puis entendre à ma porte les chouettes de la forêt de Montmorency ? »

Chantre. — Chanteur entonnant des alléluias à l'office divin et des glorias chez le marchand de vin.

Qu'il est loin le temps où Charlemagne disait à ses chantres, accusés par leurs collègues d'Italie d'avoir corrompu le chant Grégorien :

— « Quelle est l'eau la plus pure et la meilleure, ou celle qui provient d'une source vive, ou celle qui découle de divers ruisseaux ?

— L'eau de source, répondirent en chœur les chantres français.

— Retournez donc à la source de Saint-Grégoire, s'écria le roi. »

Le fameux comptoir de la mère Grégoire n'a peut-être pas d'autre origine.

Chapeau. — Nom donné à l'arc de cercle dont on coiffe la tête de deux ou plusieurs notes liées entre elles.

On a remplacé le *chapeau* par la liaison.

Chapeau de gendarme. — Dénomination donnée par quelques musiciens humoristiques au signe du point d'orgue, dont la forme rappelle le couvre-chef de Pandore, fonctionnaire devant qui tout chasseur mélodique doit s'arrêter pour exhiber son passe-port.

(Voir *Musique empoignante*.)

Charivari. — Sérénade cacophonique exécutée par un orchestre composé de casseroles, de poêlons, de cornets à bouquin, de sifflets, de sonnettes, etc.

Au moyen âge, on charivarisait les époux en secondes noces. De nos jours, ces concerts s'adressèrent de préférence aux hommes politiques, ce qui leur valut l'épithète de *musique ministérielle*. Sous Louis-Philippe, le *charivari* devint l'accompagnement obligé des députés et des préfets habiles à chanter la palinodie. On parla même de créer une *école de charivari* au conservatoire de musique et Peignot posa les proportions d'un orchestre charivarique composé de « 12 chaudrons, 10 casseroles, 3 léchefrites, 12 pelles, 12 pincettes, 13 couvre-plats en guise de cymbales, 6 poêlons, 4 bassinoires, 8 bassins, 6 arrosoirs, 10 clochettes de mulet, 4 colliers de grelots, 2 tambourins à faire danser les ours, 1 tam-tam, 2 tonneaux vides, 3 cornets à bouquin, 2 grands cors de chasse, 3 petites trompettes, 4 clarinettes mal emmanchées, 2 hautbois mal emmanchés, 2 sifflets, 1 musette, 4 chétifs violons à râcler, 2 vielles, 4 crécelles, 10 voix criardes, 8 voix à huer, 3 gorets ou cochons de lait et 4 chiens à étriller. »

(*Histoire du Charivari*, par Bassinet, 1833.)

En 1832, à la suite d'un charivari donné au poète lyrique Viennet, une feuille satirique surgit de la presse parisienne.

« Peu de journaux, dit Champfleury, ont mieux répondu à leur titre que le Charivari, fondé par Philipon. Quoi de plus significatif que les vignettes symboliques en tête du journal, qui défiaient les imaginations les plus saugrenues des vieux maîtres hollandais ! Ce sont des hommes qui frappent à grands coups de maillet sur la cloche du charivari, des ouvriers dont la scie grinçante mord de grosses pierres, des pâtissiers mettant en branle leurs instruments de cuisine, des chiens qui déchiffrent en aboyant de gros cahiers de musique, des ânes qui braient, des cochons que des gamins tirent par la queue, des serpents qui sifflent dans de colossales clefs, des diables cornus inventant des carillons d'enfer pour troubler le sommeil d'un honnête bourgeois qui apparaissait à la fenêtre avec sa tête en poire.

« Il semble que le terrible carillonneur Philipon, en sa qualité de chef d'orchestre n'ait eu pour but, en créant ce journal, que de tympaniser les oreilles de Louis-Philippe. »

(*Histoire de la caricature moderne.* Champfleury.)

Charivari (Avoir). — Avoir quatre dames en main, au jeu d'hombre. (Argot des joueurs.)

Allusion au tapage produit par un quatuor de grelots féminins, doués surtout de quatre couleurs différentes.

Charivarique (Musique). — Argotisme dont on a successivement qualifié les chefs-d'œuvre de Gluck, de Rossini, de Meyerbeer, de Berlioz, de Wagner, etc...

Les œuvres ne s'en portent pas plus mal, au contraire. Si l'on charivarise les artistes de génie comme les abeilles, c'est que les rayons de miel sont dorés comme ceux de la gloire.

Charivarius. — Mauvais violon. (Argot d'orchestre.)

Par opposition au nom du plus célèbre luthier de Crémone, Stradivarius, dont les violons se payent aujourd'hui au poids du papier-Joseph.

Chat. — Enrouement subit.

Le peuple, dans son langage imagé, dit que le chat file quand il tire de sa gorge le bruit du rouet. De là vint probablement l'idée d'assimiler le son étranglé sortant de la gorge d'un chanteur enroué au ronron du rouet de Grippeminaud.

Une chanteuse se plaignait d'avoir des *chats* dans la gorge.

— Qu'y-a-t-il d'étonnant, lui répondit-on galamment, vous avez tant de souris sur les lèvres.»

Chat dans la gouttière (Avoir un). — Être affligé d'un enrouement tenace.

On peut dire qu'un chanteur, ayant un *chat dans la gouttière*, file un bien mauvais coton, car son impresario ne tarde pas à le faire filer ailleurs.

L'hymne dont Guido utilisa les premières syllabes pour composer les notes de la gamme, était autrefois chantée en l'honneur de Saint-Jean-Baptiste pour obtenir, par son intercession, la guérison de l'enrouement.

Les Rouennais sifflaient un soir un chanteur débutant dans le rôle du roi de Lahore. Celui-ci s'approche gravement de la rampe: «Messieurs, dit-il, excusez-moi; j'avais pensé qu'en venant chanter à Rouen, enroué comme je le suis, vous m'eussiez trouvé bien en roi.» Cette saillie lui valut un succès.

(Voir *Avoir une carotte dans le plomb*.)

Chats (Musique de). — Musique émaillée de traînées de sons dont l'exécution exagérée vous crispe les nerfs comme le chant des matous.

Un musicien excentrique trouva pourtant le moyen d'organiser un concert de chats, dans une procession qui eut lieu à Bruxelles en 1549, en l'honneur du roi d'Espagne, Philippe II.

« Le corps de musique, raconte Bourdelot, étoit sur un grand char, dans le milieu duquel étoit un ours assis, qui touchoit une espèce d'orgue, non pas composé de tuyaux à l'ordinaire, mais d'une vingtaine de chats enferméz séparément dans des caisses étroites, où ils ne pouvoient se remuer; leurs queues sortoient en haut, et liées à des cordes attachées au registre de l'orgue; à mesure que l'ours pressoit sur les touches, il faisoit lever ces cordes qui tiroient les queues des chats pour les faire miauler des tons de basses, des tailles et des dessus selon la nature des airs, ce qui se faisoit avec tant de proportion que cette musique ne faisoit pas un faux ton.

« Au son de cet orgue bizarre, on voyoit danser des singes, des ours, des loups, des cerfs et d'autres animaux qui composoient des entrées de ballet sur un théâtre tiré par deux chevaux qui suivoient ce concert. » (*Histoire de la musique, 1715.*)

Un musicien se plaignait du concert désagréable que lui faisait subir, chaque nuit, le chat de sa concierge.

— Il est pourtant bien simple de le faire taire, lui dit un collègue; tu n'as qu'à le transposer d'une tierce. Alors son *mimi* fera *dodo*.

(Voir *Boyaux de chat*.)

Chaudron. — Mauvais piano. Voltaire écrivait dans une lettre datée du 8 décembre 1774 « qu'un piano-forte n'était qu'un instrument de chaudronnier en comparaison du clavecin. »

« Vient un autre amateur : c'était la fille aînée,
Laideron de quinze ans, de roses couronnée,
Qui, sur un coffre antique et marqué de London,
Nous touche de Babet l'ouverture arrangée,
Laquelle, sous ses doigts, en carillon changée,
Accuse le forte bien moins que le *chaudron*.

J. BERCHOUX. *Le concert d'amateurs*.

Un jour que Salvator Rosa touchait un mauvais *chaudron* : « Je vais, dit-il, le faire valoir au moins mille écus. » Et il peignit sur le couvercle un si beau morceau, que ce clavecin, à demi délabré, se vendit la somme qu'il avait dite.

Chaudrons. — Timbales. (Argot d'orchestre.)
L'hémisphère de cuivre formant le corps de la timbale rappelle en effet l'ustensile culinaire qu'un étymologiste fantaisiste a dérivé des mots *chaud* et *rond*.

L'adoption des timbales inventées par Sax supprimerait cette métaphore de marmiton.

(Voir *Bassin, batterie de cuisine, timbale.*)

Chef d'attaque. — Chef d'une bande de malfaiteurs. (Argot des voleurs.)

En musique, le *chef d'attaque* est un choriste ou un instrumentiste chargé de conduire ceux qui exécutent une partie vocale ou instrumentale.

Les musiciens ont probablement emprunté ce mot au vocabulaire de l'armée, comme ils l'avaient fait de canon, batterie, fusée, bombarde, etc. Les voleurs, ayant remarqué que les musiciens de théâtre se livrent à une série *d'attaques* nocturnes, leur auront emprunté à leur tour leur *chef d'attaque.*

Chef de pupitre. — Chef de partie instrumentale. (Argot d'orchestre.)

Ce serait une erreur de croire que chaque pupitre ait son chef. Les lieutenants du chef d'orchestre sont quelquefois à la tête d'une demi-douzaine de pupitres.

Cheveu. — Passage difficile d'un morceau de musique, arrêtant subitement le cours d'une répétition et plongeant les musiciens dans le même embarras que les Auvergnats de la légende, trouvant un cheveu dans leur potage.

On pourrait citer plus d'un opéra chauve d'idées et contenant pourtant toute une forêt de cheveux difficiles à démêler.

Chevrotement. — « Un bien mauvais exemple que les chanteurs donnent aux chèvres. »
(Dr Aldo. *Dictionnaire musico-humoristique*.)

Chevroter. — « C'est battre d'une manière inégale les deux notes du Trille, ou même n'en battre rapidement qu'une seule, ce qui imite à peu près le bêlement de la chèvre. »
(J. J. Rousseau. *Dictionnaire de musique*.)

« C'est le chant suranné d'un Elleviou de 5o ans; c'est chanter par saccades, filer un demi-son qu'on termine par une cadence, aller par sauts et par bonds; allusion au saut et au cri du chevreau. »
(Dict. des coulisses, 1828.)

(Voir *Cadence de cigale*.)

Chien (Avoir du). Variante de « Avoir le diable au corps. » (Argot de coulisses.)
Ce chien argotique est-il proche parent de Cerbère ou du roquet que Rameau jeta par la fenêtre parce qu'il aboyait faux?

Chien (École du petit). — « C'est l'école des chanteurs dont la voix extraordinairement étendue dans le haut, leur permet de lancer à tout bout de chant, des contre-*mi* et des contre-*fa* aigus, semblables, par le caractère et le plaisir qu'ils font à l'auditoire, au cri d'un King's-Charles dont on écrase la patte. »

(H. Berlioz. *A travers chants*.)

Chiens et de chats (Musique de). Musique dont les exécutants ne s'accordent pas mieux que ces deux races de quadrupèdes.

« Que sont à nos opéras
Ces deux lyriques ultras,
Admirateurs de Grétri,
Trompettes de Rossini ?
Chien et chat,
Voilà le monde
A la ronde ;
Chaque état
N'offre, hélas ! que chien et chat. »

Désaugiers.

Chorus (Faire). — Approuver ce que d'autres font ou disent. (Argot des bourgeois.)

Allusion à la partie vocale qu'on exécute dans un *chœur*.

(Voir *Chanter amen*.)

Chromatique. — Argotisme forgé du grec (*chrôma*, couleur), dont on qualifie improprement la gamme qui procède par demi-tons, sous le prétexte que ces demi-tons donnent de la couleur à la musique. C'est une couleur. Les théoriciens eussent mieux fait d'appliquer ce vocable au clavecin du père Castel.

On sait que cet acousticien, assimilant les douze demi-tons de la gamme aux couleurs suivantes : bleu, céladon, vert, olive, jaune, aurore, orangé, rouge, cramoisi, violet, agathe et violant, avait rêvé de faire, avec ces douze couleurs, de la musique oculaire sur un clavecin de son invention.

« Il peint des menuets et des sarabandes, dit Voltaire. Tous les sourds de Paris sont invités au concert qu'il leur annonce depuis douze ans; et il n'y a point de teinturier qui ne se promette un plaisir inexprimable à l'opéra des couleurs que doit représenter le révérend physicien avec son clavecin oculaire. »

Cigale. — Chanteuse des rues. (Argot populaire.) Métaphore inspirée par la fable du Bonhomme :

> La cigale ayant chanté
> Tout l'été.

Pourtant cet insecte n'est pas chanteur. Sa stridulation est produite par une membrane sèche et plissée mise en mouvement par un muscle. Le mâle seul possède cet organe. On voit que la cigale, simple instrumentiste, comme son confrère, le cricri, joue modestement sa partie dans l'orchestre de la nature, en accompagnant les vocalises des divas et des ténors emplumés.

Deux grandes artistes, la cantatrice Stolz et la tragédienne Rachel, ont été de simples *cigales*.

Chez les anciens, la cigale était le symbole de la musique. On la représentait posée sur un instrument à cordes, la cythare.

La fable raconte qu'un jour, deux joueurs de cythare, Eunome et Ariston, luttant de talent, une des cordes de l'instrument d'Eunome s'étant brisée, une cigale vint se poser dessus et remplaça avec tant de succès la corde absente, qu'il remporta la victoire.

(Voir *Sauterelle dans la guitare*, *Sirène de boulevard*.)

Cigale. — Pièce d'or. (Argot des voleurs.)

N'est-ce pas une ironie du sort de voir le louis d'or baptisé par les grinches du poétique surnom donné à la pauvre diva de carrefour?

Ce que nous appelons par plaisanterie Jaunet était connu, dans la pègre, sous le nom de Jonc. (*Voir Vidocq.*) Peut-être y a-t-il dans l'écriture de cet argotisme une faute d'orthographe doublée d'une coquille, et doit-on lire Jône (Jaune.)

Quoi qu'il en soit, la pègre goûtant fort la musique des espèces sonnantes, aura remarqué que les *cigales*, quand on les presse entre les doigts, se mettent à chanter, absolument comme les louis d'or d'un bon bourgeois dont on serre la gorge.

Cigalier. — Membre de la Cigale, société de littérateurs méridionaux.

Citron. — Note aigre.

Est-ce une façon polie d'insinuer que l'artiste qui la commet est, comme on dit en argot de barrière, *tombé dans la limonade?*

On va voir que les maëstros ne sont pas mieux partagés que les chanteurs.

« A la fatale représentation d'*Olympiade*, représentée à Rome en 1735, une orange frappa au front Pergolèse qui tenait le clavecin. Maudite soit l'imbécile main par qui elle fut lancée; cette orange fut pour l'auteur de la *Serva Padrona* une balle mortelle ». (F. de Villars.)

(Voir *Crier au vinaigre, filet de vinaigre*.)

Civet sans lièvre (École du). — Argotisme créé par le critique Azevedo pour désigner une classe de compositeurs remplaçant les idées par des procédés, les mélodies par des combinaisons orchestrales et des effets de timbres.

L'école du civet sans lièvre pourrait comprendre trois divisions: l'école du civet de lapin de garenne, celle du civet de lapin de gouttière, enfin celle dont le civet se compose d'une sorte de rata innommable rehaussé par une sauce d'accords fortement épicée.

(Voir *Cuisine musicale.*)

Claque. — Le bruit de deux mains qui claquent l'une contre l'autre, dit Robert Houdin, les trépignements, les clameurs incohérentes par lesquelles le public témoigne sa satisfaction dans un théâtre, sont certainement, comme harmonie, le bruit le plus discordant que l'on puisse entendre; mais rien n'est plus doux à l'oreille et au cœur de celui qui en est l'objet.

Clarinette de cinq pieds. — Fusil de munition. (Argot de régiment.)

Fr. Michel présume que l'idée en est venue au soldat par suite de la recommandation qui lui est faite tous les jours de « tenir son arme *claire et nette.* » Dailleurs le peuple prononce souvent *clairinette* au lieu de *clarinette.*

« Puisque la *clarinette*, observe spirituellement G. Kastner a donné son nom à une espèce de fusil, pourquoi l'espèce de fusil avec lequel on fait la chasse aux canards, et qu'on appelle *canardière*, ne lui donnerait-elle pas le sien en échange? Dans les mains de certains artistes, le hautbois et la clarinette (j'y joindrais volontiers le basson), ne sont vraiment autre chose que de redoutables *canardières.* » (Parémiologie musicale.)

Clarinette avec son nez. (Jouer de la). — Faire ce que les gavroches appellent également un pied de nez, en posant les deux mains étendues sur le bout de leur nez et en remuant leurs doigts comme s'ils jouaient de la clarinette.

Clef du caveau. — La clef des chants de nos pères.

> Caveau, — disons plutôt bocage, —
> Au galant et facile accès !
> Clef charmante, rouvrant la cage
> Où gazouille l'esprit français.
>
> Ch. Monselet.

Le recueil de tous ces airs, sortis pour la plupart de la dive bouteille, a le tort d'être écrit en clef de sol. Capelle, en les transcrivant, aurait dû se servir de la clef suivante :

Clef de Fa. — Clef du sous-sol, autrement dit clef de la cave.

Cette clef est employée par tout ce qui siffle, flûte et entonne à tire-larigot.

> Vu que la clef de la cave
> Rend la voix douce et suave.

La grotte de Fingal où les vagues de la mer produisent des sons harmonieux, a reçu dans le pays de Galles, le nom de *Llaimh binn*, c'est-à-dire *cave à musique*.

Clef (A la). — Formule dont les loustics agrémentent la fin de leurs racontars, pour leur donner plus de piquant, comme, par exemple, « il y avait du champagne et des femmes *à la clef.* »

S'ils se doutaient qu'en musique, les dièzes ou les bémols à la clef sont qualifiés d'altérations ou d'accidents !

Cligne-musette. — Jeu d'enfants plus connu sous le nom de cache-cache. Autrefois, on disait *clignette* et *climusette.*

« Je brûle de vous voir trois ou quatre marmots
Braillant autour de vous, et, vous-même, en cachette,
Jouant à cache-cache ou bien à *climusette.* »

Destouches.

Celui qui est le cligne-musette doit se tenir les yeux fermés pendant que les autres joueurs se cachent, jusqu'à ce qu'on lui donne le signal de se mettre à leur recherche.

On dérive *cligne-musette* de *cligner* et *muser.* Or, cligner les yeux, c'est les fermer à demi. Cette étymologie n'est donc pas satisfaisante.

Pourquoi l'argotisme *climusette* ne descendrait-il pas en droite ligne du fameux ménestrel *Colin-Muset* qui, comme on le sait, était aveugle ?

Il serait également possible qu'il eût baptisé le jeu de Colin-Maillard.

Clique. — Coterie d'intrigants et de malhonnêtes gens.

Un des plus terribles fléaux du moyen âge, la lèpre, a pu donner naissance à ce vocable.

Dès que le mal était reconnu, le lépreux était conduit à l'église, on l'étendait dans une bière comme un cadavre et on récitait sur lui l'office des morts. Le prêtre enlevait ensuite le suaire qui le couvrait et, le mettant sur pied, lui donnait une robe, deux chemises, un baril, une écuelle, un entonnoir, une baguette et des *cliquettes*, sorte de claquoir en bois destiné à avertir les passants de l'approche du lépreux afin qu'on eût le temps de s'en éloigner pour éviter la contagion.

Les lépreux, séparés de la société des autres hommes, formaient donc une classe à part, une coterie forcée de parias, de joueurs de cliquettes, que, peut-être, le peuple appela, par mépris, la *clique*. Cette dénomination se sera appliquée, par extension, à toutes les associations envahies par une lèpre morale [1].

Cliques et ses claques (Prendre ses). — S'apprêter à partir pour ne plus revenir.

Après le cérémonial en usage qui condamnait le lépreux à la mort morale, celui-ci ramassait son paquet, prenait son claquoir, ses cliquettes et s'exilait à tout jamais de la société des autres hommes.

---

[1] La *clique*, dans l'argot populaire, c'est la diarrhée.

Cliquettes. — Oreilles de femme. (Argot populaire.)

Allusion au cliquetis des pendants d'oreille.

Cliquettes. — Yeux. (Argot des bouchers.)
Allusion au clignotement des paupières.

Cliquottement. — Bruit sec produit par le fer-blanc lorsqu'on le ploie brusquement. (Argot des ferblantiers.)

Cloche de bois (Déménager à la). — Quitter son logis à la sourdine et sans payer son terme.

Autrefois, pendant la semaine sainte, on remplaçait le bruit des cloches d'airain, parties pour Rome, suivant la légende, par le son de *cloches de bois*.

Il est facile de voir comment on a pu associer la *cloche de bois* à l'idée d'un déménagement furtif.

Aussi invisible qu'une simple cloche en partance pour la Ville éternelle, le locataire insolvable ne manque jamais de se dire, en filant :

Je reviendrai z'à Pâques
Ou à la Trinité [1].

---

[1] On dit aussi « Déménager à la ficelle » sortir, la nuit ses meubles par la fenêtre.

Cloche-pied (A). — Sur un seul pied. (Argot populaire.)

L'allure des amateurs de ce pied de grue, rappelle le *clocher* des boiteux.

Clocher. — Boiter. On dit aussi : loucher de la jambe.

Allusion au va-et-vient de la cloche ébranlée. Le verbe *clocher* s'employait autrefois pour dire sonner la cloche.

Clocher se dit également d'une affaire qui va de travers, d'un raisonnement qui pèche par la base, par allusion aux cloches qu'on suspend par la tête et qu'on agite de droite et de gauche. Remarquons que, dans l'argot des fondeurs, la partie supérieure de la cloche s'appelle le *cerveau*.

« Rossini a employé une cloche en sol pour accompagner le délicieux chœur du deuxième acte de Guillaume Tell :

« Voici la nuit. »

Un harmoniste, à cheval sur les principes, faisait un jour remarquer au maëstro les quatre quintes qui terminent ce morceau d'une façon si originale. Rossini se contenta de répondre avec un grand sérieux : « c'est vrai, *ça cloche.* »

(*Musicorama*).

Cloque. — Tumeur vésiculaire. (Argot populaire.)

Allusion à la forme de la cloche, autrefois appelée *cloque*.

Cocottes. — Broderies et ornements de mauvais goût dont les chanteurs attifent la musique des maîtres. (Argot de coulisses créé par le critique Scudo.)

Cet argotisme moderne a dû être inspiré par le costume extravagant dont s'affublaient ces dames du demi-monde, alors surnommées *cocottes*.

Cocu, cocuage. — Épithètes mimologiques où résonne le chant d'un oiseau qui a la réputation de pondre dans le nid des autres.

Autrefois les Latins baptisaient du sobriquet de *cuculus*, le mari infidèle à sa femme; aujourd'hui c'est tout le contraire.

(Voir *Tierce mineure*.)

Colin-tampon (S'en moquer comme de). — Variante de s'en soucier comme d'une guigne, comme de l'an 40.

Qu'était-ce en effet que *colin-tampon*, ou plutôt *colin-tamplon*? Un simple bruit, du vent, un modeste mimologisme d'une batterie du tambour des Suisses, de la même nature que notre rataplan.

On peut s'en convaincre en ouvrant l'orchésographie de Toinot Arbeau, à la page 15, où se trouve notée cette batterie dont nous donnons la traduction.

Oudin prétend que, par moquerie, on appliquait à un gros homme le sobriquet de *colintampon*.

(Voir *Bedon*.)

Colophane. — Résine dont on enduit le crin des archets et la roue des vielles pour que leur frottement fasse entrer les cordes en vibration. (Argot musical.)

Certains étymologistes dérivent ce mot de *colophonia*, arbre de l'île Maurice d'où cette résine serait extraite.

D'autres tirent ce mot de *Colophon*, ville de l'ancienne Asie-Mineure qui aurait la première importé cette précieuse résine.

Se basant sur ces deux étymologies qui nous semblent tirées... par les cheveux, les Italiens disent *colophoné*.

Nous proposons, pour mettre tout le monde d'accord, de dire: *calophone*, du grec *kalos*, beau et *phôné*, son. En effet, le violoniste qui veut tirer un beau son de son instrument doit *calophoner* son archet.

(Voir *Bran de scie*.)

Commode (Remuer la). — Chanter.

Cette expression est certainement née de l'observation d'un phénomène d'acoustique. On a remarqué qu'une voix forte fait vibrer par résonance tous les corps sonores situés dans son voisinage.

On a vu des stalles d'église trembler au son des orgues ou des cloches. Des chanteurs sont parvenus à briser des vitres et des verres à boire en entonnant certaines notes avec énergie.

En entendant vibrer, aux sons d'une forte voix, les objets légers ordinairement déposés sur les meubles d'un appartement, on aura dit naturellement que le chanteur *remuait la commode*.

Au théâtre, cette expression ne serait pas de mise. On pourrait dire, avec plus de raison, que les étoiles du chant remuent le coffre-fort de la direction.

Compagnon de chaîne. — Camarade de pupitre avec lequel on traîne le boulet musical. (Argot d'orchestre.)

Modeste revanche des nombreux vols dont la pègre a enrichi son vocabulaire aux dépens des musiciens.

Concert Européen.
(Voir *Brutal, Charivari.*)

Conservatoire. — Mont-de-piété. (Argot pop.)
Lieu que les musiciens des orchestres de Paris sont malheureusement forcés de fréquenter davantage que le numéro 15 de la rue du faubourg Poissonnière.

Cet argotisme est une variante du clou, de ma tante et du caoutchouc.

On voit souvent, après la débâcle d'un théâtre insolvable, des martyrs de la chanterelle porter leur gagne-pain au *Conservatoire* qui le conserve aussi religieusement que la grande école de musique et de déclamation conserve ses directeurs. Sarrette est mort à 60 ans, Perne à 70, Chérubini à 80, Auber à 90 et A. Thomas, suivant la progression, mourra centenaire.

Conservatoire de la Villette (Élève du). — Mauvais chanteur.
(L. Rigaud. *Dictionnaire d'argot moderne.*)

S'il est des chanteurs qui vous font boucher les oreilles, il est des argotismes qui vous font boucher les narines.

Contrainte par cor. — Claudication forcée à laquelle sont condamnés les prisonniers de la *boîte à cor*. (Argot d'orchestre. — Voir ce mot.)

Contrainte par cor (La). — Sous-titre d'une parodie d'Hernani. (Argot des gens de lettres.)

On sait que *trois sons de cor* étaient le signal inévitable de rassemblement pour les brigands de l'école classique du mélodrame. «Dans les œuvres de M. de Pixérécourt, dit le dictionnaire des coulisses, il y a toujours un M. Paolo qui donne, à minuit, trois sons de cor, près des roches noires de la citerne ; quand le mélodramaturge ne peut pas placer ses roches noires ni sa citerne, il fait donner ses trois sons de cor par les montagnards de la grotte terrible qui descendent dans la plaine, par le sentier tortueux de l'ermite. »

L'école romantique a su rajeunir ce poncif dramatique. C'est en écoutant les *trois sons de cor*, que les héros du drame de Hernani de V. Hugo sont *contraints* de s'empoisonner.

Contrebasse. — Contrée où se jette l'épine dorsale. (Argot populaire.)

(Voir *Do bémol*.)

Contrepoing. — Boxe. (Argot d'orchestre.)

Équivoque sur le terme musical contrepoint (du lat. *punctum contra punctum*, point contre point). Pour les amateurs de l'à peu près, faire du contrepoint, c'est exécuter une frotteska, autrement dit se battre à coups de poings.

Contre-temps (Aller à). — Ne pas aller en mesure. (Argot musical).

On sait qu'en musique, les contre-temps se font sur la partie faible de la mesure ou du temps. Or, il arrive quelquefois que les exécutants, inattentifs et habitués à prendre le temps comme il vient, sont en retard ou en avance sur la mesure du chef d'orchestre, ce qui justifie l'expression, *aller à contre-temps*. Dans ce cas, la seule ressource du batteur de mesure est de ne plus agiter sa houlette et de se laisser philosophiquement conduire par son troupeau.

Quand les chœurs *vont à contre-temps* de l'orchestre, il n'y a pas de remède et le public n'a plus qu'à courir au vestiaire pour fuir ce fâcheux *contre-temps*.

Coquer. — Dénoncer. (Argot des voleurs.) Allusion au chant du coq annonçant le reniement de saint Pierre.

Le mot coquin découle peut-être de la même source mimologique.

Coquilles musicales. — Il ne s'agit pas ici des coquilles que les Grecs de l'antiquité entrechoquaient comme des castagnettes pour marquer le rythme. Les coquilles dont nous voulons parler sont les fautes que les imprimeurs laissent se glisser dans la composition des affiches ou des comptes rendus des spectacles.

Voici le dessus d'une bourriche de coquilles cueillies sur les murs des villes de province :

La *Folle* du régiment, opéra de Donizetti,
La *Toile* du Nord, de Meyerbeer,
La Fée aux *rosses*, d'Halévy,
La Chanteuse *violée*, de V. Massé,
Le *Singe* d'une nuit d'été, d'A. Thomas.

Extrait d'un numéro du *Canard* : « Ce soir, notre illustre ténor a *braillé* (brillé) d'une façon remarquable, en faisant le *salo* (solo) du 2ᵉ acte. »

Corder. — S'accorder. (Argot populaire.)

Verbe idéal (dérivé du latin *cor*, cœur), emprunté à la langue musicale et dont la conjugaison est aussi pénible dans les orchestres que dans les ménages.

Plus d'un mari ressemble à ce Turc, assistant à un concert, et à qui l'on demandait ce qu'il avait trouvé de plus beau dans la première partie de ce concert.

— Premier morceau, fit le disciple de Mahomet.
— L'ouverture ?
— Non, non, avant ouverture.
— Mais on n'a rien joué avant l'ouverture. Qu'est-ce que cela peut bien être ?

En ce moment les musiciens prenaient place à

l'orchestre pour exécuter la seconde partie du concert. La plupart d'entre eux s'étant mis à accorder leurs instruments :

— Voilà ! voilà ! plus beau ! exclama le Turc.

Les sons discordants que produisaient les accords de tous les instruments, c'était là ce qu'il appelait le premier morceau.

Corde sensible (La). — Pour les instrumentistes, c'est leur chanterelle que désaccordent si facilement les variations de la température.

Pour les chanteurs, c'est le chiffre rond qu'un directeur estime payer leurs cordes vocales.

Pour les compositeurs, c'est *l'accord de sensible* (Si, ré, fa, la).

Enfin, pour les directeurs de théâtres, c'est le chiffre de la recette.

Cordes (Les). — On désigne ainsi, en argot d'orchestre, la famille des instruments à archet.

Cordes (Faire suer les). — Jouer d'un instrument à cordes.

«Le grand et gros pianiste compositeur, M. B., dont les compositions sont énergiques et qui les exécute d'une façon foudroyante, venait d'avoir l'honneur de jouer devant le roi de Grèce. Après le concert, l'affable monarque s'approcha du célèbre virtuose avec sa bienveillance ordinaire.

— M. B., j'ai entendu les plus grands pianistes de l'ancienne école...

— Majesté! murmura M. Max B., avec une respectueuse modestie...

— Monsieur B., j'ai entendu Moschelès.

— Majesté! continua Max B., en s'inclinant plus bas.

— J'ai entendu le sublime Hummel.

— Oh! Majesté!

— J'ai entendu Kalkbrenner, qui fut un énorme trait-d'union entre l'ancienne et la nouvelle école.

— Majesté! Majesté!

— Eh bien! ajouta le roi en daignant s'incliner à son tour en signe de félicitation suprême, je dois dire que je n'ai vu aucun pianiste suer autant que vous.

M. Max B., qui ruisselait en effet, et auquel il ne manquait qu'une urne et une botte de joncs pour avoir l'air du gros fleuve Scamandre, chanté par Homère, se redressa comme s'il venait de recevoir un coup de pied quelque part. Il mit la main dans sa poche; mais il avait oublié son mouchoir.» (Almanach musical, 1865.)

Cordes vocales. — Dénomination improprement appliquée aux deux ligaments inférieurs de la glotte, car les *cordes vocales* n'ont aucune des conditions de vibratilité qui caractérisent le son des instruments à cordes. Paul Bert proposait de les nommer lèvres laryngées. La comparaison que l'on a tenté d'établir entre l'organe vocal et les instruments à vent n'est pas mieux fondée.

On parlait d'un ténor fatigué, atteint d'une maladie des *cordes vocales.*

Bah! s'écria un de ses confrères, à défaut de cordes, il lui reste les ficelles.

(Voir *Ficelles.*)

Cornemuse (Se rincer la). — Boire.

Expression assez juste, puisque notre estomac a la forme du sac de peau de chèvre ou de mouton qui sert de réservoir d'air à la cornemuse. Dans la basse Normandie, on donne encore à cet instrument le nom de loure, mot qui se prend, au figuré, pour le ventre, l'estomac.

La cornemuse a donné naissance à quelques proverbes dont l'usage n'a conservé que celui-ci : « *Quand la cornemuse est pleine, on en chante que mieux* », ce qui veut dire que la bonne musique et la bonne chère sont faites pour s'accorder.

Cornemuseux. — Joueur de musette, dans l'argot des paysans, habitués à transformer les *eurs* en *eux*.

Corner aux oreilles. — Étourdir quelqu'un en lui répétant une chose qu'il n'entend pas ou qu'il ne veut pas entendre.

Argotisme faisant allusion au *cornet acoustique* que les sourds s'introduisent dans l'oreille pour converser avec quelqu'un.

L'auteur de Gil-Blas, Le Sage, était sourd et disait gaiment, en tirant son cornet de sa poche : « Voici mon bienfaiteur. Je vais dans une maison ; j'y trouve des visages nouveaux ; j'espère qu'il s'y rencontrera quelques gens d'esprit ; je fais usage de mon cher cornet. Je vois que ce ne sont que des sots ; aussitôt je le resserre, en disant : Je vous défie bien de m'ennuyer. »

(Voir *Tintouin*.)

Couac. — Le sosie du canard. Cette onomatopée s'emploie également dans l'art vocal ou instrumental.

« Depuis vingt-quatre ans que je chante avec Rubini, disait Lablache, je ne me souviens pas lui avoir entendu faire un *couac*. »

H. Berlioz a raconté avec une verve endiablée l'odysée d'un concerto de clarinette.

« L'orchestre exécute le *tutti* : « Tram, pam, pam, tire lire la ré la », comme dans la marche du Freyschütz. Arrivé à l'accord de la dominante, l'orchestre s'arrête. Le premier solo va commencer. Le virtuose se campe sur la hanche gauche, avance la jambe droite, embouche son instrument et, tendant horizontalement ses deux coudes, fait mine de commencer. Ses joues se gonflent, il souffle, il rougit; vains efforts, rien ne sort du rebelle instrument. Il le présente alors devant son œil droit par le côté du pavillon; il regarde dans l'intérieur comme il eût fait d'un téléscope; n'y découvrant rien, il essaye de nouveau, il souffle avec rage; pas un son. Désespéré, il ordonne aux musiciens de recommencer le *tutti:* « Tram, pam, pam, tire lire la ré la », et, pendant que l'orchestre s'escrime, le virtuose, plaçant sa clarinette, je ne dirai pas entre ses jambes, mais beaucoup plus haut, le pavillon en arrière, le bec en avant, se met à dévisser précipitamment l'anche et à passer l'écouvillon dans le tube...

Déjà l'impitoyable orchestre, ayant fini son *tutti*, est de nouveau parvenu à son repos sur l'accord de la dominante.

« Encore! encore! recommencez! » crie aux musiciens l'artiste en pâtiments. Et les musiciens d'obéir: « Tram, pam, pam, tire lire la ré la. »

Et pour la troisième fois, les voilà de retour à la mesure inexorable qui annonce l'entrée du solo. Mais la clarinette n'est pas prête: « Da Capo! encore! encore! » Et l'orchestre de repartir gaîment: « Tram, pam, pam,... »

Pendant cette dernière reprise, le virtuose ayant réarticulé les diverses pièces du malencontreux instrument, l'avait remis entre.. ses jambes, avait tiré de sa poche un canif et s'en servait pour gratter précipitamment l'anche de sa clarinette.

Les rires, les chuchotements bruissaient dans la salle : les dames détournaient le visage, les hommes se levaient debout, pour mieux voir ; on entendait des exclamations, de petits cris étouffés, et le scandaleux virtuose continuait à gratter son anche.

Enfin, il la croit en état ; l'orchestre est revenu pour la quatrième fois au temps d'arrêt du *tutti*, le soliste réembouche sa clarinette, écarte et élève de nouveau ses coudes, souffle, sue, rougit, se crispe, rien ne sort ! Quand un effort suprême fait jaillir, comme un éclair sonore, le *couac* le plus déchirant qu'on ait jamais entendu. »

(H. Berlioz. *Les grotesques de la musique*.)

(Voir *Canard*.)

Coup de fouet. — « C'est un certain effet plus fort, plus brillant que tout le reste, par lequel on finit un morceau de musique, pour obtenir l'applaudissement. »

(Castil-Blaze. *Dictionnaire de musique*.)

On voit, par cette définition, que le succès est une sorte de chasse à courre où le public joue le rôle sacrifié de gibier à poils ou à plumes.

L'empereur Caligula, voyant *fouetter* un comédien, trouva sa voix si harmonieuse qu'il fit durer le supplice pour faire durer l'harmonie.

Le dictionnaire du XIXe siècle prétend que la musique militaire des anciens Éthiopiens était composée de *fouets*. Ce corps de musique était sans doute placé derrière les combattants, afin d'enflammer leur courage d'une façon plus efficace.

Le *coup de fouet* des musiciens est une allusion aux postillons qui faisaient claquer leur fouet à chaque relai. Malheureusement l'invention de la vapeur a remplacé le *coup de fouet* par le *coup de sifflet*.

Les chanteurs de la vieille école faisaient *claquer leur fouet* en terminant leur feu d'artifice de doubles croches par un bouquet de roulades et de fusées qui éberluaient toute la salle.

Les anciens compositeurs faisaient *claquer leur fouet* à la fin d'un morceau, en fouaillant à coups redoublés la meute des sons qui s'échappaient à cor et à cris de l'orchestre et des chœurs et se précipitaient en aboyant sur la foule ahurie.

Quelquefois, le grand veneur, peu veinard, rentrait bredouille et son fouet musical lui apparaissait en rêve, transformé en discipline vengeresse.

Coup de langue. « Ce qui sépare le mieux les notes et les amis. » (Dr Aldo.)

Coup de marteau. — Toquade, monomanie. (Argot populaire.)

Allusion aux cloches d'horloge qui rabâchent

tous les jours la même chanson. Seulement, après avoir reçu un coup de marteau, la cloche résonne et l'homme déraisonne. *Exemple :*

Folie dramatique.

Ayant tiré le verrou :
« Entrez, fit le docteur Blanche,
Je veux vous montrer le fou
Que l'on m'amena dimanche. »

En nous voyant, l'aliéné
Entonna d'une voix forte
Un chant tout bizarre, orné
De coups de poings sur la porte.

— « Oyez, hurlait le vieillard,
C'est ma vingt-deuxième marche...
Do, ré, do, mi, sol... ô l'art !
La, si, mi... Docteur, ça marche.

J'arriverai... Tralala !
C'est en si quadruple dièse...
Pan, pan, pan !... Ça sort de là...
J'enfonce la Marseillaise.

Orchestrons : Dzin ! Boum !.. Tous sourds.
Là, les cloches seront bonnes..
Ran planplan !.. Neuf cents tambours..
Trum ! trum ! trum !.. Neuf cents trombones.. »

Me montrant l'écervelé,
Le docteur fit, tout morose :
« C'est sur papier déréglé,
Que le pauvre homme compose.

Jamais il ne guérira.
Voyez, il met en musique
L'escalier de l'Opéra.
Quel beau sujet dramatique !»

Tout-à-coup l'on entendit
Du fou claquer les mâchoires.
— « Ah ! cria-t-il, sois maudit,
Planquette ! on m'a pris deux noires. »

Pâle, écumant de fureur,
Et brandissant une planche :
— « C'est toi, dit-il au docteur,
Rends-moi mes deux noires, Blanche.. »

Alors, ô navrant tableau !
On lui mit la camisole...
— « Docteur, quel coup de marteau
Rendit cette tête folle ? »

— « C'est, me dit-il à mi-voix,
Un alto de Vaudeville :
Il a joué neuf cents fois
Les *Cloches de Corneville*. »

E. GOUGET. *Paris-Orchestre*.

Coup de pistolet. — Gros effet musical destiné à servir de réclame.

« En 1837, au bal masqué de l'Opéra, Musard, le grand Musard fut deux fois porté en triomphe autour de la salle, en l'honneur, une première fois, de la fameuse contredanse de la chaise cassée. A un moment donné, jusqu'alors on avait brisé une chaise dans l'orchestre, et ce fracas soulevait de frénétiques bravos ; plus tard, un coup de pistolet, remplaça la chaise cassée.

C'est encore l'immortel Musard qui introduisit un coup de pistolet au milieu de l'ouverture de la Chasse du Jeune Henri, de Méhul. Faire tirer un coup de feu dans une chasse à courre, il y avait là de quoi tuer une réputation moins solide que celle de l'audacieux chef d'orchestre. L'innovation eut, au contraire, un succès éclatant. »

(Ch. de Boigne. *Petits mémoires de l'Opéra*.)

(Voir *Brutal*, *Clarinette de cinq pieds*.)

Coureur de cachet. — Professeur donnant des leçons à domicile.

Allusion au carton, orné du cachet de son élève, que le maître reçoit après chaque leçon.

Le docteur Aldo prétend que dans cette chasse perpétuelle aux cachets, les braconniers ont d'autant plus beau jeu que le garde-champêtre n'a pas le droit de leur faire exhiber leur port-d'armes.

Cracher sur les quinquets. — Chanter au bord de la rampe. (Vieil argot de coulisse.)

Aujourd'hui, on ne *crache* plus *sur les quinquets*, on fait éclater les becs de gaz, surtout quand il manque quelque touche au clavier vocal.

Crécelle (Voix de). — Voix aigre.

S'applique aux étoiles du chant dont le diamant, dépoli par le temps, produit un son analogue au grincement de cette girouette de bois qui remplaçait, autrefois, les cloches pendant la semaine sainte.

On a dérivé *crécelle* de *crécerelle,* petit oiseau de proie dont elle imite le chant strident.

Au midi de la France la crécelle se nomme *renet,* parce que son bruit imite le coassement de la grenouille (rainette).

Crescendo ou Decrescendo (Aller). — Locution empruntée aux italianismes musicaux indiquant la croissance ou la diminution progressive de l'intensité des sons.

Ces mots, employés au figuré, servent à caractériser l'ascension ou le déclin progressif du talent, de la gloire ou de la fortune.

(Voir *Soufflet.*)

Creux (Avoir du). — Posséder une voix puissante dans les cordes graves. (Argot des chanteurs.)

« Ne vous étonnez pas si mon *creux* est profond
Et si ma voix s'étend jusqu'à la double octave. »

REGNARD.

Alors que devient le proverbe : Quand la cornemuse est *pleine,* on en chante que mieux ?

Crever son soufflet. — Mourir. (Argot des souffleurs d'orgues.)

Crier au vinaigre. — Chanter faux. (Vieil argot.)
Servir au public des sons frelatés comme les liquides débités chez les marchands de *vins feints*.

(Voir *Filet de vinaigre*.)

Crincrin. — Mauvais violon, mauvais violoniste. (Argot populaire.)
Quelques étymologistes prétendent que le peuple a baptisé ainsi le violon par allusion aux *crins* de l'archet.

G. Kastner ne voit dans cette dénomination qu'une onomatopée exprimant le crissement qui résulte du frottement de certains corps secs.

Croque-note... croque-sol. — « Nom qu'on donne par dérision à ces musiciens ineptes qui, versés dans la combinaison des notes, et en état de rendre à livre ouvert les compositions les plus difficiles, exécutent au surplus sans sentiment, sans expression, sans goût. Un *croque-sol*, rendant plutôt les sons que les phrases, lit la musique la plus énergique sans y rien comprendre, comme un maître d'école pourrait lire un chef-d'œuvre d'éloquence écrit avec les caractères de sa langue dans une langue qu'il n'entendrait pas. »

(J. J. Rousseau. *Dictionnaire de musique*.)

L'épithète de *croque-note* nous semble avoir été appliquée au musicastre que les beautés de son art laissent froid, par analogie au sobriquet de croque-mort, donné à l'employé des pompes funèbres, dont l'insensibilité professionnelle est proverbiale.

Une jeune fille, belle et rêveuse, dit Pétrus Borel, ornée des plus doux charmes, Ophélia, si vous voulez, morte en cueillant des fleurs, n'est pour le croque-mort, tout bien compté, qu'un cinq pieds sur quinze pouces.

On demandait à un facétieux croque-mort pourquoi on leur donnait cet étrange sobriquet.

— « C'est répondit-il en souriant, parce que la populace prétend que nous faisons des repas de corps. »

Le *croque-note* est le croque-mort de la musique.

(Voir *Musique à porter le diable en terre.*)

Crotale. — Nom tiré du grec *Krótalon*, instrument de percussion en bois, et donné au serpent à sonnettes à cause du bruit qu'il fait avec les écailles de sa queue. (Argot zoologique.)

Cuir. — Écorchure faite à la langue par une liaison dangereuse, autrement dit, un pataquès. (Argot populaire.)

Suivant M. Quitard, l'origine du *cuir* serait due à un chanteur du Pont-Neuf, Philibert le Savoyard, qui exerçait sa lyrique industrie sous le règne du Roi-Soleil.

« Cet homme, dit l'auteur du *dictionnaire des proverbes*, aveugle comme Homère et se croyant poète comme lui, gagnait sa vie à composer des rapsodies rimées et à les chanter sur le Pont-Neuf, son Parnasse ordinaire, près du cheval de bronze, qu'il nommait son Pégase. On raconte que, pour mieux faire admirer le volume extraordinaire de sa voix, il se plaisait à la marier au carillon de la Samaritaine dont elle formait le dessus. Alors il entonnait de toute la force de ses poumons *les pataqui, pataquiès du savetier*, pot-pourri remarquable par ce vice d'élocution qui consiste à mettre des s et des t finals à la place l'un de l'autre ou sans nécessité. Et c'est, dit-on, d'une allusion à cette chanson grivoise, où le mot *cuir* était souvent répété, qu'est venue la locution populaire *faire un cuir*, laquelle s'emploie à peu près dans le même sens que parler comme un savetier, comme un faiseur de savates. »

(Voir *Écorcher un morceau*, *Pont-Neuf*.)

Cuisine musicale. — Art du compositeur. (Argot musical.)

Les musiciens de génie n'ayant point laissé le secret de leurs procédés culinaires, ceux qui n'ont pas, comme disait Rossini, gagné le gros lot à la loterie de la nature, sont forcés de s'inspirer des recettes inventées par les cordons-bleus du contrepoint.

Voici quelques-uns de ces secrets ignorés du vulgum pecus.

Prenez un motif célèbre d'un maître connu, transposez-le, renversez-le, retournez-le bout à bout et vous obtiendrez une phrase de musique originale que vous pourrez signer hardiment.

(Voir Choron et Lafage. *Manuel de musique*, Tome III, page 176.)

Si l'art d'accommoder les restes ne vous réussit pas, prenez une table de sapin, imposez les mains en évoquant l'esprit d'un compositeur défunt qui avait des idées : vous n'aurez plus qu'à écrire sous sa dictée.

Si vous ne croyez pas aux tables tournantes, prenez un chapeau au fond duquel vous aurez jeté tous les signes de musique connus. Mêlez, tirez, combinez et servez chaud.

Autre recette : prenez une feuille de papier à musique, placez-vous à 1^m,25 de distance et projetez sur ce papier le contenu de votre plume, de la même façon qu'un peintre en bâtiment composant du granit ; au bout de quelques minutes, les taches d'encre s'arrangent d'elles-mêmes sur votre papier réglé, il ne vous reste plus qu'à tracer les barres de mesure pour que le morceau soit présentable.

Terminons en indiquant aux compositeurs qui désirent avoir des idées quand même, deux mines précieuses où ils pourront puiser en se jouant.

La première de ces *cuisinières musicales* a pour titre : « *Barême musical,* ou l'art de composer la musique sans en connaître les principes, par J. A. S. C. Paris. 1811. »

Le seconde que l'on donne comme une invention d'Haydn, est intitulée *Ludus mélothedicus*, ou *Jeu de dés harmonique*, ou l'art de composer un air avec sa basse, sans savoir la musique.

Cuivres (Les). — Instruments de cuivre. (Argot d'orchestre.)

Expression d'une justesse approximative, puisque tous ces instruments sont en laiton.

On prétend qu'en temps d'épidémie, les ouvriers travaillant dans le *cuivre* étaient rarement atteints du choléra. C'est peut-être ce qui explique la pistonomanie qui s'est emparée de notre siècle qu'on pourrait baptiser à juste raison l'âge de *cuivre*.

Cuivres (Faire suer les). — Jouer du cornet à pistons, du trombone, etc...

Citons, à ce propos, une anecdote spirituellement rimée par un ancien professeur de cor au Conservatoire.

Le dey d'Alger à l'Opéra.

Ce prince infortuné, comme sont tous les princes,
   Voulut un jour visiter nos provinces,
  Juger nos mœurs, nos arts et cœtera...
    On le conduit à l'Opéra.

L'adroit Véron veut qu'il crie au miracle !
Riche alors en talents, il ouvre son trésor,
Et lui compose un magique spectacle...
En ce temps-là c'était possible encor...
— « S'il n'est pas sourd, dit-il, s'il n'a pas la berlue,
Il doit être ravi ! » — Mais l'impassible dey,
Sur son balcon mollement accoudé,
Ne quitte point notre orchestre de vue.
Le rideau tombe enfin, le médecin Véron,
Comme un triomphateur se présente à la loge ;
Du geste, du regard, de la voix interroge,
    Et l'interprète lui répond :
— « Ce spectacle, monsieur, vivement intéresse :
    Voici les mots qu'à Son Altesse
    Je viens d'entendre prononcer :
Allah me donnerait cent ans encore à vivre,
J'y songerais toujours... Je n'ai pu me lasser
De voir ces trois messieurs avaler tant de cuivre
    Sans se blesser !!! »

                MEYFRED. *Voyage et retour.*

Les trois messieurs dont parlait le dey étaient tout simplement les trois trombones à coulisses de l'orchestre.

Cure-oreilles. — Page de musique agréable effaçant la mauvaise impression produite sur le tympan par un morceau ennuyeux ou charivarique. (Argot des dilettantes.)

Cygne (Chant du). — Expression symbolique par laquelle on désigne, dans le jargon poétique, la dernière œuvre d'un maître.

Presque tous les écrivains de l'antiquité ont attribué une voix mélodieuse au cygne mourant. Vainement les modernes ont cherché à détruire ce préjugé, l'antique canard a la vie dure et il continue à barboter dans la mare des élégiaques.

L'abbé Arnaud, qui a étudié avec passion ce fameux cliché, dit que la voix du cygne « n'est point douce, qu'elle est, au contraire, aiguë, perçante et peu agréable. Je ne puis mieux la comparer, ajoute-t-il, qu'au son d'une clarinette embouchée par quelqu'un à qui cet instrument ne serait point familier. » N'avions-nous pas raison de qualifier ce chant de canard?

Valmont de Bomare compare le *chant du cygne* au concert discordant produit par deux trompettes de foire dont s'amusent les enfants.

Ce qui n'empêche pas nos poètes modernes de répéter sur leur guitare que:

« Le cygne voit le ciel à son heure dernière... »

On a souvent répété que « l'esprit de justesse qui règne aujourd'hui et qui, bien défini, n'est que l'esprit philosophique, devrait exclure de la poésie toute comparaison qui blesse la vérité. » Vaines paroles. Les vieux préjugés sont indéracinables.

Peut-être serait-il plus simple de tenter l'éducation musicale du cygne, en lui serinant des airs de Wagner, le compositeur qui a le plus abusé de cet oiseau.   (Voir *Lohengrin, les Walkyries*, etc.)

Une seul fois pourtant l'antique cliché reçut une application raisonnable. Un auteur dont le nom nous échappe définit la pantomime *le chant du signe*.

On a, de son vivant, appelé Rossini le *cygne* de Pesaro, mais le malin maëstro, sans doute peu flatté de la comparaison, se plaisait, en signant, à transformer son palmipède en *cynge* de Pesaro.

(Voir *Boum! du cygne*).

Cymbale (La). — La pleine lune. (Argot des voleurs.)

On aurait étrangement surpris Lulli si on lui eût prédit que, de toutes les doubles croches dont il gavait le Roi-Soleil, il ne surnagerait que ce modeste solo de *cymbale*:

> Au clair de la lune,
> Mon ami Pierrot...

Cymbales (Les). — Panonceaux d'un notaire.

Les notaires de l'antiquité n'avaient pas de panonceaux à leur devanture. Ils se contentaient d'inscrire sur leur porte: « *Cave canem* » (Prenez garde au chien.)

Nos tabellions modernes ont remplacé l'inscription latine par deux ronds de cuivre, semblant accompagner la fameuse ronde des louis d'or. Aussi, l'Etat, soucieux de la fortune publique, a-t-il rendu le grec obligatoire dans les lycées, afin qu'un jour les potaches éclairés puissent dire à leurs parents économes : « Papa, ne porte pas ton argent derrière cette paire de *cymbales,* ça vient du grec : *sun ballô,* danser avec!... »

Cymbales (Décrocher ses). — Se dit d'un notaire qui vient de mourir ou de filer Belgique. (Argot populaire.)

Cymbales (Paire de). — Pièce de dix francs. (Argot populaire.)

On sait que, dans le même argot, la pièce d'un franc est une *balle.*

D

Da Capo. — Redite, rabâchage. (Argot musical.)
Allusion au terme de musique italien *da capo,* en tête, indiquant qu'il faut recommencer le morceau, reprise que les loustics d'orchestre ne manquent jamais d'annoncer en fredonnant cet air connu, à l'adresse du bon public :

Si cette histoire vous amuse, (*bis*)
Nous allons la la la recommencer. (*bis*)

(Voir *Reprise.*)

Dame blanche. — Bouteille de vin blanc. (Argot des buveurs.)

« Quand je descends à la cave chercher une bonne bouteille de Chablis pour arroser mes six douzaines d'Ostende, et que je l'aperçois briller dans l'ombre, machinalement je me prends à fredonner :

> La Dame blanche te regarde
> Prenons garde...

Et quand je remonte, la pressant sur mon cœur et lui disant :

> Viens, gentille dame...

Je l'entends murmurer gentiment à mon oreille le nom de son papa : « Boi... Boi... Boiëldieu. » Et j'obéis. La volonté d'un père, c'est sacré. »

(*La bibliothèque du buveur.* E. G.)

Dame du lac. — « Femme entretenue ou qui, désirant l'être, va tous les jours au bois de Boulogne, autour du lac principal, où abondent les promeneurs élégants et riches. » (Argot des gens de lettres.) (Delvau. *Dictionnaire de la langue Verte.*)

Argotisme mis à la mode en 1825, après le succès de la Dame du Lac, opéra de Rossini, tiré d'un roman de Walter Scott.

Décadence parfaite. — Le contraire de cadence sur la tonique, ou *cadence parfaite*, dans le jargon des harmonistes.

Cette cadence, terminant le sens musical, se nomme également cadence finale.

Les mélomanes pessimistes ne manquent jamais d'accueillir les innovations musicales en criant à la *décadence parfaite*. Ils ont tort. L'art vit de transformations. La cadence parfaite serait la mort.

Déchanter. — Subir une déception, une désillusion. (Argot bourgeois.)

Au moyen âge, *déchanter* c'était improviser au lutrin un contre-point sur les notes du plain-chant.

Le *déchant* ou *discant* (double chant), que l'on appelait également *chant sur le livre*, se composait d'une succession de quartes, de quintes et d'octaves produisant une harmonie cacophonique que les musiciens raillèrent en donnant au verbe *déchanter* la signification qu'il a de nos jours.

Déchiffrer. — « Lire une mauvaise écriture. » (Tous les dictionnaires.)

Or, on dit toujours: déchiffrer la musique; et, cependant, les musiciens soutiennent mordicus que leur écriture est excellente. »

(Dr Aldo. *Dictionnaire musico-humoristique*.)

(Voir *Indéchiffrable*, *Lire à livre ouvert*.)

Décompositeur. — Néologisme inventé par Berlioz et pouvant s'appliquer au mauvais compositeur qui défigure et gâte, à dessein, la musique des maîtres, pour la rendre méconnaissable et se l'approprier impunément.

Quelquefois un public qui a du flair prend le sophistiqueur la main dans le sac; le travail de décomposition saute au nez de tous les assistants qui saluent en chœur, comme Piron saluait les vers de sa connaissance; ou bien, quand la salle veut faire pester le *décompositeur*, elle se met à lui crier ironiquement, à la manière italienne: « Bravo, Mozart! Bravo, Rossini! Bravo, tout le monde, excepté son père!... » (Voir *Arrangeur, Cuisine musicale*.)

Décrocher. — Exécuter habilement un passage de musique. (Argot d'orchestre.)

Allusion aux croches, doubles et triples croches qui semblent accrochées comme à l'étal, sur les cinq lignes de la portée, et qu'il faut servir toutes saignantes au public.

Dégueulando. — Coup de gosier exagéré, dans l'argot du peuple que sans doute offusque le *fa bémol* des chanteurs. (Voir ce mot.)

Déjouer (En). — Jouer d'un instrument en se jouant de la patience de son auditoire. (Argot d'orchestre.)

Démancher. — Déplacer la main sur la touche d'un instrument à cordes. (Argot musical.)

«Avant Gluck, dit Fétis, les violons d'orchestre jouaient, en hiver, avec des gants, dans la crainte du froid.

Les démanchers étaient rares et quand par hazard, les premiers violons étaient forcés d'allonger le petit doigt sur la chanterelle pour atteindre l'ut, le chef d'orchestre leur criait d'avance, avec anxiété: Gare l'ut!...»

Aujourd'hui les compositeurs abusent tellement des *démanchers*, que les pauvres forçats d'orchestre sont contraints de retrousser leur manche de redingote pour ne pas l'user jusqu'à la corde en la frottant toute une soirée contre le manche de leur instrument à cordes.

Désagrément (Note de). — Fausse note, couac, canard, par opposition à la note d'agrément.

En musique, les principaux agréments sont la roulade, le groupe, le port de voix, le trille, l'appogiature, le mordant, etc.

Les principales notes de désagrément sont celles du tailleur, de la modiste, du tapissier, etc., pour le paiement desquelles les musiciens ne sont pas toujours en mesure.

Descendre. — Aller de l'aigu au grave. (Argot musical.)

« Je me souviens, dit H. Berlioz, de la naïve sincérité avec laquelle un maître de composition faisait admirer à ses élèves l'accompagnement en gammes *descendantes* d'un passage d'Alceste, où le grand-prêtre, invoquant Apollon, le dieu du jour, dit :

> Perce d'un rayon éclatant
> Le voile affreux qui l'environne.

— « Voyez-vous, disait-il, cette gamme obstinée en triples croches *descendant* d'ut à ut dans les premiers violons ? C'est le rayon, le rayon éclatant, qui *descend* à la voix du grand-prêtre. » Et ce qu'il y a de plus triste encore à avouer, c'est que Gluck évidemment a cru ainsi imiter le rayon. » (*A travers chants.*) (Voir *Bas, haut, monter.*)

Détailler. — Faire ressortir avec finesse les traits spirituels d'un couplet, d'un rondeau ou les arabesques d'un air de bravoure. (Argot de coulisses.)

La forte chanteuse d'une scène de septième ordre répétait son grand air à coups de poings et à coups de gosier.

— Hé ! madame, s'écria l'auteur scandalisé, détaillez, je vous prie, détaillez.

— Y songes-tu ? fait un ami. Ici, mon cher, on ne détaille pas, on ne tient que le gros.

(*Musicorama.*)

Détonner. — Chanter faux, sortir du ton. « Disgrâce familière aux chanteurs qui ne s'occupent que d'étonner. » (Dr Aldo.)

Le mot ne s'applique pas seulement aux chanteurs. Il arrive quelquefois à certains instrumentistes de *détonner* en improvisant, ne sachant comment rentrer dans la tonalité qu'ils ont imprudemment quittée.

Le violoniste Pugnani, jouant un concerto, s'embrouilla dans un point d'orgue improvisé au point de ne savoir en quel ton conclure. — « Ah! mon ami, s'écria-t-il en se penchant vers son accompagnateur, dis un ave pour que je me retrouve. »

Dévisser son archet. — Mourir. (Argot d'orchestre.)

Diable (Musique du). — Pour les exécutants, musique difficile; pour les exécutés, musique charivarique, infernale. (Argot populaire.)

N'est-ce pas Voltaire qui a dit que, pour être un grand artiste, il faut *avoir le diable au corps*? Les musiciens ont pris cet aphorisme au pied de la lettre, et bien leur en prit, car le *diable* leur souffla plus d'un chef-d'œuvre.

Lors de la reconstruction de l'Opéra, en 1764, Sophie Arnould, critiquant la disposition de la salle, disait à l'architecte Soufflot: « Ah, monsieur, que deviendrons-nous s'il nous faut crier comme des *diables* pour être entendus du paradis. »

Si, du fond de son purgatoire, la spirituelle cantatrice pouvait entendre nos *Robert*, nos *Freischütz* et nos *Faust*, elle verrait qu'aujourd'hui les diables chantent comme des anges.

Les légendes ont accordé au diable le don de jouer merveilleusement de tous les instruments. Malheureusement l'histoire prouve que ce prétendu *diable-orchestre* n'a jamais su jouer que d'un seul instrument, le serpent; on prétend même que la musique qu'il en tira ne valait pas le *diable*.

(Voir *Cadence du diable*.)

Diable en terre (Musique à porter le). — Musique monotone, lugubre et interminable. (Argot des bourgeois.)

L'origine de cette métaphore n'a pas été suffisamment établie. Quitard la dérive des cérémonies du sabbat des sorciers. G. Kastner pense qu'elle est une parodie de l'enterrement du mardi-gras.

Creusons un troisième filon. Sa Majesté le Diable étant immortel, la musique qui doit le *porter en terre* est donc une musique impossible, irréalisable, c'est-à-dire tout, hormis de la musique.

On peut dire que la musique de Meyerbeer, de Weber et de Gounod n'a point *porté leur diable en terre*.

Diamant. — Voix. (Argot des chanteurs.)

— Pourquoi donc, messieurs, appelez-vous la voix de ma fille un *diamant*? demandait la mère d'une étoile lyrique.

— Tiens! dit l'étoile, c'est à cause de mes feux.

— C'est vrai, ajoute le directeur, on est forcé d'enchâsser un *diamant* dans l'or.

— Ne savez-vous pas, hazarde un ténor fatigué, que le *diamant* ne s'use que par lui-même.

— Vantard! grommèle le maëstro.

— Vous êtes tous dans l'erreur, interrompt le librettiste; ou nomme *diamant* la voix chantante parce qu'elle coupe le vers de travers et qu'elle fait de notre pauvre poésie une parodie de la romance des Deux Aveugles:

«Dans sa pau... vre vie malheureuse».

— Qu'en pensez-vous, docteur?

— Pour moi, le *diamant*, c'est un morceau de charbon.

— Tu vois, maman, s'écrie l'étoile, ça fait de la *braise*. (*Musicorama*.)

Diapason. — Grécisme (formé de *dia*, par, *pasôn*, toutes,) qui exprimait chez les Grecs l'intervalle de l'octave parce que celui-ci embrasse *toutes* les notes du système parfait.

Les modernes ont forgé de ce terme un argotisme qui exprime deux idées complètement différentes: *diapason*, étendue d'une voix ou d'un instrument; *diapason*, instrument à son fixe, destiné à régulariser l'accord.

Il est bon de prendre du grec, mais il ne faudrait pourtant pas tricher en jouant... sur les mots.

On parlait dans un souper d'artistes du *diapason* des voix. Une naïve diva de quatrième ordre s'écrie :

— « Moi, j'ai deux octaves.
— Vous ? Allons donc !
— Oui. Une en montant, l'autre en descendant. »

Diapason (Être au même). — Être d'accord, être à l'unisson. (Argot littéraire.)

Diapason (Hausser ou baisser). — Hausser ou baisser la voix, augmenter ou diminuer ses prétentions. (Argot littéraire.)

Diapason (Sortir du). — Hausser le ton en parlant d'une façon blessante. (Argot littéraire.)

Ne continuez pas de disputer avec les gens qui *sortent du diapason*; croyez-nous, restez-en la.

Diatonique. — Argotisme tiré du grec (*dia*, par, *tonos*, ton,) que l'on accroche improprement à notre système moderne qui procède par tons et par demi-tons.

Din, don. — Onomatopées du son des cloches, utilisées par les chansonniers dans leurs refrains:

« Digue, digue, dig, din, dig, din, don.
    Ah! que j'aime
    A sonner un baptême. »

BÉRANGER.

On va voir combien est faux le proverbe: « Qui n'entend qu'une cloche n'entend qu'un son », puisque, outre les harmoniques qu'elle produit, on peut lui faire dire tout ce qu'on veut.

— « Comment puis-je gagner le ciel? demandait un riche laboureur à un religieux mendiant. » — « Mon ami, lui répondit celui-ci, écoutez les cloches du monastère, elles disent qu'il faut faire *des dons, des dons, des dons.* »

(Voir *Drelin.*)

Dit-tout. — Surnom que les marchands de gaufres et d'oublies donnent à leur tarabat.

(Voir *Tarabuster.*)

Diva chopa. — Diva de la chope, étoile d'un café-concert où, comme disait le caricaturiste Daumier, on n'a jamais su si c'est la musique qui fait passer la bière, ou si c'est la bière qui fait avaler la musique.

(Voir *Beuglant.*)

Do bémol. — Le musicien Schanne, le Schaunard de la vie de bohême, raconte dans ses *Souvenirs*, qu'il fit partie en 1848, à titre de trombone, de la onzième légion de la garde nationale parisienne.

« Un jour, dit-il, comme je marchais sur la première ligne et que j'avais devant moi la cantinière, je m'amusais à heurter la pauvre fille avec la coulisse de mon trombone.

— « Maladroit! dit-elle, il me semble que vous pourriez faire attention avec votre diable de mécanique. »

— Eh quoi! ma chère, parce que je vous ai attrapée deux ou trois fois dans le dos?

— « Si encore c'était dans ce que vous dites? mais vous êtes plus inconvenant que cela... »

— Que voulez-vous? moi, je fais la note qui est écrite. Voyez ma partie: le *do* est *bémol.* »

Dominos (Jouer aux). — Jouer du piano.
Cette expression semble être la contre-partie des touches de piano, argotisme désignant les trente-deux notes de la mâchoire humaine que le peuple a également baptisée du sobriquet de jeu de dominos.

(Voir *Quatuor, Quintette, Touches de piano.*)

Doigts (Avoir des). — Etre habile dans le maniement de son instrument. (Argot des instrumentistes.)

Doigts (Etre en). — Etre bien disposé à jouer de son instrument.

Doigts (Se faire les). — Se livrer sur son instrument à une série d'exercices destinés à assouplir les muscles de la main, avant de jouer en public.

Dondon. — Grosse femme loquace. (Argot populaire.)

Le peuple applique cette onomatopée du son de la cloche à une femme de forte encolure, possédant un tel battant, que son mari s'écrie : « plus on la frappe, plus elle raisonne. »

Donner du cor. — Jouer du cor. Ce vieil argotisme n'est plus usité que dans la confrérie de Saint-Crépin.   (Voir *Boîte à cor*, *Contrainte par cor.*)

Donner (La). — Attaquer la note la plus scabreuse d'un morceau de musique. (Argot des chanteurs.)

Écoutez, se disent les dilettantes, épiant avec anxiété l'ut de poitrine qui va s'échapper du larynx du ténor, il va *le donner !*...

Cl. Caraguel a spirituellement analysé la lutte qui se livre dans l'esprit du chanteur, quand ce quart-d'heure de Rabelais lyrique a sonné.

« Le ténor. — Voyons, est-il bien nécessaire que je *donne* ce terrible ut?

Le public. — Dam! c'est une tradition.

Le ténor. — Oui, mais cette tradition me semble (sauf erreur) absurde. La musique de Rossini n'en est pas plus belle.

Le public. — Non certainement.

Le ténor. — L'*ut* n'y serait pas que personne ne regretterait son absence.

Le public. — C'est juste, mais enfin il y est.

Le ténor. — Oui, il y est et je ne m'en aperçois que trop aux efforts qu'il me coûte.

Le public. — Croyez-vous donc que je ne souffre pas, moi aussi, de votre fatigue?

Le ténor. — Eh bien, en ce cas, supprimons-le d'un commun accord.

Le public. — Bah! c'est convenu.

Le ténor. — C'est que si je supprime l'*ut* de poitrine, on croira que je n'ai pas les poumons assez forts pour *le donner* et me voilà perdu d'honneur.

Le public. — Alors, *donnez-le*.

Le ténor. — Cela vous est facile à dire; il y a des moments où il ne veut pas sortir.

Le public. — Alors, *ne le donnez pas*.

Le ténor. — Et mon honneur de ténor! Funeste perplexité!

Le public. — *Donnez-le*, si vous voulez; *ne le donnez pas*, si vous ne voulez pas, mais, pour Dieu, terminons l'Opéra, il est près de minuit. »

(*Le Charivari*, 1852.)

Dorémi (Vierge de). — Métaphore appliquée aux jeunes chanteuses débutant au théâtre, bien que, quelquefois, elles n'aient rien de commun avec l'héroïne de Domrémy.

Doublure. — Chanteur appelé à remplacer son chef d'emploi, en cas d'absence ou de maladie. (Argot de coulisses.)

Dans les théâtres inférieurs, dit M. A. Bouchard, *doublure* est synonyme de mauvais acteur. Parfois cependant la *doublure* vaut mieux que le drap.

Un piquant couplet du chanteur Duprez, dit au mariage du ténor Achard :

> Entre ténors on doit j'espère
> S'aider avec aménité ;
> Je sens, pour vous, que je peux faire
> Un grand acte de charité.
> Dans le ménage avec usure
> Quand vous vous serez prodigué,
> Prenez-moi pour votre *doublure*,
> Si vous vous sentez fatigué ?

Drelin, Drelin. — Onomatopée du son de la clochette ou de la sonnette, à qui l'on fait, comme aux cloches, dire tout ce qu'on veut.

Un certain samedi soir, une mère passait avec son enfant, par une rue où se tient d'ordinaire l'assemblée d'actionnaires d'une compagnie véreuse.

On était en séance. Le bruit du dedans arrivait jusqu'au dehors.

— « Mais, maman, dit l'enfant, qu'est-ce donc que cette cloche qui fait sans cesse : *Gredin ! gredin ! gredin !*

— Ma fille, c'est l'appel nominal. »

Du coton ! — Cri poussé par les dilettantes impressionnables condamnés à subir une musique qui leur déplaît.

(Voir *Cure-oreilles*.)

E

Échelle. — Succession des sept notes de la gamme. (Argot musical.)

L'aspect de ces notes rappelle plutôt l'idée d'une corde à nœuds mal accrochée aux barreaux de la portée, que d'une échelle proprement dite : (en latin, scala ; en argot populaire, montante.)

Raklowsky se plaisait à faire monter son professeur à l'échelle, en lui prouvant ainsi qu'il n'est pas impossible d'en composer une, avec la même note :

Do   do   do   do   do   do   do

Dans son opéra de *Montano et Stéphanie*, Berton, ayant à peindre l'ascension du valet sur le balcon de la belle, fait grimper à ses violons une *échelle* de deux octaves, à la tierce alternée, sol, si, la, do, si, ré, etc.

(Voir *Escalier vocal*.)

Écorcher les oreilles. — Blesser l'ouïe en exécutant une musique bruyante ou discordante. (Argot bourgeois.)

Marsyas vengé.

Par ordre, un soir d'été, Marsyas, le satyre
Dont la flûte de buis apprivoisait les loups,
Joua devant l'Olympe. Apollon de sa lyre
L'accompagnait à faux, tant il était jaloux.

Subjugués par les sons moelleux du virtuose,
Les Dieux battaient des mains, bissant chaque motif.
A l'homme-bouc Vénus jeta même une rose.
Le lendemain, Phœbus le fit écorcher vif.

Dors en paix, Marsyas, sous les sapins alpestres
Empourprés de ton sang. Dors. Un flot d'habits noirs,
Tes disciples, martyr, des nègres blancs d'orchestres,

Armés de flûtes Bœhm, te vengent tous les soirs
Et leurs sons, plus perçants que le dard des abeilles,
Des enfants d'Apollon écorchent les oreilles.

E. GOUGET. *Paris-orchestre.*

Écorcher un morceau. — En exécuter l'auteur, comme seul pourrait le faire l'exécuteur des hautes-œuvres. (Argot musical.)

On a raconté qu'une dame, pour simplifier les morceaux de piano dont elle faisait l'acquisition, avait l'habitude d'en gratter tous les dièses et tous les bémols. Cette pianiste excentrique pouvait se vanter *d'écorcher sa musique.*

Écrevisse (Canon en). — Une des plus excentriques toquades musicales des anciens contrepointistes était le *canon en écrevisse* ou *canon cancrisant*, ainsi nommé parce qu'après l'avoir lu d'abord à l'endroit, on le relisait à rebours, à reculons, comme on supposait la marche de ce crustacé.

Les *canons en écrevisse* étaient quelquefois précédés d'une devise énigmatique en vers latins rétrogrades, dans le goût du suivant:

In girum imus noctu ecce ut consumimur igni.

(Voir *Canon.*)

Effets de cheveux. — Artifice dont abusèrent, à une époque, les virtuoses chevelus en exécutant les plus abracadabrantes fantaisies sur le piano ou le violon.

Pendant l'adagio leurs cheveux prenaient des aspects de saule-pleureur, mais à la strette finale de l'allegro, ils se hérissaient comme une crinière de lion ou s'agitaient comme une mer en fureur.

Souvent ces *effets de cheveux* imposaient au public. — «Ah! cher maître, s'écriait un bourgeois mélomane, vous avez là des cheveux de génie.» — «Voulez-vous que je vous en fasse faire une perruque?» répondait galamment l'artiste chevelu.

Parfois aussi, on trouvait à ces musiciens plus de cheveux que de talent et leurs *effets de cheveux* faisaient dresser tous ceux d'un auditoire. Une dame s'extasiait sur la crinière d'un de ces tapoteurs mérovingiens. — «Bravo! criait-elle; il est de première force.» — «Hélas! fit son mari en se bouchant les oreilles, que n'est-il *sans son!...*»

(*Musicorama.*)

Embouchure (Cracher son). — Mourir. (Argot des musiciens travaillant dans le cuivre.)

(Voir *Cuivres.*)

Empiffrer (S'). — Manger comme un glouton. (Argot populaire.)

On disait autrefois *se piffrer*. (De l'italien *piffero*, fifre.)

(Voir *Piffre, se piffrer.*)

Empoignante (Musique). — Le flûtiste Rémusat disait: «Il n'y a que deux sortes de musique.

1° Celle où l'on rencontre les gendarmes; on y est *empoigné*; c'est la bonne.

2° Celle où l'on ne rencontre pas de gendarmes; on n'y est pas *empoigné*; c'est la mauvaise. »

(Voir *Chapeau de gendarme.*)

Enfant de chœur. — Morceau de sucre. (Argot populaire.)

Sans doute parce qu'il accompagne d'ordinaire le *gloria* des chantres.

(Voir *Gloria.*)

Engammer. — Entamer une kyrielle de paroles interminables. (Argot rural du Berry.)

Enharmonie. — « Changement de destination d'un accord par le changement de dénomination d'une ou de plusieurs notes, changement qui détermine une mutation de gamme. Il est à remarquer que ce mot a été transporté de la musique des Grecs dans la musique moderne, *sans application juste.* »

(F. J. Fétis. *Dictionnaire de musique.*)

(Voir *Diatonique, chromatique.*)

Enlevante (Musique). — Morceau ravissant. (Argot musical.)

Un chef d'orchestre, semblant atteint de la danse de Saint-Guy, s'agitait sur son fauteuil en dirigeant ses croque-notes. Le public, impatienté de le voir se remuer, se retourner et se lever à chaque instant, lui crie: « Assis! Enlevez-le!... »

— Eh! messieurs, répond tranquillement le chef d'orchestre, ne voyez-vous pas que je dirige de la *musique enlevante*?...

Enlever. — Synonyme de ravir, au propre et au figuré.

Un pianiste se vantait d'avoir, à son dernier concert, *enlevé* son auditoire.

— « Tu as raison, répondit un ami; à ton second morceau, il n'y avait plus personne dans la salle. »

Enragée (Musique). — Musique tapageuse et interminable. Cet argotisme manque de justesse généralement, les animaux enragés sont muets. Peut-être n'est-ce qu'une allusion à l'état hydrophobique des exécutants?

Berlioz raconte, dans ses *Soirées de l'Orchestre*, l'histoire fantastique d'un piano devenu enragé à la suite d'un concours du Conservatoire. L'infortuné clavier avait à subir trente une fois le concerto en sol mineur de Mendelssohn. A peine le vingt-neuvième concurrent a-t-il terminé son dernier accord, voilà le piano qui se met à recommencer tout seul le concerto. C'est un déluge de gammes, de trilles et d'arpèges. Le public effrayé s'agite. Un juré très myope, croyant que le vingt-neuvième concurrent recommence son concerto, crie: assez! assez!... Et le brigand de piano de continuer des fusées, des trémolos, des traits en sixtes et tierces redoublées à l'octave, des accords de dix notes, des triples trilles, la grande pédale, le diable et son train.

Enfin on va chercher Erard. Le piano qui ne se connaît plus, ne reconnaît pas davantage son père. On apporte de l'eau bénite, on en asperge le clavier, rien n'y fait. On démonte l'instrument, on en ôte le clavier qui remue toujours, on le jette dans la cour où Erard, furieux, le fait briser à coups de hache. Ah! bien oui! c'est encore pire! Chaque morceau danse, saute, frétille sur les pavés, à travers les jambes des assistants. On est obligé, pour en finir, de ramasser cette mécanique *enragée* et de la livrer aux flammes.

Entonne. — Église. (Argot des voleurs.)

C'est là qu'on *entonne* en chœur des Te Deum, des Gloria, etc.

Entonner. — Boire. (Argot de lutrin.)

C'est vraisemblablement autour d'un lutrin que ce vocable fut enfanté par des chantres habitués à confondre le ton avec la tonne.

Boileau ayant eu l'audace d'insinuer que :

« Tout chantre ne peut pas, sur le ton d'un Orphée,
Entonner en grands vers la discorde étouffée. »

Béranger releva le défi, en entonnant sa marseillaise de sacristie :

> Que tout chantre
> Boive à plein ventre
> *Gloria tibi, Domine.*

— Un acteur de l'ancien opéra entonnait d'une voix mal assurée un récitatif qui commençait par : « Je viens... » un plaisant ajouta : « du cabaret. »
— Ma foi, oui, dit l'acteur à qui cet excès de franchise valut un tonnerre de bravos.

Entonner un gloria. — Boire un petit verre d'eau de vie après son café.

(Voir *Enfant de chœur*.)

Entonnoir. — Gosier. (Argot populaire.)

> Ce bon seigneur, que la soif pique
> Dès le matin jusques au soir,
> De l'organe de la musique
> N'a plus rien fait qu'un *entonnoir*.
>
> CHAULIEU.

Un chef de fanfare admonestait vertement son personnel qui, à la suite d'un concours musical avait dépassé les bornes de l'intempérance.
— Hé ! bien, fit l'un des musiciens en montrant le pavillon de son sax-horn, comment voulez-vous

qu'on ne soit pas tenté d'*entonner* quand on joue d'un instrument qui finit en *entonnoir*.

(*Musicorama.*)

Escalier vocal. — « L'escalier vocal est formé de 7 degrés (marches) savoir : 2 grands, 1 petit, 3 grands, 1 petit. »

(B. Wilhem. *Manuel musical.*)

C'est en tenant la rampe de cet *escalier* que l'apprenti chanteur montait de la cave au grenier. Aujourd'hui, l'*escalier vocal* a vécu, et il n'est plus question, dans le monde musical, que du grand *escalier* de l'Opéra.

Un compositeur original fit un jour le pari de mettre en musique l'*escalier* de l'Opéra.

— « Comment vous y prendrez-vous ? lui demanda-t-on. »

— « C'est bien simple, je vais composer une suite de *marches*. »

(Voir *Coup de marteau*, *Échelle*.)

État à marteau. — Profession de pianiste en chambre. (Argot des commissaires de police.)

Schanne raconte ainsi dans ses *Souvenirs* la circonstance qui le força à étudier ses gammes sur le piano.

« Un jour le commissaire de police me fit appeler. Un quidam, que j'avais pour voisin de l'autre côté de la rue, professait le grec et, comme je jouais du piano et non de la lyre, je lui étais insupportable. Le commissaire me lut les règlements qui sont peut-être justes, mais qui sont sévères; et il ajouta qu'il était obligé de me considérer comme exerçant un *état à marteau*. J'étais bien et dûment averti que mon *bruit* ne devait commencer qu'au jour en hiver et à 6 heures du matin en été pour finir à 10 heures du soir.

Fort bien, mais en bonne conscience, je ne pouvais régaler de la *dernière pensée de Weber* l'ennemi que je venais de me découvrir. Alors je voulus achever de l'abrutir en l'horripilant de mes gammes majeures et mineures, montantes et descendantes. Très tenace dans ma rancune, je le maintins pendant des mois à ce régime. Parfois, il ouvrait sa fenêtre ; c'était pour m'insulter dans un charabia qui était peut-être du grec, et que les habitants du quartier devaient prendre pour une sorte de bas-breton mêlé d'auvergnat.

Lorsque je jugeai à propos de mettre fin à son supplice, je fus tout étonné d'avoir acquis une agilité de doigts qui me manquait avant cette heureuse rencontre. »

(*Souvenirs de Schaunard.*)

Murger a brodé cet ana dans son chapitre intitulé « La toilette des grâces. »

(*La Vie de Bohème.*)

Étoile du chant. — Artiste attirant la foule. (Argotisme créé, en 1844 par St. de la Madeleine.)

> La Réclame (*chœur*) :
> « Elle scintille
> Dans un décor !..
>
> La Critique (*solo*) :
> « Tout ce qui brille
> N'est pas de l'or. »
>
> (Dʳ Aldo. *Dictionnaire musico-humoristique.*)

Étoile filante. — Chanteuse dont le talent n'a pas tenu ce qu'il promettait à son début ou qu'un riche mariage enlève au théâtre. (Argot des coulisses.)

Il n'est pas de jour que la presse ne s'écrie :

> Encore une étoile qui file,
> Qui file, file et disparaît.

Généralement, on remplace le nom de la belle éclipsée par une astérisque (Aster, astre.) C'est une fiche de consolation.

Étoilomanie. — Affection bizarre qui atteint les directeurs et rend les arts malades.

Exécuter. — Au propre, interpréter les œuvres des maîtres ; au figuré, jouer à leur égard l'office d'exécuteur des hautes-œuvres.

« Pendant quelques mois, une contrefaçon des concerts populaires de Pasdeloup s'était établie dans le théâtre du prince impérial. On y jouait aussi quelques pages de Berlioz, mais sans trop de succès.

Berlioz revenait tristement, un dimanche, de l'un de ces concerts; sur le boulevard, il rencontre un ami :

— Eh! bien, lui dit celui-ci, vous venez du concert de là-bas?...

— Oui, de là bas, du côté de la Roquette...

— Et comment avez-vous été *exécuté ?*

— Comme un criminel!... »

(*Le Figaro.*)

Exécution. — Ne pas confondre, dit le Dr Aldo, celle des arrêts de la justice avec celle des arrêts de la justesse. On pourrait parfois s'y tromper.

F

Fa bémol. — Ivrogne malade. (Argot d'orchestre.) Épithète reposant sur un jeu de mots représentant le *Fa bémol* comme la note la plus malade de la musique, puisque, enharmoniquement, elle *vaut mi.*

Fagot. — Basson. (Vieil argot musical.)

Les musiciens d'orchestre emploient encore, par plaisanterie, ce mot suranné, dérivé de l'italien *fagotto*. Quand le bassoniste a démonté et réuni les pièces de son instrument, on croirait qu'il vient de faire un *fagot*.

« Un chef d'orchestre, passant l'inspection des instruments, trouva l'un des bassons en si mauvais état, qu'il s'écria : « Voici un *fagot* qui n'est bon qu'à jouer une *bourrée*. » C'était une façon polie de dire : « flanquez-moi ça au feu. »

Fanfarer. — Faire de la réclame, mais d'une façon moins tapageuse qu'en battant la grosse caisse. (Argot des gens de lettres.)

On sait que le bedon n'entre pas dans la composition des fanfares.

Fauvette. — Chanteuse légère, doublant les rossignols.

Cet argotisme de dilettantes vise sans doute la fauvette à tête noire, dont le chant, dit Buffon, semble tenir de la fraîcheur des lieux où il se fait entendre, en peint la tranquillité et même en exprime le bonheur.

(Voir *Rossignol*.)

Femme du régiment. — C'est ainsi qu'on désigne, dans l'argot militaire, le joueur de grosse caisse, à cause de l'allure intéressante que lui donne le fardeau qui l'embedonne.

(Voir *Bedaine*.)

Fesser le requiem. — Chanter l'office mortuaire à la galopée, comme si l'on avait le mors aux dents. (Argot des chantres.)

Ficelles. — Cordes à boyau. (Argot populaire.)
« La lyre d'Apollon était une écaille de tortue sur laquelle étaient tendues trois ficelles. » (A. Karr.)

Ficelles. — Secrets du métier destinés à donner le change aux profanes. (Argot d'artistes.)

Jeunes compositeurs, voulez-vous paraître avoir beaucoup de talent, énormément de talent? Imitez le maëstro Cledeçol : « Lorsque je suis en face de mon papier réglé, dit il, et qu'il y a devant moi quelques personnes qui veulent me voir composer, je n'ai jamais l'air de chercher et j'écrirais plutôt une bêtise, ou le passage d'un bon auteur, pour ne pas paraître embarrassé. Quand je vais à la campagne, je laisse sur ma table un cahier où j'ai commencé un quatuor, un autre où il y a une partition, et un troisième avec une romance en train. »

Jeunes violonistes, voulez-vous paraître réaliser l'impossible en exécutant l'insurmontable? Faites-vous accompagner, à la manière de Paganini, un concerto par un orchestre qui jouera en mi bémol pendant que vous jouerez en ré sur un violon dont vous aurez monté les cordes d'un demi-ton.

Jeunes pianistes, voulez-vous donner le vertige à la plus belle moitié de votre auditoire? Inspirez-vous de l'exemple de ce sublime virtuose dont M. O. Comettant raconte les hauts faits en ces termes piquants:

« Certain grand pianiste allemand, aussi admirable exécutant que puffiste habile, avait imaginé de payer des femmes à raison de vingt-cinq francs par concert, pour faire semblant de s'évanouir d'aise au milieu d'une fantaisie prise d'un mouvement si rapide qu'il eut été humainement impossible de la terminer. Le pianiste quittait précipitamment son piano pour voler au secours de la pauvre évanouie, et tout le monde de croire dans la salle que, sans cet incident regrettable, le prodigieux virtuose finissait d'accomplir le plus grand des miracles.

Une fois, à Paris, dans un concert, une des femmes, payées pour s'évanouir, manqua sa rentrée et s'endormit profondément; le pianiste jouait le concerto de Weber. Comptant sur l'évanouissement de cette femme, pour interrompre le final de ce morceau, il l'avait pris dans un mouvement impossible. Que devenir dans ce cas embarrassant? Barboter comme un vulgaire pianiste, ou faire semblant de manquer de mémoire? Non; il joua tout simplement le rôle que devait remplir l'évanouisseuse et s'évanouit lui-même. On s'empresse autour du pianiste, doublement phénoménal par son exécution foudroyante et par sa frêle et sensible organisation; on l'emporte dans le foyer; les hommes applaudirent à tout rompre, les femmes agitèrent leurs mouchoirs pour manifester leur enthousiasme, et l'évanouisseuse, en se réveillant, s'évanouit peut-être réellement de désespoir de n'avoir pas fait semblant de s'évanouir. » (*Musique et Musiciens.*)

(Voir *Cuisine musicale.*)

Fifre (Jouer du). — Cette expression équivaut à *croquer le marmot* ou *siffler la linotte*. Autrefois, à la tête de nos régiments, les airs de fifre alternaient avec les tambours et, pendant que ceux-ci exécutaient leur batterie, les fifres marquaient le pas, en *bayant aux corneilles*.

Fifrelin. — Rien. (Argot populaire.)

Ne pas avoir un fifrelin, c'est ne pas même avoir dans ses poches, tellement les deux toiles se touchent, la moindre parcelle de vent échappée du plus minuscule des instruments, le *fifre*.

Fignolade. — Fioriture interminable. (Argot des coulisses.)

Dérivé du verbe *fignoler*, achever avec soin, finir avec amour. « Certains étymologistes, dit Delvau, veulent que ce mot signifie « Exécuter avec *fions.* » C'est possible, mais j'ai souvent entendu prononcer *finioler;* or, la première personne du verbe finire n'est-elle pas *finio?* »

Ce qui justifie l'assertion du Littré de la langue verte, c'est que nos étoiles du chant placent toujours leurs *fignolades* à la fin de leurs airs de bravoure.

Filer un son. — Enfler une note du piano au forte et la désenfler du forte au piano, sans reprendre haleine. (Argot musical.)

Expression inspirée par le signe conventionnel ———◇——— dont la forme rappelle vaguement le fuseau à *filer* du rouet de nos grand'mères.

(Voir *Chat.*)

Filet de vinaigre. — Voix aigre. (Argot de coulisses).

Il est à remarquer que, dans la cuisine musicale, le jus de citron et le *filet de vinaigre* sont moins goûtés que dans la musique culinaire.

(Voir *Citron, Crier au vinaigre.*)

Filet de voix. — Voix grêle et de peu d'étendue. (Argots des chanteurs.)

Un amateur qui avait admiré aux concerts de Feydeau les talents de M. G., observait qu'il n'avait cependant qu'un petit *filet de voix.*

« Tudieu ! reprit quelqu'un qui, pendant la romance, avait évalué la recette, vous appelez cela un petit *filet*, qui pêche huit mille francs dans la poche des Parisiens ! »

Fioritures. — Ornements destinés à parer le style et servant quelquefois à l'enlaidir. (Argot artistique.)

« Lorsqu'on entendit, pour la première fois, des traits, — des roulades (puisque c'est ainsi que les Français nomment la *fioritura* italienne,) — introduits dans le style tragique, cette innovation inouïe fut accueillie avec indignation par les uns, avec admiration par les autres.

Rossini disait avec le poète antique :

« Je suis ici un barbare, parce qu'ils ne me comprennent pas. »

Personne, en effet, ne comprit de prime-saut les tendances de cette muse audacieuse. Ce fut à l'illustre cantatrice Pasta, à celle qu'on nommait à bon droit *la diva*, qu'il était réservé de faire connaître aux vrais appréciateurs de l'art tragique ce qu'il y a d'émotions terribles et fulgurantes dans les colossales *fioritures* dont son rôle de *Sémiramide* était semé.

Je trouve assez naturel qu'un musicien de nos jours, qui lit ces *fioritures* dans la partition, se trompe complètement sur leur portée. C'est la manière de les exécuter qui leur donne leur véritable caractère, ou plutôt qui le leur restitue. »

(Stéphen de la Madeleine. *Études de style vocal.*)

Flafla (Faire du). — Faire de l'embarras. (Argot populaire.)

On disait autrefois *faire le palalan.*

Flafla est une onomatopée du bruit du tambour.

Flageoler. — Trembler sur ses jambes. (Argot populaire.)

« Les jambes me *flageolent*, et, prêt à me trouver mal, je m'assieds et pleure comme un enfant. »

(J. J. Rousseau.)

Allusion au mouvement rapide des doigts trillant sur le *flageolet*.

Dans l'argot de nos pères, *se flageoler de quelqu'un*, c'était s'en moquer.

Flageolets. — Jambes grêles. (Argot populaire.)

On dit de quelqu'un qui a les jambes fluettes, qu'il est *monté sur des flageolets.* De là, l'expression: *ses jambes flageolent.*

Ces flageolets expriment une nuance entre les flûtes, les quilles, les échasses et les pincettes.

(Voir *Flûtes.*)

Flageolets. — Petits haricots nouveaux. (Argot populaire.)

On devrait dire faseolets, du vieux français faseol (du latin faseolus, haricot), mais le Gaulois, né malin, a travesti ce mot en un instrument à vent, afin de mieux peindre les propriétés musicales de son légume favori[1].

Pirouc dans son *Livre des convalescents*, donne cet. éfinition:

« Le haricot est le piano du pauvre. »

Un plaisant qui avait la faculté de jouer à volonté de ce piano populaire, paria un jour qu'il en jouerait cent fois de suite. La gageure était le prix de son dîner. Il en joua cent deux fois.

« Les deux, dit-il, sont pour le garçon. »

(Voir *Barytoner*, *musiciens*, *jouer du basson*, *musique zéphirienne*.)

Flonflons. — Musiquette, pont-neufs. (Argot populaire.)

Onomatopée du son du violon, ou plutôt du crincrin.

Flûte! — Expression équivalant à: « Donnez-moi la paix! Allez-vous promener! » Variante de Tarare! Turlututu! Du vent! Zut!...

---

[1] Un étymologiste facétieux a dérivé *haricot* du latin *fistula* (flûte) dont on a fait, dit-il, l'adjectif *fistularis*, puis le diminutif *fistularicus*, au datif *fistularico*. En retranchant la racine *fistul*, il reste *arico* (*haricot*.)

Flûte. — Bouteille de vin. (Argot populaire.)

On donne également ce nom au verre à champagne.

(Voir *Flûter.*)

Flûte. — Petit pain long. (Argot des boulangers.)

On désigne encore cette sorte de pain sous le nom de musique.

« C'est curieux ! Le pain contient toutes les notes de la musique. Dessus, c'est *do ré;* dedans, c'est *fa*rineux, plein de *mi*, et il y a quatre *sol* par livre. »

(*Le mitron mélomane.* E. G.)

Flûte. — Seringue.

Cet instrument, encore en usage dans l'orchestre du théâtre de Molière, a été détrôné par l'irrigateur. Un ingénieur américain a inventé le *Clysophone* modérateur, à musique, indispensable en voyage, jouant *la Valse des roses.*

(Voir *Chanter comme une seringue, jouer de la flûte.*)

Flûte (Jouer de la). — Clysterium donare.

« X... quand il s'en jouait, disait:

— Je vais m'administrer une confidence :

— Pourquoi ?

— Parce que c'est difficile à garder, parbleu ! »

(P. Véron. *Le Carnaval du dictionnaire.*)

Flûte (Joueur de). — Infirmier.

On disait autrefois *flutenc..* Dans l'armée, on désigne ce fonctionnaire sous les noms de *canonnier de la pièce humide* et de *trompette d'arrière garde.*

Flûter. — Boire. (Argot populaire.)

On disait autrefois : jouer de la flûte de l'Allemand, locution que certains parémiographes traduisaient par : boire immodérément. Ils se fondaient sur ce que les Allemands se servaient de verres coniques, appelés flûtes, analogues à nos verres à champagne. Ces flûtes, si l'on en croit G. Kastner, n'avaient point de pied et il fallait les vider d'une seule haleine.

Au lieu de chercher au fond de ces verres apodes, la clé de cet argotisme, il eût été plus simple de comparer les diverses manières de jouer de la flûte avec l'action d'emboucher le verre. On en eût conclu que le *siffler*, c'était agir en franc et droit buveur, mais que *jouer de la flûte de l'Allemand,* c'est-à-dire de la flûte traversière, c'était peut-être en avaler de travers le contenu.

(Voir *Flûte, tire-flûte, tire-larigot.*)

Flûter. — Dépenser. (Argot populaire.)

Mettre sa poche à sec comme le gosier d'un flûtiste qui a dépensé son souffle.

Flûter (Envoyer). — Envoyer promener, dire flûte!

Flûter (Se faire). — Prendre un bouillon pointu. On dit de celui qui abuse de ce remède qu'il *a toujour flûte au..*

Monsieur de Pourceaugnac, au contraire, a tellement peur de *se faire flûter* que, pour échapper à la poursuite acharnée des matassins, il se sauve avec sa chaise au dos.

(Voir *Flûte*.)

Flûtes. — On dit qu'une personne est *montée sur* des flûtes, quand ses jambes peuvent rivaliser de maigreur avec les pattes de héron ou mieux de la grue, car c'est avec les os des pattes de grue que les anciens ont fabriqué leur première flûte appelée *tibia*.

On disait autrefois: « S'il passe par la rue des Ménétriers, on prendra ses jambes pour en faire des *flûtes*. »

(Voir *Flageolet*.)

Flûtes. — Instrument de torture encore en usage au siècle dernier, dans le nord de la France. (Vieil argot judiciaire.)

Ce supplice était réservé au condamné à mort. « On lui appliquait les flûtes, dit un rapport de 1737, du lieutenant criminel de Dieppe, en lui faisant joindre les mains par devant, comme pour prier Dieu, et entre chaque deux doigts joints on lui mettait un petit bâton bien poli; avec un écrou, ces bâtons étaient serrés au point d'aplatir les doigts comme un sou marqué.»

La Révolution brisa sous son talon cette abominable flûte de Pan.

(Voir *Jouer du hautbois, psaltérion, tap, violon, accordeur de la camarde, pianiste.*)

Flûtes (Accorder ses). — Se concerter avec quelqu'un pour agir ensemble.

Autrefois on accordait ses vielles.

Diogène le cynique disait: « Avant d'*accorder leur flûte*, les musiciens devraient accorder leur âme. »

Flûtes (Astiquer ses). — Danser. Allusion au frottement des jambes du danseur.

(Voir *Agiter ses castagnettes.*)

Flûtes (Être du bois dont on fait les). — Se dit d'un homme faible, de trop bonne composition, aussi facile à tourner qu'une flûte.

M. C. Rozan raconte qu'il y avait autrefois à la Chambre plusieurs députés du nom de Dubois. L'un d'eux appartenait au parti conservateur et, dévoué à la chose publique de ce temps-là, son vote était toujours au service et aux ordres du ministère. Un journal de l'opposition, qui prenait quelquefois à partie ce député obéissant, ne manquait jamais de l'appeler *M. Dubois... dont on fait les flûtes*. Mais M. Dubois, n'étant pas encore assez de ce bois-là pour supporter sans colère cette queue ironique ajoutée à son nom, demanda justice aux tribunaux. On reconnut sans peine qu'il y avait outrage et calomnie, et le journal fut condamné. A partir de ce moment, ce même journal ne parla pas moins de M. Dubois; seulement, pour rendre hommage à la chose jugée, il s'empressa de modifier sa première assertion et il écrivit *M. Dubois... dont on ne fait pas les flûtes*. Un renvoi placé au bas de la colonne indiquait au lecteur la date du jugement qui en avait ainsi décidé.»

(*Petites ignorances de la conversation.*)

Flûtes (Jouer des). — Se sauver à toutes jambes. On dit également : Se tirer des flûtes.

Flûteur. — Ivrogne (Argot populaire).

On disait, au siècle dernier, flûteur pour joueur de flûte.

Si l'on en croit l'épigramme suivante, les musiciens de la Renaissance passaient pour des *flûteurs* de première force.

> En m'oyant chanter quelquefois,
> Tu te plains qu'estre je ne daigne
> Musicien, et que ma voix
> Mérite bien que l'on m'enseigne :

Voire, que la peine je preigne
D'apprendre ut, ré, mi, fa, sol, la.
Que diable veux-tu que j'apreigne ?
Je ne boy que trop sans cela.

Clément Marot.

Flûteuse (La). — Surnom donné en Sologne à l'alouette lulu. On donne également à cet oiseau le sobriquet de *lutheux*.

Flûteux. — Joueur de flageolet. (Argot des paysans).

Flûtiau. — Flûte, flageolet. (Argot populaire).

Flûtiez (C'est comme si vous). — Variante instrumentale de : « C'est comme si vous chantiez. »

Fondre la cloche. — En être venu au point capital d'une opération difficile à exécuter.

Métaphore inspirée par le tintouin que la fonte d'une cloche occasionne au fondeur.

Four. — Grande bouche.

On parlait, au foyer de l'Opéra, d'une diva gracieuse et de beaucoup de talent, mais dont la bouche était démesurément grande, et chacun disait : Quel dommage !

— De quoi la plaignez-vous donc? dit une de ses camarades. Elle est bien heureuse; elle peut se parler à l'oreille.

(Mosaïque.)

Fourche (Faire la). — Doigter, usité dans les instruments à vent, consistant à poser l'index et l'annulaire sur les trous pendant que le médium est levé. (Argot musical).

Drôle d'idée d'obliger à *fourcher* la main des descendants du dieu Pan, le flûtiste au pied *fourchu!*

Fourchette. — Diapason d'acier. (Argot des acousticiens.)

M. P. Véron définit spirituellement le diapason, la *fourche caudine* de la musique.

Fourchette harmonique. — Cercle musico-gastronomique fondé à Paris, en 1863, par MM. E. Thoinan et A. de Lasalle.

Fredaine. — Intrigue d'amour, coup de canif dans le contrat. (Argot des bourgeois.)

Le monsieur qui fait ses *fredaines* a généralement l'habitude de fanfarer sa conquête en fredonnant entre ses dents des variations sur l'air d'Adam:

«Elle est à moi, c'est ma....»

Fredonneur. — Spectateur chantant entre ses dents avec l'acteur en scène, pour se donner l'air d'un connaisseur. (Argot des dilettantes.)

Méry, placé à l'opéra à côté d'un monsieur qui fredonnait continuellement à ses oreilles, fit quelques gestes de dépit.

— « Qu'avez-vous, monsieur ? dit le *fredonneur ;* vous ne paraissez pas content. »

— « C'est vrai, répond Méry, j'enrage contre ce coquin de Duprez qui m'empêche de vous entendre. »

Fredons. — Musiquette. (Argot des dilettantes.)

Fugue. — « Déménagement spontané d'un ou d'une pensionnaire. La *fugue* n'est pas rare et cause parfois un grand préjudice au directeur. La *fugue* des dames est bien plus fréquente que celle des hommes, et cela se conçoit : l'enlèvement d'Hélène est un terrible précédent... O amour ! »

(A. Bouchard. *La langue théâtrale.*)

« Le mot *fugue*, dit Choron, chez les anciens compositeurs, désignait une pièce de musique dans laquelle une phrase de plain-chant ou de chanson populaire, allait en se reproduisant en diverses manières par ses diverses voix. Il en résultait une harmonie dans laquelle l'une des parties *chassait* l'autre, qui semblait *fuir* devant elle. De là, le mot *fugue* qui, dans le latin moderne *fuga*, signifie également chasse et fuite, ou fugue. »

Azevedo définit ainsi la fugue musicale : « Tyran du moyen âge qui, même par la torture, veut toujours arracher des réponses de ses sujets. »

Un jeune homme se présente au Conservatoire de musique.

— Monsieur, je désirerais concourir pour le prix de *fugue*.

— Quels sont vos titres ?

— Je suis caissier.

G

Galoubet. — Voix. (Argot de coulisses.) Variante de siffle, sifflet, guimbarde, entonnoir, zinc, diamant. (Voir ces mots.)

Donner du galoubet, c'est chanter.

Remarquons que l'argotisme *galoubet*, autrement dit flûte à l'ail, n'aurait pu être créé ailleurs que dans un milieu d'artistes se voyant de très près.

(Voir *Flûte à l'ail*, *Tutu-panpan*.)

Gamme (Chanter une). — Gronder, réprimander. (Argot des bourgeois).

Cette locution tire probablement son origine de

l'habitude qu'ont les professeurs de musique de tancer vertement leurs élèves en leur apprenant à faires des gammes. Quelquefois même ces gammes vocales sont accompagnées de coups d'archet sur les doigts.

On dit encore, dans la même acception: donner une leçon à quelqu'un.

Les Gammes du Chef.

L'orchestre joue un plat ouvrage.
« Forte, fait le chef avec rage,
« Enflez le do.. Là.. crescendo...
« Do ré mi fa sol la si do. »

Sur la corde, les archets chauves
Dansent en poussant des sons fauves.
« Frottez.. Du nerf.. Bien mesuré..
« Ré mi fa sol la si do ré. »

L'alto dont l'œil vient de se clore
Dort près du cor qui corne encore.
« Allegro donc, gros endormi...
« Mi fa sol la si do ré mi. »

La clarinette, en eau, barbote
Et le basson tout bas jabote.
« Plus fort.. c'est du style buffa...
« Fa sol la si do ré mi fa. »

La contrebasse insouciante
Rêve de ses trois francs cinquante.
« A vous.. c'est faux.. non, si bémol...
« Sol la si do ré mi fa sol. »

Le trombone est tout écarlate ;
De sa coulisse un couac éclate.
« Dix sous d'amende à celui-là...
« La si do ré mi fa sol la... »

— « Jouez-donc, le cornet. » — « Je souffle. »
— « Souffler n'est pas jouer, maroufle. »
— « Ouf ! quel métier ! » — « J'en sue aussi. »
« Si do ré mi fa sol la si. »

Minuit ! Enfin tombe la toile.
Chacun, trempé jusqu'à la moëlle,
Regagne en bâillant son dodo :
« Do.. si.. la.. sol.. fa.. mi.. ré.. do ! »

E. Gouget. Paris-Orchestre.

Gamme (Être hors de). — Être dans l'embarras.

(Boissière. Dictionnaire analogique.)

Martin, chanteur de l'Opéra-Comique, était fort embarrassé quand il était forcé de s'exprimer en prose. Un jour, étant obligé de faire une annonce pour réclamer l'indulgence du public en faveur d'un de ses camarades qui venait de se trouver subitement indisposé, il entra en scène, fit les trois saluts d'usage, s'avança vers la rampe, et dit :
« Messieurs, notre camarade X... est en ce moment hors d'état de... à cause d'un accident, comme qui dirait... un... qui... ne pouvant continuer... a besoin de vos... messieurs... dans cette circonstance...
— Chantez-nous ça, Martin ! lui cria quelqu'un.

Gammes. — Nom donné aux bandes de cachalots ou de marsouins. (Argot des baleiniers).

Gargariser (Se). — Abuser des roulades.

Argotisme créé pour le chanteur Martin qui se gargarisait véritablement avec ses doubles croches.

Gargarismes. — Roulement de notes au fond de la gorge d'un chanteur, imitant assez bien le bruit d'un collutoire.

(Voir *Rince-Voix*.)

Gargouillade. — Ornement de mauvais goût. (Argot des chanteurs).

Façon polie d'insinuer que l'artiste patauge.

Générale (Battre la). — Donner l'alarme.

Allusion à la batterie du tambour destinée à rassembler les troupes, en cas d'alerte.

Un général, un peu brusque dans ses façons d'agir, prenait souvent la licence de battre sa femme. Un de ses aides de camp dit à un de ses amis: « Je croyais servir sous un général, et point du tout, je suis aide de camp d'un tambour. » — « Que veux-tu dire? » répliqua l'autre. — « Eh! oui, tous les jours, il *bat la générale.* »

(*Grand Dictionnaire du XIX° siècle.*)

Générale avec ses dents (Battre la). — Ce qu'on voit souvent faire au conscrit, la première fois qu'il voit le feu.

Un général, quoique édenté, n'ayant pu vaincre cette habitude, s'était laissé battre en Allemagne et en Italie. A son retour, il trouva au-dessus de sa porte un tambour avec cette devise :

« On me bat des deux côtés. »

Gent chante-menu (La). — Les Lilliputiens de l'art vocal.

(Argotisme créé par C. Blaze [*art des vers lyriques*] inspiré par la gent trotte-menu du bonhomme La Fontaine).

Glas. — Se dit d'une personne ennuyeuse qui répète toujours la même chanson.

Allusion au tintement triste et monotone d'une cloche funèbre.

Gloria. — Tasse de café avec un verre d'eau-de-vie à la clef.

Argotisme créé par quelque chantre ayant trouvé piquant d'assimiler la tasse de café qu'il prend à la fin de son repas, au *gloria* qu'il vient d'entonner à l'issue de la messe.

(Voir *Enfant de chœur, Entonner un gloria*.)

Gloria patri. — Se dit d'un intrigant ou d'un indiscret qui aime à se fourrer partout.

Allusion au verset latin *gloria patri et filio*, etc. que l'on chante à tout propos à la fin des psaumes.

Gluckistes. — Nom des partisans de Gluck dans sa lutte contre Piccini.

« A la première représentation d'Alceste, de Gluck, un pauvre diable était assis tranquillement au parterre, ayant pour voisin de droite un picciniste qui roulait des yeux furibonds, et pour voisin de gauche un *gluckiste* qui se pâmait d'aise à chaque phrase musicale et applaudissait à tout rompre. Lui se tenait coi et écoutait tranquillement. Fatigué de le voir si calme, un de ses voisins le saisit par le bras et lui demanda avec impatience: « Enfin, êtes-vous *Gluckiste* ou Picciniste ? »

— Je suis ébéniste, répondit le brave homme. »
(*Dictionnaire d'anecdotes*. E. Guérard.)
(Voir *Picciniste*.)

Goguette. — Société chantante (Argot populaire). C'est en 1817 que l'on vit apparaître cette sorte de caveau populaire où l'on entonnait de toutes façons. Ces réunions chantantes se multiplièrent rapidement; presque chaque rue de Paris avait la sienne. Les principales goguettes furent celles des Braillards, des Enfants de la Lyre, du Gigot, des Grognards, des Bons enfants, des Épicuriens, des Infernaux, etc. (Voir *Caveau, Mannezingue.*)

Goguette. — Chanson joyeuse.

Goguette (Chanter). — Railler, injurier.

Allusion à la guerre de chansons que les goguettiers firent à la Restauration. Aux journées de juillet, les goguettiers troquèrent leur lyre populaire contre la clarinette de cinq pieds et plus d'un de ces soldats improvisés repose aujourd'hui dans le caveau de la colonne de la Bastille.

(Voir *Chanter pouilles*.)

Goguette (Être en). — Rire, chanter et boire.

Goualante. — Chanson (Argot des voleurs).

Goualer. — Chanter (Argot des voleurs). On a tiré ce mot du verbe *goguayer*, jouer, étymologie qui nous semble tirée par les cheveux. Sans chercher midi à quatorze heures, il n'y avait qu'à se rappeler que le peuple nomme *goule*, la gorge et *goulée*, une bouchée (du latin *gula*, gueule.)

Goualeur-euse. — Chanteur ambulant (Argot des voleurs.)

Eugène Sue, dans ses Mystères de Paris, fait donner à son héroïne le sobriquet de la *goualeuse*.

Graillement. — Son cassé et enroué (Argot des chanteurs).

Grande musique. — L'antithèse de musiquette. (Argot des dilettantes.)

« Duprez, disait Rossini, ne chante pas trop mal ma *petite musique*; mais je ne sais pas comment il chantera la *grande*. » Il désignait ainsi la musique de Meyerbeer.

(Voir *Musiquette.*)

Grand opéra. — Parfois le hasard fait qu'au jeu du nain jaune, un des joueurs se débarrasse de toutes ses cartes au premier tour; cela s'appelle *Grand opéra;* il ramasse alors tous les jetons qui se trouvent sur le tableau et chaque joueur lui en donne autant qu'il lui reste de points dans la main. (Argot des joueurs.)

Gratter le Jambon. — Jouer de la guitare. (Argot espagnol.)

Grelot. — Langue bien affilée.

« Les sublimes disent d'un travailleur parlant bien : A-t-il un bon *grelot!* »

(D. Poulot. *Le Sublime*, 1872.)

C'est par métonymie que l'on nomme la langue *grelot*. Elle n'est que le battant qui se meut dans la cavité de la boule qu'on nomme la tête.

Grelot (Agiter son). — Bavarder.

Grelot (Attacher le). — Entreprendre une chose difficile, dangereuse.

« Dès l'abord, leur doyen, personne fort prudente,
Opina qu'il fallait, et plus tôt que plus tard,
Attacher un grelot au cou de Rodillard :
  Qu'ainsi, quand il irait en guerre,
De sa marche avertis ils s'enfuiraient sous terre. »

(*La Fontaine.* Conseil tenu par les rats.)

Grelot (Avoir son). — Avoir sa marotte.
« Combien de sortes de diverses folies parmi les hommes ! Il est vrai que j'ai aussi mon grelot. »

(*Diderot.*)

Grelot (Faire péter son). — De ceux qui, après avoir longtemps jacassé comme des pies-borgnes ou qui, pris d'un fou rire, ne peuvent plus articuler une parole, on dit qu'ils *s'en font péter le grelot*.

Grelot (Mettre une sourdine à son). Variante de baisser son diapason.

Grosse caisse. — Prison. (Argot de régiment.)
C'est le violon militaire. Cet instrument étant inconnu au régiment, on l'a remplacé par la *grosse caisse*, probablement parce que dans cette prison on enferme les soldats qui se sont permis de *raisonner* avec leurs supérieurs ou qui se sont flanqué un *coup de tampon* avec leurs camaraux.

(Voir *Violon*, *Femme du régiment*).

Grosse caisse (Battre la). — Faire de la réclame. (Argot universel.)

Ce sont les arracheurs de dents qui, les premiers, ont eu l'idée de faire usage de la *grosse caisse*, pour attirer d'abord l'attention des badauds, pour étouffer ensuite les cris du patient dont ils extraient les molaires sans douleur.

Depuis, la *grosse caisse* est passée dans nos mœurs. Tout le monde en joue plus ou moins, pour mettre en pratique cet aphorisme de L. Reybaud: « Les pièces de 20 francs sont comme les soldats, on les rassemble en *battant la caisse.* »

Les compositeurs de musique, habitués à écrire pour cet instrument d'orchestre, ne dédaignent pas d'en pincer quelquefois. A peine un opéra vient-il de naître qu'on apprend soudain que deux riches éditeurs s'en disputent la partition à coups de papier Joseph. L'ouverture de cet opéra, dit un journal, a été composée, copiée et répétée en une demi-heure. Enfoncé Boïeldieu! Boum!

Les virtuoses de concert connaissent assez bien le doigter de cet instrument de persécution. L'un d'eux fait annoncer qu'il jouera son Carnaval de Venise sur un Stradivarius dont il vient de refuser 50 000 francs au comte de Z... Un autre informe le public qu'il exécutera son quadruple coup de langue sur un cornet à pistons en or. (Les pistons seulement.)

Une justice à rendre aux chanteurs c'est qu'ils

manient la *grosse caisse* avec plus de virtuosité que les instrumentistes.

Pendant que leurs noms s'étalent en lettres gigantesques sur tous les kiosques et que leurs photographies attroupent les badauds à la porte de tous les libraires, les étoiles du chant inondent la quatrième page des journaux de leurs personnalités bruyantes.

Aujourd'hui le monde étonné apprend tout à coup qu'un barnum anglais vient d'offrir à la célèbre Mlle *** un pont d'or, si elle consent à passer le détroit.

Demain les populations lisent avec émotion les détails du terrible accident de voiture qui a failli ravir l'illustre **** à l'art musical.

Habitués à jouer la comédie et même le drame, ces *batteurs de grosse caisse* composent pour leur instrument une série de fantaisies variées où le vol, l'incendie, le duel, la tentative d'assassinat, habilement agencés, les posent en victimes auprès des foules qui les acclament et des directeurs qui remplissent leur grosse caisse de cigales sonnantes.

Gros violon. — Nom donné au violoncelle ou à la contrebasse par le peuple, peu familier avec l'argot des musiciens.

Guimbarde. — Voix, parole (Argot populaire.) La guimbarde est un petit instrument d'acier composé d'une lame vibrante fixée au centre d'une tige recourbée en forme de lyre et dont on presse les extrémités entre les lèvres afin de varier les intonations de cette lame vibrante qui fait l'office d'anche libre.

Autrefois la *guimbarde* s'appelait trompe de Béarn, trompe à laquais. Suivant Génin, de ce joujou populaire est née la métaphore se tromper de quelqu'un, tromper quelqu'un, s'en amuser, s'en faire un jouet.

L'argotisme *guimbarde* continue la tradition de la trompe, en faisant allusion à la parole qui, d'après un philosophe grincheux, n'aurait été donnée à l'homme que pour déguiser sa pensée.

Guimbarde. — Guitare détraquée, dont les aigres vibrations rappellent le *guim-guim* de la trompe de Béarn.

Guimbarde. — Voiture disloquée dont les ressorts détraqués produisent le bruit d'un orchestre de guimbardes.

Guimbarde. — Horloge à poids.
Allusion au son bruyant et cassé produit par les engrenages quand on remonte cette horloge ou quand elle sonne les heures.

Guimbarde. — Porte qui chante parce qu'on a oublié d'en graisser les gonds.

Ceux qui ont visité le vieux château de Baden, dit G. Kastner, se rappellent peut-être que la porte de pierre d'un caveau, dans le souterrain où siégeaient les Francs-Juges, donne naturellement, lorsqu'on l'ouvre, le contre *ut* au grave.

Guitare. — Rengaine. (Argot des gens de lettres.)

Allusion aux ressources bornées de la guitare qui la condamnent à de perpétuelles redites, quand elle n'est pas maniée par un Huerta.

Celui-ci savait trouver de nouveaux effets de guitare jusque sur les affiches de ses concerts.

On lisait, le 14 novembre 1828, sur les murs de la capitale :

Grand concert de M. HUERTA
Guitariste espagnol.

Nota. — *On croit que M. Rossini assistera à ce concert.*

Guitare (Acteur). — Acteur qui ne varie pas assez ses effets et n'obtient d'applaudissements que dans certains rôles larmoyants, par exemple Bouffé et Mme Rose Chéri. (Dictionnaire des coulisses.)

(Voir *Vendre son piano*.)

Guitare (Avoir une sauterelle dans la). — Avoir le cerveau un peu détraqué.

Ce trope populaire, cité par le Dictionnaire de l'argot des typographes, a deux variantes plus usitées : Avoir un hanneton dans le plafond, avoir une araignée dans la coloquinte.

Les Grecs n'avaient pas *une sauterelle dans la guitare,* mais *une cigale sur la cithare.*

Il est dommage que la guitare soit démodée, car l'image de la sauterelle, diva au corset vert, condamnée à chanter dans sa prison à cordes, aurait pu caractériser la manière de certains compositeurs dont l'art consiste à rendre le chant esclave de l'accompagnement et à étouffer la voix sous un déluge instrumental. (Voir *Cigale.*)

Guitare (Pincer de la). — Se faire mettre en prison. (Voir *Pincer de la harpe.*)

Guitariste. — Rabâcheur.

H

Harmonica bachique. — Verres à boire. (Argot des membres du caveau.)

« La musique, disait C. Blaze, est un punch dont

la tonique, la tierce et la quinte sont fournies par le rhum, le sucre et le citron. Accord doux, piquant, énergique ; ensemble ravissant dont les précieuses fractions donnent un reflet de topaze à l'*harmonica* de cristal en bataille rangé .. »

> Le premier buveur d'eau claire
> Qui tira des sons d'un verre
> Contre Bacchus forniqua,
> Et pour moi qui ne m'éveille
> Qu'aux glouglous de la bouteille
> Voici mon harmonica :
>
> Et tic, et tic, et tic, et toc (*bis*)
> De ce bacchique tintin
> Vive le son argentin !
>
> Désaugiers.

Harpagon. — Avare. (Argotisme créé par Molière.)

Saint-Amand, ancien comédien de province, était un type d'avarice et d'égoïsme. Il aimait à faire de la musique, mais personne ne devinait pourquoi, pouvant jouer du violon, il donnait depuis quelque temps la préférence au lugubre alto.

— Hé, hé ! répondait l'avare, c'est que l'alto ayant plus de pauses à compter, on use bien moins de cordes.   (Lafitte. *Mémoires de Fleury*.)

Un musicien insolvable donnait, pour s'acquitter, des leçons gratuites de violoncelle à un *harpagon*.

Après quelques séances, celui-ci renonça à l'étude de cet instrument, parce qu'il fallait *jouer du pouce*.

(*Musicorama*.)

Le tintamarresque Commerson a défini la harpe à double mouvement d'Érard, une *harpe à gonds*.

Harpe. — Barreaux de fenêtre d'une prison. (Argot des voleurs.)

Étude de Harpe.

Derrière les barreaux d'acier de sa Bastille,
    In carcere duro,
Le vieux harpiste rêve et croque une pastille.
    Ou joue un allegro.

En vain, de son cachot il ébranle la grille
    Unguibus et rostro.
— «Quel martyre ! dit-il. Suis-je de ta famille,
    Ombre de Pellico ?

S'ils t'avaient mis sous clef, tes bourreaux de Venise,
    Minima de malis,
Sous mes deux clefs de sol et de fa, j'agonise.
    Et pas un tourne-vis !..

Moisir, ô Liberté, dans ce Paris qui crie :
    Panem et circences !
Moi que grise l'air pur de ton ciel, Italie,
    Quand je fume un londrès !

Avoir bu de l'azur, s'être dit : ô Capoue !
    Sol lucet omnibus !
Et rentrer, chaque soir, pataugeant dans la boue,
    Sans trouver d'omnibus !

Tourne, tourne en ta cage et baise tes menottes :
    Honos alit artes !
Courbe le dos, esclave, en arpégeant des notes
    Sous le bâton d'Altès. »

Mais près du vieux harpiste, un violon prélude.
    — *I retro, Satanas !..*
Tra la la !.. Quel est donc cet air ?..
              — Monsieur Latude,
C'est un air de Mazas.

        E. GOUGET. *Paris-Orchestre.*

Harpe (Craindre la). — Avoir peur d'être pris, de tomber sous la main ou entre les griffes de la justice.

    (Voir *Pincer de la harpe, de la guitare.*)

Harpe (Jouer de la). — Voler. (Argot des voleurs.)

Au propre, le joueur de harpe a les doigts crochus pour saisir les cordes et les faire vibrer. Or, on sait le sens que l'on attache aux doigts crochus.

                      (Voir *Harpion.*)

Harpe (Jouer de la). — « S'assurer, comme Tartuffe, et dans le même but que lui, auprès d'une femme, que l'étoffe de sa robe est moelleuse. »

(Delvau. *Dictionnaire de la langue Verte.*)

(Voir *Accordeur de piano.*)

Harpe (Pincer de la). — Se faire mettre en prison. (Argot des voleurs.)

(Voir *Pincer de la guitare.*)

Diogène louait seul un pesant joueur de harpe exécré de tout le monde. On lui en demandait la raison : « Je le loue, dit-il, de ce qu'avec un talent pareil, il a eu le courage de se faire joueur de harpe plutôt que voleur.

(Diogène de Laërte.)

Harper. — Se dit d'un cheval qui hausse trop les jambes. (Argot des vétérinaires.)

Allusion au jeu du harpiste. Autrefois *harper* se disait pour jouer de la harpe.

(Voir *Jouer du piano, Musette.*)

Harpie. — Femme acariâtre, toujours prête à jouer des griffes.

Quand Neptune alla déclarer à la mairie du 21e les filles qu'il avait eues d'Amphitrite, ayant fait remarquer à l'officier municipal qu'elles avaient les mains crochues comme celles des joueurs de harpe, il les fit inscrire sous le nom de *Harpies*.

Harpigner (Se). — Se battre à coups de griffes, s'égratigner. (Argot populaire.)

(Voir *Contrepoint, se crocher.*)

Haut. — Aigu, à vibrations rapides. (Argot musical.)

La limite extrême dans le *haut* de la voix humaine est d'environ 4200 vibrations par seconde, correspondant au contre ut suraigu, son donné par la Bastardella d'après le témoignage de Mozart.

(Voir *Bas.*)

Hautbois (Jouer du). — Être pendu. (Vieil argot populaire.)

Sorel, dans son Histoire comique de Francion (1622), dit que : « La trahison joue de la *trompe*, car elle trompe tout le monde, et la justice joue du *haut-bois*, parce qu'elle fait élever des potences où l'on attache le coupable. »

« Nos anciens, dit C. Blaze, dans son Molière musicien, étaient à tel point familiarisés avec les supplices, qu'ils en plaisantaient, empruntant à la musique de burlesques métaphores pour un objet si déplorable. Le pendu *jouait du hautbois, dansait le branle des évêques,* en donnant avec ses pieds la bénédiction à toute l'assistance, et la petite corde mise au bout de la grosse pour former le nœud était appelée *chanterelle du bourreau.* »

On voit donc que le hautbois de nos facétieux ancêtres était à la fois un instrument à vent et à corde.

Voici un quatuor de télégrammes qui prouvent que cette dénomination n'est pas tout-à-fait tombée en désuétude.

Chef d'orchestre à confrère: « Avant de m'envoyer ton *oboè* (hautbois à la mode italienne), dis-moi comment il va à l'orchestre. » — Réponse laconique du confrère: « O. J. B » — Le chef d'orchestre, après avoir épelé la dépêche: « Si ton *oboè* va à l'orchestre comme *au gibet*, garde-le et pends-le. » — Le confrère: « Imbécile, O. J. B. veut dire, en abrégé: *Oboè Joue Bien.* »

(*Musicorama.*)
(Voir *Chanterelle de bourreau.*)

Homme-Orchestre. — Musicien ambulant jouant à la fois de plusieurs instruments.

Dans son étude sur les célébrités de la rue, J. B. Gouriet cite un type d'*homme-orchestre*, plus connu, sous le premier empire, par la dénomination de musicien des promenades.

« Cet artiste ingénieux, dit-il, s'est imaginé de mettre toute sa personne en œuvre: il fait entendre à lui tout seul un double flageolet, une harpe, un tambourin, et, en outre, des cymbales et un groupe de sonnettes attachées à deux petites branches de fer qu'une ficelle fait mouvoir;

« Tel autrefois César, en même temps,
Dictait à quatre, en styles différents. »

L'homme-orchestre n'est pas resté indifférent aux progrès modernes de l'instrumentation. Il n'est pas rare aujourd'hui de rencontrer un de ces artistes nomades tournant de la main droite la manivelle d'un orgue de Barbarie, battant du triangle de la main gauche, frappant d'une mailloche attachée à son coude, une grosse caisse suspendue sur son dos, faisant sonner une paire de cymbales accrochées à ses genoux et claquer avec ses pieds une paire de castagnettes, soufflant dans une flûte de Pan cousue à sa cravate, et agitant les grelots d'un pavillon chinois planté sur sa tête.

Les artistes ambulants redoutent le voisinage de *l'homme-orchestre* dont l'instrumentation bruyante étouffe leur modeste voix.

Gouriet raconte que le musicien des promenades eut un jour maille à partir avec un de ses confrères jouant de la serinette. Celui-ci se fâcha et on en vint, de part et d'autre, à des apostrophes très vives.

— « Qu'êtes-vous donc? lui disait le musicien des promenades, un tourneur de manivelle!

— Et vous, répliqua le joueur de serinette, qu'êtes-vous donc? un musicien à coups de pieds et à coups de poings.

A ce mot, *l'homme-orchestre* se leva furieux, mais, retenu par les différentes ficelles qui l'attachaient à ses instruments, il chancela et roula à dix pas de là avec son orchestre, aux applaudissements des gamins. »

Hymne. — Argotisme hermaphrodite du sexe masculin à l'armée, du sexe féminin à l'église.

Ce qui aura probablement décidé l'Académie Française à marier ce mot avec lui-même, c'est qu'il est l'anagramme d'*hymen*.

(Voir *Orgue.*)

I

Impossible. (Musique). — Extravagance musicale. (Argot populaire.)

Le dilettante difficile ou l'aimable confrère remplace cette qualification par un mouvement d'épaules, ponctuant cette phrase dédaigneuse : « On ne fait pas de la musique comme çà!... »

« J'aime ce mot du baron de Gleken, ministre de Danemark. Un musicien exécutait une sonate de violon de la plus grande difficulté.

— Avouez, lui dit une dame, que ce qu'il joue est bien difficile.

— Oui, madame, répondit-il, je voudrais même que cela fut *impossible.* »

(Grétry. *Essais sur la musique.*)

Inchantable. — Opinion de presque tous les chanteurs sur la musique qu'on leur destine.

Indéchiffrable. — Se dit d'une musique impossible à lire.

Les anciens contrepointistes se plaisaient à composer des pièces de musique *indéchiffrables* pour les musiciens qui n'en avaient pas la clef. Ces sortes de rébus à musique, appelés canons énigmatiques, non seulement étaient susceptibles d'un nombre illimité de solutions, mais encore leur tracé graphique affectait les formes les plus bizarres, un cœur, une croix, etc.

Voici un canon de Werkmeſter. Berardi l'appelle le nœud de Salomon et Kircher le labyrinthe.

(1er chœur).

(2° chœur).

Ce canon est composé pour 96 voix à 24 chœurs !...
Chérubini exerçait sa patience à deviner ces rébus.

Pendant longtemps, les dernières productions de Beethoven ont été jugées *indéchiffrables*.

Un musicien de l'école des incohérents présentait un jour une de ses élucubrations à G. Kastner pour en connaître son avis.

— « Votre musique, répondit celui-ci, est aussi difficile à *déchiffrer* qu'à *défricher*. »

Un jour Rossini *déchiffrait* une partition d'un compositeur allemand. Un ami s'approche et remarque que le maëstro tenait la partition à l'envers.

— « Mais, que faites-vous ? Vous lisez à rebours ? »

Et Rossini, avec un zézayement malin, répondit :

— « J'ai essayé de l'autre côté, ça n'allait pas. »

(Voir *Déchiffrer*, lire à livre ouvert.)

Ingrat (Instrument.) — Se dit d'un instrument qui ne sait pas reconnaître la peine qu'on se donne pour l'apprendre. (Argot des bourgeois).

« Je connais un violon de l'opéra qui a une grande reconnaissance pour le mont-de-piété; c'est un fameux démenti au proverbe qui dit que le violon est un *instrument ingrat.* »

(Commerson. *Rêverie d'un étameur.*)

Injouable. — L'idéal du virtuose compositeur.
A. Blondeau raconte que Pierre Locatelli avait dans sa jeunesse une aversion insurmontable pour le violon et que, dans un accès de colère, causé par la persévérance de son père à lui faire travailler cet instrument malgré lui, il se coupa les chairs entre le quatrième et le cinquième doigt de la main gauche, avec un canif, espérant que cette blessure le délivrerait pour toujours du violon qui lui était odieux. On lui laissa effectivement le temps de se guérir de sa blessure et on ne lui parla plus de cet instrument; mais, plus tard, le goût lui vint de travailler le violon et il s'y mit avec passion. La blessure qu'il s'était faite, loin de l'estropier, comme on aurait pu le craindre, lui avait procuré, à l'avantage de cette main, un écartement extraordinaire. Il composa entre autres des Caprices pour le violon, dont l'exécution est une espèce de problème qui ne peut s'expliquer que par la disposition accidentelle

de sa main qui lui permettait de faire ce qu'aucun autre ne pouvait ou ne pourrait tenter.

(Histoire de la musique.)

Voici un échantillon d'un de ses Caprices énigmatiques, intitulé « le Labyrinthe. »

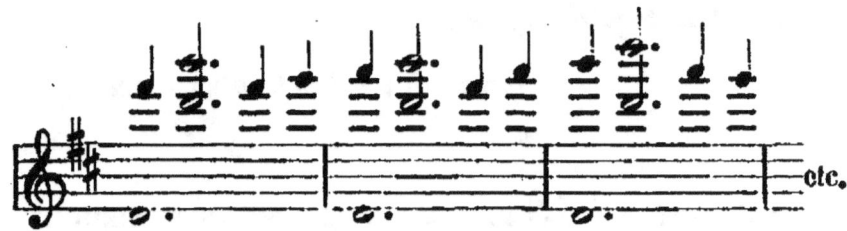

J

Jambon, Jambonneau. — Violon. (Argot d'orchestre.)

La couleur et la forme de ces deux objets ont quelque analogie. A ceux qui, trouvant ce rapprochement bizarre, s'indigneraient de voir la charcuterie envahir le domaine de l'art nous rappellerons qu'au XVIIe siècle, la contre-basse du hautbois était appelée *cervelas* et qu'au moyen âge, on se servait d'un violon à trois cordes, la *gigue* (de giga, jambe, cuisse), ainsi nommé à cause de sa ressemblance avec un *gigot*. En allemand, le violon se nomme *geige*.

Les Espagnols ne disent-ils pas *gratter le jambon* (rascar el jamon), pour jouer de la guitare?

Jeton (Chanter ou jouer faux comme un). — Les jetons représentent, au jeu, des valeurs de convention. De plus, la plupart de ces jetons sont fabriqués, dit-on, avec les vieilles touches des pianos mis au rebut, instruments accordés par tempérament, c'est-à-dire possédant une justesse approximative qui justifie pleinement la métaphore.

Jeunes (Les). — Compositeurs de musique que l'émotion de voir enfin reçu un de leurs opéras, rend subitement sourds et chauves. (Argot des directeurs des théâtres lyriques.)

Un prix de Rome (*Retour d'Italie*).

Composerai-je
Cet opéra ?.. Si j'avais su...
... poserai-je
Longtemps avant d'être reçu?
.... oserai-je
Faire valoir ce que je vaux?
..... serai-je
Couvert de chut ou de bravos?
.... ai-je
Le toupet qu'il faut pour... ma foi!
.... je
Leur dis Flûte ! et me tiens coi.

Paris-Orchestre. E. GOUGET.

— Persévérons, nous percerons, disait un vieux compositeur à l'un de ses confrères. Rameau était presque sexagénaire quand il cueillit ses premiers lauriers.

— Hélas! fit l'ami découragé, il est aujourd'hui aussi difficile de percer à l'Opéra que l'isthme de Panama.

Jouailler. — Jouer négligemment ou médiocrement d'un instrument. (Argot musical.)

Jouer. — La musique instrumentale, étant considérée comme un art d'agrément, du moins par ceux qui la pratiquent, ceux-ci trouvèrent tout simple d'exprimer cette distraction par le verbe *jouer*.

Pourtant on disait autrefois *sonner* d'un instrument, lui faire produire des *sons*.

Peut-être jouer ne s'appliqua-t-il, dans le principe, qu'aux seuls instruments à vent qui se sonnaient en gonflant la *joue*, ou dont le pavillon menaçant avait l'air de tenir l'auditoire *en joue*.

(Voir *En mouiller, en patiner, en pincer.*)

Jouer en si. — Pendant les entr'actes, ou même pendant la représentation d'un opéra, les musiciens ont l'habitude de se livrer à une série de jeux de mots tintamarresques.

— « Quelles sont les notes de la musique le plus en désaccord? demande un violon.

— Si et ré, répond une contre-basse, car il y a toujours *l'ut* entre elles. »

— « Quel est le comble de l'art du copiste ? fait à son tour le timbalier.

— C'est, riposte une clarinette, copier de la musique sur une *portée* de chats. »

Débiter ces calembredaines c'est *jouer en si* (scie).

Jouer le second violon. — Remplir un rôle subalterne. (Argot anglais.)

K

Kaléidoscope. — Musique faite pour l'œil plutôt que pour l'oreille. (Argot des musicistes.)

Le *Kaléidoscope* (du grec Kalos, beau; eidôs, forme; skopeô, voir) est un instrument d'optique composé d'un tube où sont disposés des miroirs plans destinés à réfléchir de petits objets de toutes les couleurs placés au fond du tube.

Dans la *musique kaléidoscopique* des compositeurs sans idées, chez lesquels l'inspiration est remplacée par la réflexion, les notes de la gamme semblent réfléchies comme par des miroirs dans toutes les tonalités et, au moyen des artifices du contrepoint, le dessin harmonique de la partition affecte mille formes bizarres qui intéressent l'œil de l'amateur.

« Ceux qui entassent des notes sans plan, sans ordre, imitent les peintures chinoises dont le beau coloris frappe seulement les yeux, mais où l'on cherche en vain la régularité du dessin. »

(*La musique*; Yriarte, 1779.)

Kaléidoscope s'applique également aux opéras dont la musique est entourée d'un luxe exagéré de mise en scène.

Voici une des mille épigrammes que fit éclore l'apparition du chef-d'œuvre d'Halévy :

« — Non, non, je ne veux plus attendre,
A l'Opéra j'irai ce soir ;
On y jouera la *Juive*, et je voudrais l'entendre.
— L'entendre ? dites-vous.. Moi, j'y vais pour la voir. »

(*Le Pianiste*, 1834.)

On a comparé la harpe éolienne à un *Kaléidoscope*, à cause des combinaisons aussi variées qu'imprévues que le courant d'air tire de ses sons harmoniques.

Kyrielle. — Longue suite, ribambelle. (Argot des bourgeois.)

Allusion à l'interminable chapelet d'ora pro nobis dont se compose le chant des litanies, commençant par les deux mots grecs consacrés : *Kyrie eleison*, Seigneur, ayez pitié de nous.

L

La (Donner le). — Au propre, c'est mettre les instruments de musique au diapason. Au figuré, c'est donner le ton en matière de modes et d'usages mondains. (Argot.)

Le diapason musical est d'acier, celui du monde est rond et juste comme de l'or. On pourrait lui donner le nom de chrysophone. C'est à ce diapason universel que s'accordent toutes les prétentions. Le chrysophone fait baisser tous les scrupules et hausser les plus basses convoitises.

La (Prendre le). — Se mettre au ton de quelqu'un, le copier dans ses manières et jusque dans ses défauts. (Argot mondain.)

Allusion au *la* que les musiciens prennent sur la fourchette harmonique, afin d'accorder leurs instruments.

(Voir *Diapason*, *Fourchette*.)

Lanlaire (Envoyer faire). — Envoyer promener. (Argot populaire.)

Littéralement *faire lanlaire* signifie chanter un refrain insignifiant.

On le mit dans un collège
Pour apprendre le latin;
Il jouait, le sacrilège!
Il fumait, le libertin!
   Lanlaire, lanla.
Et quand le maître sévère
Le condamnait au pain sec,
Sa nourriture ordinaire,
Il lui répondait en grec :
   Va te faire
   Lanlaire !

G. NADAUD. *Chansons populaires.*

Larynx (Jouer du). — « Un opéra, dit Berlioz, n'est souvent qu'un prétexte pour faire briller des chanteurs venant sur la scène *jouer du larynx* comme, dans un concert, les virtuoses y viennent jouer de la clarinette ou du hautbois. »

(*A travers chants.*)

Litanies (Chanter des). — Kyrielle de plaintes ou d'injures. (Argot des bourgeois.)

Allusion à la ribambelle de saints qui défilent à la queue leu leu dans le chant monotone des litanies. (Encore un mot tiré du grec, *litaneia*, prière, supplication.)   (Voir *Kyrielle, Ritournelle.*)

Lit-notes (Tête de). — Jeu de mots que les envieux appliquent quelquefois aux jeunes lauréats du Conservatoire de musique.

Livre ouvert (Lire à). — Lire à première vue. (Argot musical.)

Pour lire à livre fermé, il faudrait nécessairement être doué de la seconde vue.

« Il ne faut jamais, dit Krisostauphe Clédeçol, refuser de déchiffrer devant ceux qui n'entendent rien à la musique : on joue ce qu'on sait par cœur et l'on passe pour habile homme. On peut faire placer adroitement de la musique étudiée à l'avance dans un paquet qui vous sera présenté pour déchiffrer. » (Dictionnaire burlesque.)

(Voir *Déchiffrer*.)

L'Op. — Abréviation usitée chez les gavroches pour désigner l'Opéra.

Pourquoi ne fait-on pas une pension aux vieux musiciens, comme aux artistes de *l'Op.*, afin de ne pas les laisser mourir à *l'Hop.* ?

Loups. — Nom donné, autrefois, aux intervalles altérés par tempérament et qui font ressembler le clavier à une mâchoire d'où les dissonances sortent en hurlant.

Lullistes. — Nom des fanatiques de la musique de Lulli dans la guerre qui se fit autour des partisans de Rameau.

Voici un échantillon des aménités que les Lullistes prodiguaient au maëstro français.

Distillateurs d'accords baroques
Dont tant d'idiots sont férus,
Chez les Thraces et les Iroques
Portez vos opéras bourrus.
Malgré votre art hétérogène,
Lulli, de la lyrique scène,
Est toujours l'unique soutien.
Fuyez, laissez-lui son partage,
Et n'écorchez pas davantage
Les oreilles des gens de bien.

J. B. ROUSSEAU.
(Voir *Ramistes*.)

Lurelure (A). — Au hasard, à l'étourdie. (Argot populaire.)

Lure-lure, mot servant de refrain à beaucoup de vieilles chansons, est une onomatopée du son de la *loure*, nom patois de la cornemuse [1].

Faire une chose *à lure-lure*, c'est ne pas y donner plus d'importance qu'à un air de musette, c'est la faire machinalement comme le cornemuseux prend son instrument pour jouer la première bourrée qui lui vient à l'esprit.

Luron. — Boute-en-train, ami de la bonne chère et des joyeux refrains et pratiquant la maxime : « Quand la cornemuse (*loure*) est pleine, on en chante que mieux. »

---

[1] Pour nos musiciens modernes, *lourer* c'est accentuer la première note de chaque temps de certains airs rustiques, à la façon des cornemuseurs.

Dans l'argot des voleurs, *luron* signifie l'hostie consacrée. Fr. Michel dérive cet argotisme de *le rond*, qui a la même forme que le profil de la *loure*.

Luthier. — Fabricant d'instruments à archet, violons, altos, basses, contrebasses, guitares, mandolines, en un mot, de toutes sortes d'instruments à cordes, hormis des luths. (Argot industriel).

Cet argotisme peut aller de compagnie avec *perruquier :* barbier, et *arquebusier :* fabricant de fusils.

Choron avait proposé de remplacer *luthier* par *violinier*. Mais l'usaaage !...

Si jamais le bon sens parvient à chasser le *luthier* du vocabulaire musical, ce ne sera pas sans lutte.

Lyre, luth, théorbe, etc. — Instruments de parade employés dans le jargon des poètes.

> O muse ! je t'invoque. Emmielle-moy le bec
> Et bande de tes mains les nerfs de mon *rebec*.
>
> M. Régnier. *Le souper ridicule.*

> J'ai chanté sur la *cornemuse*
> Maint dizain, voire maint onzain ;
> Mais jamais l'effort de ma muse
> Ne m'a pû produire un douzain [1].
>
> Saint-Amand.

[1] Douzain, pièce de monnaie.

«Le poète chantait, quand la *lyre* fidèle
S'échappa tout-à-coup de sa débile main ;
Sa lampe mourut et, comme elle,
Il s'éteignit le lendemain. »

MILLEVOYE. *Le poète mourant*.

«Au moment du travail, chaque nerf, chaque fibre
Tressaille comme un *luth* que l'on vient d'accorder.»

A. DE MUSSET.

«Ne rougis pas, ô mon génie !
Quand ta corde n'aura qu'un son,
Harpe fidèle, chante encore
Le Dieu que ma jeunesse adore,
Car c'est un hymne que son nom.»

A. DE LAMARTINE. *Harmonies*.

«L'homme est petit, ingrat et vain,
Dans les champs tout vibre et soupire.
La nature est la grande *lyre*,
Le poète est l'*archet* divin. »

V. HUGO. *Rayons et Ombres*.

Les poètes classiques se montraient fort chatouilleux à l'endroit de l'instrument que leur muse avait adopté. Les lyriques n'entendaient pas que les harpistes ou les luthiers eussent l'audace d'en pincer sans autorisation.

Tout le monde connaît la chanson :

«O ma tendre musette,
Musette mes amours. »

« Cette chanson, dit E. Fournier, est le plus beau titre lyrique de La Harpe. Un jour qu'on vantait devant Delille les élans dithyrambiques du poète de Mélanie, l'abbé coupa court à cet enthousiasme en disant :

« De l'admiration réprimez le délire,
Parlez de sa *muselle* et non pas de sa *lyre*. »

Citons, pour conclure, le spirituel apologue que Clément Caraguel contait en 1852 aux lecteurs du *Charivari*.

« On raconte que le calife Aroun-al-Raschild fit venir un jour dans son palais trois poètes de l'académie de Bagdad. Ils arrivèrent d'un pied léger, le visage riant, persuadés que le calife voulait augmenter leurs pensions ou leur donner quelque décoration nouvelle.

L'un avait publié des épîtres, l'autre des élégies et des stances, le troisième un poème épique. Tous avaient fait des tragédies.

— Approchez, mes amis, dit le calife; je vous ai mandés pour savoir de vous la définition de certains mots dont vous vous servez dans vos poésies et dont je n'ai encore pu me rendre bien compte.

— Sublime calife, répondit un des trois poètes, lumière des vivants, puits de sagesse...

— Bien, bien, interrompit Aroun, laissons les

compliments et venons au fait. Vous alliez me dire sans doute que vous étiez prêts à me répondre. Eh bien, qu'est-ce que ce *luth* dont vous parlez si souvent? Vous dites: la muse m'inspire, je prends mon *luth*; je vais accorder mon *luth*, où est mon *luth*? n'aurait-on pas par hazard volé mon *luth*? qu'on me l'apporte, je vais chanter.

— Sublime calife, dit le poète avec un certain embarras, ce sont là des façons de parler.

— Alors, s'écria Aroun, on n'a jamais vu de *luth*, on ne sait pas ce que c'est?

— Mon Dieu, non; il est convenu, entre nous autres poètes, que nous jouons du *luth*.

— Et pourquoi est-ce convenu?

— Pour faciliter nos exercices poétiques; c'est une manière tout à fait aisée d'entrer en matière et d'en imposer au vulgaire; cela remplace quelquefois l'inspiration.

— Je le vois bien, dit le calife, et se tournant vers un autre poète: — Vous qui vous vantez fréquemment d'avoir une *lyre*, dites-moi un peu ce que c'est.

— J'avoue, sublime calife, répondit le poète, que la *lyre* est un instrument de convention.

— Comme le *luth*?

— Absolument.

— Et vous faites semblant de savoir en jouer?

— Il le faut bien, sublime calife; la poésie a ses licences, et...

Méli-mélo. — Drame à musique dont les situations sont aussi embrouillées que les doubles croches. (Argot de critiques.)

Mélodiphobes. — Fabricants de musique régulière, mais dépourvue d'invention, de sentiment et de mélodie. Argotisme forgé par Castil Blaze, du grec *melos*, chant, *phobos*, aversion.

Les musicastres qui affichent une sainte horreur pour la mélodie nous font ressouvenir du fameux renard gascon, d'autres disent germain. Si l'orthopédiste Panseron vivait encore, ils seraient les premiers à courir faire rebouter leurs élucubrations, au fond de ce cabinet célèbre, dont Berlioz rédigea l'enseigne si plaisante:

CABINET DE CONSULTATIONS

POUR LES

Mélodies secrètes.

Mélomane. — Aimant la musique avec passion. Argotisme forgé du grec *melos*, chant et *mania*, manie.

On dit également *musicomane* ou *musicophile*.

Un jour, après avoir entendu la symphonie avec chœurs de Roméo et Juliette, un *mélomane* dit à Berlioz:

« Vous devriez écrire un opéra sur ce sujet; à la manière dont vous l'avez traité en symphonie et dont vous comprenez Shakespeare, vous feriez quelque chose d'inouï, de merveilleux.»

— «Hélas! répondit le maëstro, où sont les deux artistes capables de chanter et de jouer les deux rôles principaux? Ils n'existent pas; et, existassent-ils, grâce aux mœurs musicales et aux usages qui règnent à cette heure dans tous les théâtres lyriques, si je mettais à l'étude un pareil opéra, je serais sûr de mourir avant la première représentation.»

— «Eh! bien, mourez! mais faites-le! s'écria le *mélomane* forcené.»

Mélomanie. — Passion de la musique.

« Un jeune musicien provençal, raconte Berlioz, sous l'empire des sentiments passionnés qu'avait fait naître en lui *la Vestale* de Spontini, ne put supporter l'idée de rentrer dans notre monde prosaïque, au sortir du ciel de poésie qui venait de lui être ouvert; il prévint par lettres ses amis de son dessein, et, après avoir entendu encore une fois le chef-d'œuvre, objet de son admiration extatique, pensant avec raison qu'il avait atteint le maximum de bonheur réservé à l'homme sur la terre, un soir, à la porte de l'Opéra, il se brûla la cervelle. »

(*A travers chants.*)

Mélophobe. — Ayant la musique en horreur. (Argot forgé du grec *melos*, harmonie, *phobos*, aversion.)

On dit également *musicophobe*.

L'abbé Galiani détestait la musique française qu'il trouvait trop bruyante.

Après l'incendie de la salle du Palais-Royal, sous Louis XV, l'Opéra ayant été transporté aux Tuileries, on se plaignait que la nouvelle salle fut sourde :

— « Qu'elle est heureuse ! s'écria le *mélophobe*. »

Mélophobie. — Horreur de la musique.

« La poésie et la musique, que l'on croirait sœurs, sont plus antipathiques qu'on ne le pense généralement.

Victor Hugo hait principalement les orgues de Barbarie ; Lamartine s'enfuit à toutes jambes quand il voit ouvrir un piano ; Alexandre Dumas chante à peu près aussi bien que mademoiselle Mars, ou feu Louis XV, d'harmonieuse mémoire ; et moi-même, s'il est permis de parler de l'hysope après avoir parlé du cèdre, je dois avouer que le grincement d'une scie ou celui de la quatrième corde du plus habile violoniste me font exactement le même effet. »

(Théophile Gautier. *Les grotesques.*)

C'est ce poète mélophobe qui a trouvé cette définition :

« La musique est le plus cher et le plus désagréable de tous les bruits. »

Méloplats. — Sobriquet que l'on donnait en 1820 aux partisans de la méthode du *méloplaste*, système d'enseignement musical inventé par le célèbre Galin. (Argot des professeurs.)

Ménétrier. — Musicien ambulant râclant du violon dans les guinguettes. (Argot populaire.)

Les artistes emploient quelquefois ce mot, en terme de mépris, pour désigner un mauvais musicien.

Ménétrier, autrefois *ménestrier*, est une corruption de *ménestrel*. Au XIVe siècle, les musiciens français formaient une association nommée *ménestrandie*.

Le quartier qu'ils occupaient s'appelait la rue des *ménestriers*. Cette voie, démolie il y a une quarantaine d'années, occupait l'emplacement actuel de la rue Rambuteau.

Aujourd'hui le moindre *ménétrier* a le droit de se considérer comme l'égal d'un *ministre*, puisqu'ils descendent tous les deux en droite ligne du latin *minister*, serviteur.

Ménure-lyre. — Oiseau chanteur de la Nouvelle-Hollande, dont les plumes de la queue, disposées en éventail, figurent une *lyre* à seize cordes. (Argot zoologique.)

Mère Gaudichon (Chanter la). — S'amuser, être en goguettes. (Argot populaire.)

Cette fameuse chanson de *la mère Gaudichon* a bien intrigué les commentateurs.

Kastner se demande si cette brave commère n'est point l'aïeule de la mère Grégoire, chantée par Béranger.

Fr. Michel prétend en avoir retrouvé l'origine dans la chanson de l'*Amy Baudichon*, antérieure au XVe siècle.

N'est-il pas plus probable que cette *mère Gaudichon* dont le nom commence si joyeusement (*Gaudium*, joie,) et qui rime si bien à *sucer le cruchon*, ne soit qu'un mot macaronique forgé par quelque chantre frotté de latin, et que l'expression de *chanter la mère Gaudichon* ne soit qu'un synonyme d'*entonner*[1]?

(Voir *Chantre*.)

Messes (Chanter des). — Boire fréquemment. (Vieil argot.)

Allusion à la consécration du vin que fait le prêtre pendant la messe.

Méthode Chevé. — « Manière de jouer au billard contraire à l'usage : y jouer avec une cuiller, avec les doigts, avec deux queues, etc. (Argot des bohèmes.)

[1] Les chantres affectionnaient autrefois ce langage farci macaronique, comme le prouve le proverbe : « *Requiem* gagne l'argent, *gaudeamus* le dépense. »

S'applique aussi au bilboquet, quand on le prend par la boule et qu'on veut faire entrer le manche dedans. »

(Delvau. *Dictionnaire de la langue Verte.*)

Allusion au système usité dans l'école Galin-Pâris-Chevé, remplaçant la notation musicale usuelle par une écriture chiffrée, dont J.-J. Rousseau proposa l'embryon en 1742, d'après le père Souhaitty.

Mettre un bémol à... — En rabattre, baisser le ton. (Argot musical.)

On dit *mettre un bémol* à ses prétentions, à son langage, à ses passions, etc...

Allusion à la définition fossile découverte par les Cuviers de la double croche: « Le bémol est un *signe* qui *baisse* la note d'un *demi-ton*. — Treize mots pour trois erreurs !

Mettre un dièse à... — Hausser le ton, monter sur des échasses morales.

Cette contre-partie du bémol est basée également sur la définition classique: « Le dièse est un *signe* qui *hausse* la note d'un *demi-ton*. » Trois erreurs en treize mots !

Félicien David signait toujours son nom en mêlant *un dièse* à son parafe.

Midas. — Faux connaisseur en musique. Cet argotisme, usité par les musicistes qui aiment à combattre à armes courtoises, fait allusion à la paire d'oreilles dont Apollon gratifia le roi de Phrygie pour avoir eu le mauvais goût de préférer à son tétracorde céleste la flûte d'un vulgaire satyre.

(Voir *Apollon*.)

Ministérielle (Musique). — Nom donné aux charivaris offerts à un certain nombre de députés et de fonctionnaires politiques sous le règne de Louis-Philippe.

Un de ces concerts, demeuré justement célèbre dans les fastes de la *musique ministérielle*, fut donné par la ville d'Aix à son honorable député.

« En arrivant aux portes de la ville, raconte le biographe des contemporains, M. Thiers est fort surpris de ne pas voir la foule enthousiaste se porter à sa rencontre. Toutes les rues sont désertes; le sous-préfet seul et quelques fonctionnaires se montrent autour de la voiture du petit député. Les cloches de la cathédrale ne sont pas même en branle.

Il descend à l'hôtel, convaincu que la ville est morte ou qu'un démon jaloux de sa gloire en a subitement endormi la population. Cette erreur ne dure pas. Du bruit se fait entendre au dehors; il regarde et voit une masse considérable d'hommes et de femmes qui se rassemblent sous sa fenêtre.

— Bon, se dit-il, voici la sérénade.

En effet, mais quelle sérénade, juste ciel! M. Thiers bondit de surprise et de frayeur au début de cet étrange orchestre.

Les habitants de la ville, armés de pelles et de chaudrons, de casseroles et de pincettes, se mirent à exécuter le plus abominable charivari que jamais oreille humaine puisse entendre. Beaucoup d'entre eux s'étaient munis de cornets à bouquin. D'autres, après avoir roulé devant la porte d'énormes tonneaux vides, frappaient dessus à tour de bras avec des maillets monstrueux. C'était un orage de cris, de hurlements, de sifflements.

Il fallut boire jusqu'à la lie cette coupe amère de l'affront et de l'injure.

Les cris et le vacarme, ajoute la biographie des hommes du jour, ne cessèrent que par l'intervention de la force armée. M. Thiers s'échappa pour se rendre à Marseille; mais le même accueil l'y attendait et les symphonies reprirent de plus belle.»

(Voir *Charivari*.)

Mirecourt. — Violon. (Argot d'orchestre.)

« Mirecourt, dans le département des Vosges, est connu par l'exploitation active et prospère d'une branche d'industrie spéciale; on y fabrique des instruments de musique, des serinettes, des orgues à cylindre, surtout des violons. »

(Fr. Michel. *Dictionnaire d'argot.*)

Mirliton. — Voix. (Argot populaire.) *Jouer du mirliton*, c'est parler ou chanter du nez, produire des sons de canard comme il en sort de la flûte à l'oignon.

(Voir *Galoubet*.)

Mirliton. — « Un curé de village, scandalisé de la chanson du *Mirliton*, s'éleva fortement dans un prône, contre ceux qui la chantaient. Le lendemain, une de ses paroissiennes lui demanda pourquoi le *mirliton* avait si fort animé son zèle. — « Ce n'est, lui dit-elle, autre chose que la gaze que je porte sur la tête.

— « Ma foi, dit le curé, je n'en savais rien; dimanche prochain, je réparerai cela. »

En effet, au prône suivant, il dit à ses paroissiens : « Mes frères, je vous ai beaucoup gourmandés, dimanche dernier, sur le *mirliton*; mais depuis que j'ai vu celui de Mlle Javotte, j'ai trouvé que c'était si peu de chose qu'en vérité il ne valait pas la peine d'en parler. »

(*Grand dictionnaire du XIXe siècle*.)

Mirliton héroïque (Le.) — La colonne Vendôme. (Argot populaire.)

Sobriquet dû au succès exagéré de la chanson d'E. Debraux

Ah ! qu'on est fier d'être Français
Quand on regarde la colooone !

Mirliton (Vers de). — Mauvais vers, de la même facture que les distiques dont on entoure les flûtes de la foire de Saint-Cloud.

« Rien n'est plus mal coupé pour la musique que les *vers de mirliton* donnés pour canevas aux mélodies de Rossini, de Meyerbeer... »

(Th. Gautier.)

Misère (Chanter). — Étaler sa pauvreté, demander l'aumône. (Argot populaire.)

Corruption du chant du psaume *Miserere mei*, ayez pitié de nous.

On dit, avec plus de justesse, pleurer misère.

Mistanflûte (A la). — « Les Picards emploient ce mot dans l'acception de « *tout de travers.* »

(J. Corblet. *Glossaire du patois picard.*)

Cette locution confirme notre opinion que : jouer de la flûte de l'allemand, c'est-à-dire de la flûte *traversière*, signifie boire de *travers*.

A la mistanflûte, c'est jouer de la flûte par le *mitan*, le milieu, au lieu d'en jouer par le bout, comme on faisait de la flûte à bec.

(Voir *Flûter*.)

Moitié. — Épouse. (Argot des bourgeois.)

Musicalement parlant, cette expression est de la plus rigoureuse justesse.

On sait que la voix de femme est à l'octave supérieure de la voix d'homme.

Sur un instrument à cordes, l'octave aiguë d'un son à vide s'obtient en barrant la corde au milieu de sa longueur, de façon à ne faire vibrer que sa *moitié*.

On voit qu'en matière conjugale, l'unisson est impossible, à moins que le mari ne hausse fortement la voix ou que sa *moitié* ne renonce à prendre le dessus.

Monniaux. (Ce qui fait chanter les). — « Ils sont tous comme ça, disait un jour le concierge de la maison d'arrêt de Bourges, en parlant de ses prisonniers; ils veulent tous les premiers avocats, et ils n'ont pas *ce qui fait chanter les monniaux.* »

(Comte Jaubert. *Glossaire du centre de la France.*)

Le lecteur a déjà deviné ce que le berrichon entend par *ce qui fait chanter les monniaux*, autrement dit les moineaux, c'est-à-dire l'argent.

C'est de la même façon qu'on fait chanter les rossignols de nos scènes lyriques.

Monstre. — Paroles incohérentes qu'un maëstro ajuste à un motif de sa composition pour qu'elles servent de canevas métrique au librettiste. (Argot musical.)

Voici, d'après M. O. Comettant, le *monstre* sur

lequel un musicien pria un jour Scribe, son collaborateur, d'ajuster des paroles pleines de regrets et d'amour.

> Ah! te voilà, crapaud d'enfant,
> Tout barbouillé de confiture :
> Tu l'aimes donc la confiture ?
> Oh! oui, ça se voit, je le jure.
> Chinois! magot de paravent!
>   C'est dégoûtant.
>   Crapaud d'enfant!

Monter. — Aller du grave à l'aigu. (Argot musical.)

Et pourtant, en *montant* une gamme, la main d'un pianiste reste *horizontale*, la main d'un violoncelliste *descend!*...

« Chantant sur le théâtre de Bordeaux, un acteur attaquait au-dessus du ton et s'y maintenait avec un aplomb désespérant. Après avoir vainement tenté de le faire descendre à l'unisson des instruments, le chef d'orchestre Beck, joignant la pantomime aux appels énergiques de son archet, commence par élever les bras afin de rapprocher son violon de l'oreille rétive du héros d'opéra. Peine perdue, le virtuose ne changeait pas de gamme. Beck monte alors sur sa chaise et râcle à tour de bras; le public trouve la plaisanterie à son goût, il applaudit, et le chef d'orchestre, poursuivant son ascension arrive sur le théâtre et dit à l'acteur opiniâtre:

— « Puisque tu ne veux pas descendre, il faut bien que je *monte*; un chef d'orchestre doit suivre ses chanteurs. »

(Castil-Blaze. *Acad. Imp. de musique.*)

(Voir *Bas, Descendre, Haut.*)

Motif. — « Idée principale et primitive sur laquelle le compositeur détermine son sujet et arrange son dessein; c'est le *motif* qui, pour ainsi dire, lui met la plume à la main pour jeter sur le papier telle chose et non pas telle autre. »

(J. J. Rousseau. *Dictionnaire de musique.*)

« Le maëstro qui composa la Juive avait sans doute ses raisons, car on ne compose jamais un opéra sans *motifs*. »

(Commerson. *Pensées d'un déballeur.*)

« Le marquis de Bièvre, rencontrant un jour Vernet au salon, lui dit d'un air mystérieux: « Je parie, monsieur, que ce n'est pas sans *dessein* que l'on vous trouve ici. »

(L. Loire. *Anecdotes de la vie littéraire.*)

Mouche. — Bourdon de vielle, corde servant de pédale.

(Voir *Bourdon.*)

Moudre un air. — Jouer de l'orgue de Barbarie. (Argot populaire.)

Un matin, raconte E. de Mirecourt, Rossini entend un orgue de Barbarie *moudre* la romance de Guido et Ginevra :

« Hélas ! Elle a fui comme une ombre. »

Le maëstro fait monter le joueur d'orgue et le prend au collet : « Malheureux, dit-il, on t'a payé pour venir me donner ce charivari sous ma fenêtre... Oh ! ne mens pas ! Tu as reçu de l'argent pour m'écorcher les oreilles. Voici deux louis, va faire noter sur ton orgue l'air de la Gazza ladra et joue-le quarante fois de suite sous la fenêtre d'Halévy. Tu entends ? Quarante fois ! Il apprendra peut-être à faire de la musique. »
(Voir **Buffet**, *Rémouleur*).

Mouiller (En). — Expression usitée chez les musiciens d'orchestre pour témoigner de leur admiration du jeu d'un virtuose. A la vue de ces doigters fantastiques qui font perler les gouttes de sueur sur les mains de l'exécutant, on se prend involontairement à penser au joueur d'harmonica que le destin condamne à jouer au *doigt mouillé* et l'on s'écrie, tout saisi de vertige : *Il en mouille !*...

Moulin à café. — Orgue de Barbarie. (Argot populaire.)

« Il ne faut pas avoir un grain de bon sens,

s'écriait un joueur d'orgue chassé d'une cour, pour trouver que mon *moulin à café* ne donne pas assez de chic aux ré ! »

(*Musicorama*.)

Moulin à son. — Voix chantante.

C'est le frère siamois du moulin à paroles. Seulement le propriétaire du *moulin à son* se réserve la farine, abandonnant le son au public.

(Voir *Galoubet*, *Mirliton*.)

Musard. — Badaud, flâneur. (Argot populaire.)
L'infatigable chef d'orchestre Musard n'est pour rien dans la création de cet argotisme, dérivé de *musard*, joueur de musette, c'est-à-dire au figuré, ne produisant que du vent.

Musarder. — Demeurer oisif. De nos jours, ce vieux verbe a été remis à la mode avec une nouvelle acception. *Musarder* voulait dire fréquenter les concerts et les bals dirigés par le célèbre Musard. Les belles petites et les horizontales de cette époque s'appelaient *musardines*.

Musarderie. — Traduction argotique du *far niente* italien.

Muser. — Bayer aux corneilles, ne produire que du vent comme le joueur de *musette*, ou, peut-être, bâiller, tendre le museau (*musus*) en l'air, ainsi qu'on regarde les tableaux d'un musée.

Museur. — Use-heures.

Museau de Chien. — Musicien. (Argot poissard datant du grand siècle.)

« Dans le siècle suivant, dit G. Kastner, cet impertinent à peu près aurait pu passer pour un petit nom d'amitié, pour une gentillesse, puisque Mme de Pompadour, écrivant à l'un de ses plus fidèles sujets et admirateurs, l'appelait tendrement mon gros cochon. »

Musette. — Voix. — (Argot populaire.)
Variante de galoubet, mirliton, moulin à son, sifflet, tube, etc.

Musette. — Sac à avoine que l'on attache au museau des chevaux et où les pauvres bêtes ne trouvent souvent que du vent, comme dans une outre de cornemuse. (Argot des cochers.)

Musette. — Bal d'Auvergnats où l'on danse au son de cet instrument.

> C'est le séjour où la folie
> Assemble son joyeux parti ;
> Les murs y sont tachés de lie
> Et les bancs de jus de rôti.

Musard, l'artiste que tu loues
S'épuise le tempérament,
Quand le nôtre se fait des joues
Grosses comme son instrument.

Quand la recette est assurée,
Le gargotier, drôle de corps,
Termine gaîment la soirée
En jetant son monde dehors.

Ch. Colmance. *Chansons.*

Musette. — Nom donné dans la Sologne à l'alouette lulu ou cujelier, à cause de son chant flûté.

Musette (Couper la). — Au propre, couper la gorge. Au figuré, couper la parole.

Quand la poche de la musette est coupée, elle ne sonne plus.

(Voir *Couper le sifflet.*)

Musette (Jouer de la). — Boire. (Vieil argot populaire.)

Sans doute parce qu'autrefois, le vin étant conservé dans des outres, ceux qui buvaient à même semblaient jouer de la cornemuse.

(Voir *Entonner, Flûter.*)

Musicastre. — Musicien médiocre, autrement dit castrat musical. (Argotisme créé par Castil-Blaze.)

Musicien. — Délateur. (Argot des voleurs.)

Autrefois on mettait cette sorte de *musiciens* à la torture pour les obliger à *chanter* les exploits de leurs complices. Les instruments d'accompagnement usités étaient les flûtes et le psaltérion. (Voir ces mots.)

Aujourd'hui, nos mœurs judiciaires s'étant adoucies, le chant des *musiciens* est simplement précédé d'une ritournelle de harpe, accompagnée au besoin par un chœur de cigales. (Voir ces mots.)

Musicien. — Joueur qui se plaint. (Langue verte.)

(Voir *Déchanter*.)

Musicien. — Dictionnaire. (Argot des voleurs.)

Il n'est pas probable que ce soit au dictionnaire académique que MM. les grinches aient songé à faire allusion.

Nous croyons plutôt qu'ils ont voulu désigner le dictionnaire de *la rousse*, non la populaire encyclopédie du XIXe siècle, mais le répertoire alphabétique où la préfecture de police inscrit, à côté des numéros de leurs dossiers, les garnis et les repaires où logent les malfaiteurs libérés, afin de pouvoir leur mettre le grappin au collet, à la première occasion.

C'est ce dictionnaire de *la rousse* qui est, pour

les pègres, le *musicien* redouté dont la musique retentit à leurs oreilles comme une menace perpétuelle.

Musiciens. — Haricots. (Argot populaire.)

Un philosophe tintamarresque prétend que Dieu, en créant le haricot, lui dit: *Sois son !*

Rien ne pourra mieux donner une idée du genre de musique produit par ce légumophone, que l'énigme employée par Boursault, dans son Ésope à la cour.

> Je suis un invisible corps
> Qui de bas lieu tire mon être;
> Et je n'ose faire connaître
> Ni qui je suis ni d'où je sors.
> Quand on m'ôte la liberté,
> Pour m'échapper j'use d'adresse,
> Et deviens femelle traîtresse
> De mâle que j'aurais été.

(Voir *Barytoner*, *Flageolets*, *Jouer du Basson*.)

Musique. — Lot de bric-à-brac. (Argot des brocanteurs.)

Allusion maligne à ces compositions musicales qui ne sont qu'un assemblage d'idées disparates tombées dans le domaine et que certains auteurs, après les avoir soigneusement époussetées et dérouillées, vendent au public comme du neuf.

Musique. — Plaintes entrecoupées de pleurs, de sanglots et de soupirs. (Argot populaire.)

Musique. — Dénonciation. (Argot des voleurs.)

(Voir *Musicien.*)

Musique. — Dans la langue des compositeurs d'imprimerie: « Grande quantité de corrections indiquées sur la marge des pages, de telle sorte que l'épreuve a quelque analogie d'aspect avec une page de musique. »

(E. Boutmy. *Dictionnaire de l'argot du typographe.*)

Musique. — Petit pain à café. (Argot des boulangers.)

(Voir *Flûte.*)

Musique. — Le plâtre qui reste au fond de l'auge. (Argot des maçons.)

Musique. — Morceaux de drap cousus les uns après les autres. (Argot des tailleurs.)

Allusion à beaucoup de compositions musicales dont le tissu mélodique et harmonique rappelle l'habit d'Arlequin.

Musique de l'avenir. — Musique wagnérienne. (Argot musical.)

Allusion à un écrit de Richard Wagner, paru en

1850, intitulé *L'œuvre d'art de l'avenir*, dans lequel le maëstro développait un idéal artistique qu'il déclarait irréalisable dans la société actuelle.

Peu d'artistes sont appelés à jouir de leur génie, ce gros lot gagné à la loterie de la nature, selon l'expression de Rossini.

Le génie, a-t-on dit, c'est le talent d'un mort.

« Enfin! s'écriait amèrement Berlioz avant d'expirer, on va donc me jouer!... »

Quant aux satellites de l'astre disparu, leur *musique de l'avenir* nous fait vaguement songer au mot de Voltaire sur l'ode à la Postérité de J. B. Rousseau.

— « J'ai bien peur, disait-il, que cette lettre n'arrive jamais à son adresse. »

(Voir *Wagnérisme*.)

Musique des Saints Innocents. — Mauvaise musique. (Vieil Argot.)

Autrefois on disait proverbialement:

> Musique de Saint-Innocent
> Fait pitié à qui l'entend.

G. Kastner présume que cette locution fait allusion aux ménétriers qui se faisaient entendre au XVe siècle sous les arceaux des charniers du cimetière des Saints-Innocents.

Voici un exemple de ce genre de musique.

« Porpora, passant un jour dans une abbaye d'Allemagne, les religieux le prièrent d'assister à l'office pour entendre leur organiste dont ils exaltaient singulièrement le talent. L'office terminé : — Eh bien, comment trouvez-vous notre organiste ? dit le prieur.

— Mais, répondit Porpora, mais...

— C'est un habile homme, continua le prieur, et même un homme de bien, plein de charité, et d'une simplicité vraiment évangélique.

— Oh! pour la simplicité, je m'en suis aperçu, reprit Porpora, car sa main gauche ne se doute pas de ce que fait sa main droite. »

(Choron et Fayolle. *Dictionnaire des musiciens.*)

Musique (Faire de la). — Se gratter la peau jusqu'au sang. (Argot des hôpitaux.)

Métaphore pleine de justesse, car les cinq lignes de la portée musicale sont tracées sur la peau par les cinq ongles de la main et les notes y sont représentées par les gouttes de sang.

Musique (Faire de la). — « Se dit des clous qui tiennent un fer à cheval, lorsque, plantés irrégulièrement, ils sortent de la corne à des hauteurs inégales. » (Argot des Vétérinaires.)

Musique (Faire de la). — « Se livrer à des conversations intempestives sur les coups. » (Argot des joueurs.)

(Delveau. *Dictionnaire de la langue Verte.*)

Musique (Faire de la). — « Sonder ou dégrader les murs d'une prison pour s'évader. » (Glossaire d'argot. Vidocq.) (Voir *Jouer du violon.*)

Musique (Passer à la). Être confronté avec un délateur. (Argot des voleurs.)

Musiquer. — Faire de la musique.
« Nous *musicâmes* tout le jour au clavecin du prince. » (J. J. Rousseau. *Confessions.*)

Musiquer. — Mettre en musique.
« Il n'y a pas six vers de suite, dans tous leurs charmants poèmes, qu'on puisse *musiquer*. »
(Diderot. *Le neveu de Rameau.*)

Musiquer. — Marquer avec l'ongle une carte à jouer d'un signe imperceptible. (Argot des grecs.)

Musiquette. — Petite musique.
> Musique est à musiquette
> Ce qu'un vin
> Divin
> Est à la piquette.

Musiqueur. — Mauvais musicien. (Arg. démodé.)

N

Naturel (Ton ou son). — Qui n'est modifié par aucun signe, dièse ou bémol. (Argot musical.)

Vestige du système hexacordal en usage au moyen âge et procédant par hexacordes *dur, naturel* et *mol*.

Chanter par nature, c'était reproduire les intonations de l'hexacorde naturel, ainsi figuré:

C, D, E, F, G, a,
ut, ré, mi, fa, sol, la.

Un mauvais musicien était alors traité de sot par *nature*, par bécarre et par bémol.

Quelques théoriciens modernes ont vainement tenté de justifier l'emploi de cet argotisme, en prétendant que les sons *naturels* sont les produits de la *nature*, donnés par les harmoniques d'un son fondamental. On sait qu'il n'en est rien et que dans la série des harmoniques de l'ut fondamental, non seulement il manque les sons naturels fa, la et si, mais qu'il s'y trouve encore des sons, la dièse, fa dièse, qu'on pourrait qualifier de surnaturels.

Noire. — « Figure de note qui représente la durée du son égale au quart de la ronde et à la moitié de la blanche. »

Une couleur représentant le quart d'une forme, tout cela pour indiquer une durée !...

« On proposait à un jeune musicien d'épouser une négresse fort riche dont la sœur était aussi à marier.

— Je les prends toutes les deux, répondit-il.

— Comment ! Deux femmes ?

— Sans doute : deux noires ou une blanche, n'est-ce pas la même valeur ? »

(Voir *Blanche*.)

Note (Avoir la). — On dit qu'un air *a la note* quand sa contexture mélodique le fait retenir facilement du public. (Argot musical.)

Tel air, dit Berlioz, pour beaucoup de gens, demeure entaché d'un défaut grave ; il n'a pas de petite phrase qu'on puisse aisément retenir. Ces amateurs, insensibles aux nombreuses et éclatantes beautés du morceau, attendent leur phrase de quatre mesures, comme les enfants attendent la fève dans un gâteau des rois, comme les provinciaux attendent le si naturel, la *note* d'un ténor qui fait son premier début. Le gâteau fût-il exquis, le ténor fût-il le plus délicieux du monde, ni l'un ni l'autre n'auront de succès sans les précieux accessoires ! Il n'a pas la fève ! *Il n'a pas la note !*

(*A travers chants*.)

Note (Être dans la). — Être dans le mouvement, être au courant d'une chose. (Argot artistique.)

Note (Faire la). — Exécuter un morceau de musique correctement, mais sans expression. (Argot musical.)

Note (Ne savoir qu'une). — Au propre, ne savoir qu'une chanson; au figuré, n'avoir qu'une manière de dire ou de faire.

On disait autrefois d'un mauvais ménétrier : « *Il ne sait qu'une note,* il n'aura qu'un double. »

Nourrir les sons. — Leur donner l'ampleur nécessaire. (Argot musical.)

Un chef d'orchestre à ses cordes: « Messieurs, vos accompagnements sont trop maigres; il faut me *nourrir* ça davantage. Souvenez-vous que la table d'hôte des sons est la table d'harmonie. »

(*Musicorama.*)

O

Œil (Jouer à l'). — Accompagner d'instinct, sans avoir la musique sous les yeux. Argotisme des musiciens d'orchestre, forcés quelquefois de faire *crédit* de leurs doubles croches dans les établissements qui n'ont pas les moyens de se payer le luxe d'un répertoire.

Je ne connais, disait Raklowsky, qu'une seule catégorie de musiciens capables de *jouer à l'œil*, ce sont ceux qui ont la vue *basse*.

(Voir *Jouer à livre ouvert.*)

Offenbachique. — Qualification donnée quelquefois à une fantaisie folle et échevelée.

Allusion au genre charentonesque de certaines opérettes d'Offenbach.

Oignon (Flûte à l'). — Mirliton.

Allusion à la pelure d'*oignon* qui garnissait autrefois les deux extrémités de cet instrument, pelure que l'on remplace aujourd'hui par une pellicule de boyau de bœuf, appelée baudruche.

La *flûte à l'oignon* remonte peut-être aux premiers Égyptiens qui, comme on le sait, adoraient la *flûte* autant que les *oignons*.

(Voir *Mirliton*.)

Oiseau-cloche. — Oiseau de la Guyane, du genre Cotinga, que les Espagnols ont surnommé *campanero*, à cause de sa voix éclatante et claire, tintant comme une *cloche*.

Oiseau-trompette. — Surnom donné à l'Agami, échassier de la Guyane, à cause du timbre sonore de son chant. Les Espagnols l'appelaient *trompetero*.

On a noté ainsi le chant grave que cet oiseau fait entendre en signe d'allégresse.

Cette notation nous semble d'une fantaisie chromatique un peu trop moderne.

Olla podrida. — « Représentation à bénéfice, où l'on fait entrer de tout, du chant et de la danse, du drame et du vaudeville, de l'opéra-comique et de la tragédie. » (Argot de coulisses.)

(Delvau. *Dictionnaire de la langue Verte.*)

Opéra. — Argotisme, tiré de l'italien *opera*, œuvre, affaire, désignant un drame lyrique, un mélodrame, une simple page de musique ou un théâtre lyrique. Comme on le voit, opéra signifie trop de choses pour signifier quelque chose.

On comprend encore: opéra-comique; bien que

les deux nationalités de ce mot composé le fassent soupçonner l'œuvre de quelque facétieux cosmopolite.

Mais que peut bien vouloir signifier, en tête d'un livret, cet argotisme : *grand opéra*, grand œuvre ? A moins peut-être que l'auteur n'ait eu, en l'y inscrivant, l'alchimique espoir de voir ses doubles croches se transformer un jour en pierre philosophale ; cela s'est vu.

Notre grand théâtre lyrique a donc bien fait d'exclure le *grand opéra* de sa splendide façade, pour y substituer la dénomination d'académie de musique.

Voltaire, jouant plaisamment sur l'étymologie d'*opéra*, donnait aux demoiselles de l'*Opéra* le nom de *filles d'affaires*.

(Voir *Académie de musique*.)

Opéra-Franconi. — Opéra dans lequel la mise en scène est tout.

Argotisme créé par Castil-Blaze, à propos de l'opéra de Fernand Cortez de Spontini, joué en 1809, à grand renfort de costumes, de décors et de chevaux, empruntés au cirque Franconi.

Un journaliste proposa d'écrire sur la porte de l'académie impériale de musique :

« Ici on chante à pied et à cheval. »

Orchestre. — Encore un hellénisme pris à rebrousse-poils par les musiciens.

Chez les Grecs l'*orchestre* (d'*orchéomaï*, danser), désignait la partie inférieure du théâtre où s'exécutaient les danses.

Chez nous, l'*orchestre* est le lieu où se tiennent les musiciens instrumentistes.

Orchestre-monstre. — Le paroxysme de la symphonie moderne. (Argot musical.)

Voici la curieuse composition de l'*orchestre-monstre* rêvé par H. Berlioz, telle qu'il l'a exposée dans son traité d'instrumentation :

120 violons, divisés en 2, 3 ou 4 parties; 40 alto divisés; 45 violoncelles, id.; 33 contrebasses; 6 grandes flûtes; 4 flûtes tierces; 4 petites flûtes; 6 hautbois; 6 cors anglais; 16 bassons; 4 petites clarinettes; 8 clarinettes, en ut, en si b ou en la; 3 clarinettes basses; 16 cors; 8 trompettes; 6 cornets à pistons; 12 trombones; 3 ophicléides; 2 bass-tuba; 30 harpes; 30 pianos; 1 buffet d'orgue; 8 paires de timbales; 6 tambours; 3 grosses caisses; 4 paires de cymbales; 6 triangles; 6 jeux de timbres; 12 paires de cymbales antiques, en divers tons; 2 cloches graves; 2 tam-tam; 4 pavillons chinois. Total 458 instrumentistes, auquel il ajoute un chœur 360 choristes, composé de 40 soprani enfants, 100 soprani femmes, 100 ténors et 100 basses; ce qui forme un total de 818 exécutants.

— « C'est vous, monsieur Berlioz, disait un jour le prince de Metternich, qui faites des morceaux pour cinq cents musiciens ?

— Monseigneur, répondit le maëstro, cela ne m'arrive pas tous les jours. Le plus souvent, je n'en fais que pour quatre cent cinquante. »

Orchestre (Jouer de l'). — Le bâton de chef d'orchestre est devenu la marotte de tous nos compositeurs modernes.

Berlioz, dans ses *Mémoires,* décrit éloquemment les impressions de l'auteur dirigeant son œuvre. « C'est alors, dit-il, qu'il vit d'une vie aux virtuoses inconnue! Avec quelle joie furieuse il s'abandonne au bonheur de *jouer de l'orchestre!* Comme il presse, comme il embrasse, comme il étreint cet immense et fougueux instrument! Il a l'œil partout; il indique d'un regard les entrées vocales et instrumentales, en haut, en bas, à droite, à gauche; il jette avec son bras droit de terribles accords qui semblent éclater au loin comme d'harmonieux projectiles : puis il arrête, dans les points d'orgue, tout ce mouvement qu'il a communiqué, il enchaîne toutes les attentions; il suspend tous les bras, tous les souffles, écoute un instant le silence... et redonne plus ardente carrière au tourbillon qu'il a dompté.

Et dans les grands adagio, est-il heureux de se bercer mollement sur son beau lac d'harmonie!

prêtant l'oreille aux cent voix enlacées qui chantent ses hymnes d'amour ou semblent confier ses plaintes du présent, ses regrets du passé, à la solitude et à la nuit. Alors souvent, mais seulement alors, l'auteur-chef oublie complètement le public; il s'écoute, il se juge; et si l'émotion lui arrive, partagée par les artistes qui l'entourent, il ne tient plus compte des impressions de l'auditoire, trop éloigné de lui. Si son cœur a frissonné au contact de la poétique mélodie, s'il a senti cette ardeur intime qui annonce l'incandescence de l'âme, le but est atteint, le ciel de l'art lui est ouvert, qu'importe la terre!...»

Oreille (Avoir de l'.) — « Avoir l'ouïe sensible, fine et juste, en sorte que, soit pour l'intonation, soit pour la mesure, on soit choqué du moindre défaut, et qu'aussi l'on soit frappé des beautés de l'art quand on les entend. »

(J. J. Rousseau. *Dictionnaire de musique*.)

Lors de son duel musical avec Marsyas, le divin Apollon, outré de voir le chant de son adversaire applaudi par le roi Midas, reprocha vertement à ce monarque de *n'avoir point d'oreille* et, pour y remédier, le dota d'une paire d'oreilles d'âne.

En 1778, Grétry fit jouer un vaudeville bâti sur ce sujet. Le *Jugement de Midas* n'eut pas de succès. L'académie française ayant malmené la pièce dans une de ses séances, l'auteur d'*Hèle*, la lui dédia par moquerie. C'est à l'occasion de cette comédie que Voltaire adressa à Grétry le quatrain suivant.

> La cour a dénigré tes chants
> Dont Paris a dit des merveilles ;
> Grétry, les oreilles des grands
> Sont souvent de grandes oreilles.

(Voir Arracher et écorcher les oreilles.)

Oreille (N'avoir pas d'.) — Ne point distinguer les intonations fausses des intonations justes, chanter ou jouer faux et battre la mesure à contre-temps. (Argot musical.)

— « Eh bien, que dit-on du nouvel opéra ?
— Atroce, mon cher.
— Sapristi ! ma femme qui vient de me faire retenir une loge pour ce soir.
— Veux-tu que je te donne un moyen de ne pas l'entendre ?
— Aller au cercle.
— Non. Va-t-en au théâtre... sans dîner : *ventre affamé n'a pas d'oreilles.*

(*Musicorama.*)

Organiste (L'). — Surnom donné à un oiseau plus connu sous le nom de Musicien de Saint-Domingue. (Argot zoologique.)

Orgue. — Mot hermaphrodite dont on a baptisé le plus beau de tous les instruments de musique. L'argot officiel exige qu'*orgue* soit masculin au singulier et féminin au pluriel. De sorte qu'en se conformant à cette burlesque décision, les musiciens, dit Castil-Blaze, sont obligés d'ajuster des phrases comme celle-ci: « *L'orgue nouveau* de Saint-Denis, *le vieux orgue* de Notre-Dame de Paris, sont très *puissantes* et très *harmonieuses; celui* de Saint Maximin (Var) est un des plus *anciennes*, peut-être *le meilleur* de *toutes celles* de l'Europe. »

Castil-Blaze a tort de railler. Peut-être cette décision fut-elle due à un système compensateur. N'était-il pas juste, en effet, de rendre bissexuel l'instrument qui mariait sa voix puissante aux accents efféminés des sopranistes de la chapelle Sixtine?

(Voir *Hymne*.)

Orgue. — Homme. (Argot des voleurs.)

Pauvre orgue, quelle triste destinée!

La grammaire le transforme en hermaphrodite et la pègre s'en fait un pronom personnel. Car dans la langue bigorne de ces messieurs, *mon orgue* signifie moi, *ton orgue*, toi, *son orgue*, lui, etc...

G. Kastner fait ingénieusement remarquer que Pascal s'est rencontré avec l'argot dans le passage suivant:

« On croit toucher des *orgues* ordinaires en

touchant l'homme ; ce sont des orgues à la vérité, mais bizarres, changeantes, variables; dont les tuyaux ne se suivent pas par degrés conjoints. Ceux qui ne savent toucher que les ordinaires ne feraient pas d'accord sur celles-là ; il faut savoir où sont les tuyaux. »

Ajoutons que l'*organisme* humain est composé, comme l'*orgue*, d'une série de tuyaux (larynx, veines, artères, œsophage, intestins), et d'une paire de soufflets (les poumons), avec lesquels on est condamné à jouer, des pieds et des mains, le même air jusqu'à ce que mort s'ensuive.

Orgue. — Espèce de machine infernale pour défendre une brèche. (Argot militaire.)

Orgue. — Nom vulgaire du canard siffleur.

Orgue (Jaspiner sur l'). — En langue bigorne, parler sur l'homme, c'est-à-dire s'entretenir, entre voleurs, de celui qu'on doit dévaliser.

Orgue (Jouer de l'). — Ronfler. (Argot populaire.)

Par contre, les organistes se servent d'un jeu de mutation, appelé *nasard*, qu'ils font ronfler chaque dimanche, à l'entonne.

(Voir *Trompette*, *Tuyau d'orgue*.)

Orgue (Manger sur l'). — Dénoncer un complice. (Argot des voleurs.)

Les escarpes disent d'un confrère qui les trahit par une dénonciation «il a mangé le morceau; il a *mangé sur l'orgue*», c'est-à-dire, il s'est fait régaler par celui que nous devions détrousser de concert.

Orgue de Barbarie. — «Petit meuble à musique qui démontre que ce qui est commode n'est pas toujours agréable.»

(P. Véron. *Carnaval du dictionnaire.*)

On devrait dire *orgue de Barberi*, comme l'avait baptisé son inventeur, mais le peuple a malicieusement substitué au nom du facteur italien une épithète qui peint mieux le rôle implacable et féroce que joue cette boîte à musique au milieu de notre civilisation.

(Voir *Buffet, moudre, moulin à café.*)

Orgue de mer. — Nom vulgaire du tubipore musical.

Orgues (Jeux d'). — Cristallisations du basalte, affectant la forme régulière de tuyaux d'orgues. (Argot des géologues.)

Les plus célèbres *jeux d'orgues* basaltiques sont ceux de la grotte de Fingal, dans l'île de Staffa, en Écosse. Le nom celtique de cette grotte est *An-Na-*

Vine, c'est-à-dire la grotte harmonieuse. En effet, le fracas de la mer et les murmures du vent, qui vont se perdre en tourbillonnant au fond de la grotte à travers les colonnes de basalte disposées en buffet d'orgue, produisent des sons d'une mystérieuse harmonie. Les Gaëls prétendent que ce concert est produit par les sons des harpes éoliennes des ombres d'Ossian et de Fingal, son père.

Dans son ouverture de *la Grotte de Fingal*, F. Mendelssohn a cherché à reproduire ces harmonies étranges.

Orphée. — Se dit d'un poète ou d'un musicien sentimental. (Argot des gens de lettres.)

> Lorsque le chantre de la Thrace
> Dans les sombres lieux descendit,
> On punit d'abord son audace
> Par sa femme qu'on lui rendit.
> Mais bientôt, par une justice
> Qui fit honneur au dieu des morts,
> Ce dieu lui reprit Eurydice
> Pour prix de ses divins accords.
>
> PANARD.

Orphée de carrefour. — Musicien ambulant. (Argot populaire.)

Pauvre diable pour qui la vie est un enfer. Après avoir vainement appelé, sur tous les tons et à tous les échos, l'Eurydice de son rêve qu'il nomme familièrement une roue de derrière ou même une simple balle, il rentre un soir, harassé, dans son taudis où il meurt déchiré par ces bacchantes, la misère et la faim.

Orphie. — Oiseau chanteur. (Argot des voleurs.)

Os à moelle. — Petite flûte. (Argot d'orchestre).
Les musiciens instrumentistes disent du piccoloïste qu'*il suce son os à moelle*. Cette plaisante métaphore rappelle le *tibia*, flûte que les anciens fabriquaient avec l'os des pattes, le *tibia*, de la grue.

Ouïsme (L'). — Passion sensitive du sens de l'ouïe. (Argot des phrénologistes.)
Les crâniologues rattachent à *l'ouïsme* deux facultés, *le temps* et *les tons*, dont ils localisent les organes cérébraux dans les parties latérales de la région moyenne du front.

Ces organes sont très développés sur les têtes des grands musiciens.

« Ils ont des fronts de bœuf », s'écriait le dessinateur Tischbein.

C'est l'organe des *tons* qui acheva la conversion du docteur Broussais à la science phrénologique. « Avant d'y avoir pris goût, dit-il, j'étais un jour en consultation chez un marchand de musique. J'étais placé dans une salle au milieu de quarante portraits de musiciens ; dans toutes les têtes, l'organe était prononcé. Cela me fit une impression si forte que j'y rêvai toute la journée. Je me dis: Gall n'est pas un fou! » (Voir *Bosses musicales*.)

Ours. — Mauvais opéra, enfermé dans les cartons d'un théâtre, comme l'ours Martin dans sa fosse. (Argot des coulisses.)

Ours (Danse d'). — Se dit, au figuré, d'une musique grotesque écrite en style *louré*.

Au propre, la *danse d'ours* est une composition où l'on a cherché à imiter les sons de la cornemuse, jouée par ceux qui font danser les ours.

Le finale de la seizième symphonie d'Haydn, en ré mineur, est une *danse d'ours*.

Outil. — Instrument de musique. (Argot d'orchestre.)

P

Palette. — Guitare. (Argot des musiciens ambulants.)

Le pendant de la *raquette* des violonistes.

Palette des sons. — Gamme chromatique (*chrôma*, couleur), dans l'argot des musicistes jaloux de rendre aux peintres la monnaie de leur *gamme des couleurs*.

Palinodie (Chanter la). — Chanter le pour et le contre, brûler ce qu'on a adoré, retourner sa veste, en un mot, faire comme le Paillasse de la chanson :

Sauter pour tout le monde.

Ce pléonasme argotique est tiré du grec *palin*, de nouveau, et *aeidô*, chanter.

— De qui donc cet air assommant ?
— De moi, monsieur. — Il est charmant.

(*Musicorama.*)

Papa, maman. — Formule consacrée que les élèves tapins doivent faire dire à leur tambour, en maniant leurs baguettes à tour de rôle. (Argot des tambours.)

Papier à musique (Réglé comme un). — Ponctuel et méthodique dans ses habitudes. (Argot des bourgeois.)

Cette métaphore, reposant sur le double sens du mot *régler*, pourrait, jusqu'à un certain point, justifier la réputation d'intempérance que l'on a faite aux chantres d'église. Peuvent-ils être réglés comme des ténors d'Opéra? Leur plain-chant n'a qu'une portée de quatre lignes et point de barres de mesure !...

Par cœur (Chanter ou jouer). — Chanter ou jouer de mémoire.

Argotisme musical qui peut aller de compagnie avec *lire à livre ouvert* et *jouer à l'œil*.

On s'extasiait sur la mémoire d'un chanteur ambulant. — Comment, mon brave, pouvez-vous chanter tant de chansons *par cœur?* lui demandait-on.

— Bah! répondit le pauvre diable, quelquefois aussi, je dîne *par cœur.*

(*Musicorama.*)

Paroles et musique. — Variante de l'argotisme « En avoir l'air et la chanson. »

— Ne trouves-tu pas que ce ténor a l'air bête?
— Oh! Mieux que cela: *paroles et musique.*

(*Musicorama.*)

Parolier. — Néologisme créé par Castil-Blaze, désignant un auteur de paroles destinées à être mises en musique, opéra, oratorio, scène lyrique, etc., etc.

Cet argotisme est plus correct que le double sobriquet dont on baptisait naguère les auteurs d'un *poème* ou d'un *livret* d'opéra.

Scribe et Jouy n'ont jamais été considérés comme des *poètes*.

Une romance de deux pages ne constitue pas un *livret* (petit livre), à moins que l'heureux *librettiste*, en échange de ses droits d'auteur, ne s'en fasse délivrer un à la caisse d'épargne.

Partie de remplissage. — Boire et manger. (Argot d'orchestre.)

En musique, le *remplissage* signifie les parties accessoires ajoutées entre la basse et le chant.

A table, le remplissage comprend tout ce qui s'absorbe entre le potage et le dessert.

Suivant Grimod de la Reynière, le potage doit être combiné de manière à donner une idée juste du festin, à peu près comme l'ouverture d'un opéra comique doit annoncer le sujet de l'ouvrage.

Quant au dessert, il sera nécessairement assaisonné de chansons, si la cornemuse est pleine.

Partir. — Commencer l'exécution d'un morceau ou même d'une simple phrase de musique. (Argot musical.)

C'est du geste et du regard que les chefs d'orchestre *font partir* les chanteurs et les instrumentistes, assimilant ainsi l'exécution d'un morceau de musique à un voyage d'agrément.

Champfleury a décrit d'une façon originale les

impressions de voyage d'un quatuor de symphonistes.

« Il me semble, dit-il, que quatre voyageurs se sont rencontrés à l'auberge, le soir à souper; ils se lèvent de bon matin, boivent un petit coup en marchant gaîment dans la plaine.

Le ciel est bleu, et il souffle un vent frais.

La conversation s'anime; le violon raconte quelque bonne plaisanterie à son ami le second violon; l'alto l'a entendu et la redit au violoncelle qui, en brave bourgeois, se la répète avec gravité pour la retenir et en faire jouir sa famille.

Par moments, les quatre voyageurs parlent ensemble; mais les deux violons, plus alertes, marchent en avant, se font des confidences et laissent par derrière l'alto et la basse, qui ne restent pas sans bavarder.

De temps en temps on se repose pour mieux marcher. Ne croyez pas que la conversation va tomber. Une exclamation part d'un côté: c'est l'alto; une interrogation part de l'autre: c'est le violon. Et une aimable folie règne parmi les quatre compagnons qui se disent les choses les plus gaies du monde.

Mais le rire qui dure trop devient malséant.

Le violon fait trêve à ses plaisanteries en racontant une histoire un peu mélancolique. L'honnête alto comprend bien l'histoire, car il en a été le témoin, et il ajoute même bien des détails que ne connaissait pas le violon.

Il faut voir les sympathies du violoncelle pour ce récit; il pousse des exclamations qui ne sont pas variées, mais qui sont belles, parce qu'elles sont sincères. « Ah! mon Dieu! repète-t-il à tout instant, ah! mon Dieu! »

L'histoire mélancolique est si bien racontée que tous les quatre gémissent sur cet événement si touchant. Tout-à-coup on aperçoit un village dans le lointain; on oublie tout, les gais propos, la mélancolie, la fatigue du chemin, pour se donner une poignée de main.

La route est finie, les quatre amis se séparent. »

(Voir *Sortir.*,

Pastiche. — Œuvre musicale composée de morceaux empruntés à plusieurs maîtres ou tirés de divers ouvrages d'un même maëstro. (Argot musical.)

Pastiche dérive de l'italien *pasticcio*, pâté.

Un arrangeur enragé, Castil-Blaze, eut un jour l'idée excentrique de composer une messe avec des motifs empruntés à plusieurs opéras de Rossini. Non seulement le maëstro se laissa faire, mais il trouva que ce *pastiche* était pain bénit. Rossini était de si bonne pâte.

(Voir *Pâtissier.*

Patapouf. — Personne corpulente. (Argot populaire.)

Onomatopée du bruit de la grosse caisse, anciennement *gros bedon*.

Patiner (En). — Jouer habilement d'un instrument. (Argot d'orchestre.)

Dans la bouche d'un symphoniste en admiration devant un virtuose, « *Il en patine* » équivant à « Il est épatant. »

(Voir *En jouer, en mouiller, en pincer.*)

Pâtissier. — Faiseur de pastiches en musique. (Argot créé par Castil-Blaze.)

Pastiche dérivant de *pasticcio*, pâté, l'argotisme *pâtissier* s'imposait.

Les *pâtissiers* qui ont exercé cette industrie, un moment très à la mode, n'ont guère produit que des petits-fours.

(Voir *Arrangeurs, Décompositeurs*).

Pauses (Compter des). — Se taire. (Argot populaire.)

Dormir à côté de son pupitre. (Argot d'orchestre.)

Au propre, *compter des pauses* (du grec *pausis*, cessation, repos), c'est suspendre l'exécution musicale pendant un certain nombre de mesures qu'il faut nécessairement compter si l'on veut opérer sa rentrée en bon ordre.

Le colonel X... assiste un jour à la répétition d'un morceau exécuté par les musiciens de son régiment. Il avise un trombone qui, depuis quelques minutes, reste inactif, et, s'en approchant, il lui demande d'un ton bourru pourquoi il ne joue pas comme les camarades.

— Mon colonel, *je compte des pauses.*

— Ah! tu comptes des pauses, fainéant! Et pourquoi ça?

— Dame! mon colonel, faudrait demander ça au chef qui a composé le morceau.

— Chef de musique, avancez à l'ordre.

— Comment voilà un fainéant qui a été cette semaine quatre jours à la salle de police et il est le seul de tous ses camarades qui compte des pauses, les bras croisés!... A l'avenir, je vous ordonne de réserver ces sortes de récompenses, aux seuls musiciens qui auront su les mériter par leur bonne conduite. Allez.

Pauvre homme. — Surnom donné en Lorraine au crapaud dont le chant mélancolique et flûté semble prononcer ces deux mots. (Argot rural.)

Pavillon. — Fou. (Argot populaire.)

Un commentateur pourrait avancer, avec quelque apparence de raison, que ce mot fait allusion au bâtiment isolé où l'on renfermait le mortel digne des petites maisons. Il est si difficile de ne point *pavillonner* un brin en traitant un pareil sujet.

Le savant Littré dérive *pavillon* de *papillon* (à une lettre près!). Pourquoi n'est-il venu à personne l'idée de tirer *folie* de *jolie?*

Par malheur, les argotiers ne savent pas le latin. Eussent-ils même jamais songé à emprunter à la marine un drapeau pour en faire l'étendard de la folie, sous le prétexte que ce *pavillon*, flottant à tous les vents, donne une idée assez juste des divagations d'un toqué?

Le peuple n'est point si raffiné en matière de métaphores. Pour lui, un *pavillon* c'est quelque chose comme une tente, ayant la forme d'un chapeau pointu, d'un pain de sucre, comme la tête d'un idiot.

Pourquoi ne lui aurait-il pas pris un jour la fantaisie d'assimiler l'état d'un cerveau détraqué à cet original instrument de musique qu'on nomme le *pavillon chinois*, engin bizarre dont la boule de cuivre semble une tête coiffée du bonnet de la folie et faisant, en s'agitant, tinter ses grelots et ses sonnettes?

Peut-être notre hypothèse est-elle fausse; alors qu'on nous le prouve; nous sommes prêts à baisser *pavillon*.

Pavillonner. — Déraisonner. (Argot populaire.)
La langue, autrement dit le grelot, est le thermomètre de la folie. Ce qui vient à l'appui de la thèse que nous avons soutenue précédemment, c'est que,

pour les sages, les paroles d'un *pavillon* ne sont que du *chinois*.

Paye tes dettes! — Traduction du chant de la caille. (Argot populaire.)

Cette légende n'a pu naître que dans le cerveau d'un créancier qui, voyant à jamais discrédité le fameux aphorisme « Qui paye ses dettes s'enrichit, » aura imaginé de faire jouer à la caille le rôle d'huissier auprès des malheureux affligés de dettes criardes. Je vous le demande, quelle créance peut-on donner aux sommations d'un volatile dont l'idéal social se résume dans le droit au vol?

Beethoven n'a peut-être fait parler la caille dans sa *Symphonie Pastorale,* que dans le seul but de glacer de terreur les musiciens qui lui auraient fait des emprunts.

N'a-t-on pas vu, au XVe siècle, le célèbre Josquin Desprez utiliser, non pas la caille, mais la messe, pour relancer un de ses plus nobles débiteurs?

Le roi Louis XII lui avait promis un bénéfice et avait oublié sa promesse. Josquin, pour le lui rappeler, composa un motet sur ces paroles: « Memor esto verbi tui, etc.. » (Souvenez-vous, seigneur, de vos promesses, autrement dit: *Paye tes dettes!*) Le roi, faisant la sourde oreille, Josquin eut recours à un courtisan qui lui promit ses bons offices; mais, aussi oublieux que Sa Majesté, chaque fois que le compositeur lui parlait de l'objet de ses désirs, le

noble protecteur lui répondait: « *Lascia fare me.* »
(Laissez-moi faire.)

Outré de tant de vaines promesses, Josquin composa, par moquerie, une messe dont le thème était *la, sol, fa, ré, mi*, et où cette phrase était répétée si souvent que le courtisan, s'apercevant qu'elle faisait rire la cour à ses dépens, s'empressa de jouer lui-même près du roi le rôle de la caille et obtint enfin que Sa Majesté s'exécutât auprès de son musical créancier.

Peau d'âne. — Tambour. Dans l'argot du peuple à qui l'on ne persuadera jamais que la caisse est garnie d'une peau de veau.

L'École des tambours.

A Paris, près du mur d'enceinte, des tambours
S'exercent à frapper en cadence leur caisse.
Des badauds, amoureux de ces roulements sourds,
Suivent, l'oreille au guet, chaque main qui s'abaisse.

L'instructeur furieux gourmande la faiblesse
D'un apprenti tapin, à l'esprit, aux doigts lourds,
Qui laisse aller ses bras ballants, comme en détresse,
Et semble regretter sa mère et ses labours.

Cependant des clairons, qui sonnent la diane,
Mêlent leur timbre clair aux ra fla rataplan.
— Va, conscrit, bats, rebats ton morceau de peau d'âne.

Avec cette peau-là, que ton poignet vaillant
Saura rendre sonore, eh bien! un jour ou l'autre,
Tu nous emmèneras faire trouer la nôtre!

A. Barbou.

Pédale. — Ce que les loustics appellent un coup de 33 centimètres, autrement dit un coup de *pied*, dans l'argot des souffleurs d'orgue habitués à voir les organistes trépigner leur *pédalier*.

Cette *pédale* s'emploie, à la barrière, dans l'orchestration de la *frotteska*. Si le pied est chaussé d'un large soulier, c'est une *pédale* de violon ; s'il est chaussé à l'étroit, c'est une *pédale* de cor. Quand elle est exécutée par une jambe maigre, c'est une *pédale* de flûte.

Remarquons qu'en dépit de la loi sur le système métrique, les facteurs d'orgues persistent à désigner en *pieds* la longueur de leurs tuyaux.

« Non seulement, dit Forkel, Bach produisait avec la *pédale* les notes inférieures, celles pour lesquelles les exécutants ordinaires sont accoutumés de se servir de la main gauche, mais il jouait encore une réelle mélodie de basse avec son pied, mélodie qui était souvent d'une nature telle que plus d'un organiste ne l'aurait pu produire avec ses cinq doigts. »

(*Vie de J. S. Bach.* Trad. Grenier.)

Pendule à plumes. — Coq. Argotisme créé par H. Murger, dans sa *Vie de Bohême*.

La Fontaine, dans sa fable de *La Vieille et les deux Servantes,* avait déjà baptisé le coq du sobriquet de *réveille-matin*.

(Voir **Chante-clair**.)

Perce-oreille. — Fifre. (Argot d'orchestre.)

On a également défini le fifre « la vrille de l'orchestre. »

Le malin docteur Aldo le définit ainsi : « Très petite flûte qui se siffle elle-même, ce qui est bien juste, car elle est horriblement fausse. »

Perruquerie. — Musique ridicule et démodée, datant de l'époque où l'on portait des perruques. (Argot des musicistes.)

Grétry, que l'on traite aujourd'hui de *perruque*, est peut-être le seul musicien qui ait eu l'idée de mettre les perruques en musique.

« Je connais une femme, dit-il dans ses *Essais*, qui, a, au moins, huit perruques de toutes les nuances, rangées dans son antichambre; cela est à peine croyable dans un temps de révolution. Dernièrement, en regardant cette collection, je m'amusais à chanter la gamme, en comptant toutes ces perruques; ce qui fit beaucoup rire la citoyenne. »

(*Essais sur la musique.*)

Un petit théâtre lyrique, dont le but louable était de faire connaître aux jeunes les chefs-d'œuvre des maîtres du temps passé, avait repris un soir un opéra de Dalayrac. Un compositeur à qui cette tentative de restauration musicale déplaisait, peut-être parce qu'elle mettait le public à même de constater les emprunts forcés qu'il avait faits à ces partitions vénérables, s'avisa pendant la représentation de jeter une perruque sur la scène.

— « ! s'écria un vieil habitué, où allons-nous, si les ..x-toupets se moquent des perruques? »

(*Musicorama*.)

(Voir *Rentoilage*, *Vieux jeu*.)

Perruquinisme. — Argotisme forgé par les Rossinistes pour désigner la manière des musiciens classiques Berton, Lesueur, etc.

Cette lutte musicale où les perruques jouèrent un si grand rôle, nous rappelle la guerre à coups d'enseignes que se firent deux figaros. L'un d'eux, perruquier endurci, avait fait peindre sur son enseigne l'épisode d'Absalon, orné de ce quatrain :

> Passant, contemple la douleur
> D'Absalon, pendu par la nuque.
> Il eut évité ce malheur
> S'il eût porté perruque.

Le coiffeur, son concurrent, anti-perruquiniste enragé, avait pris pour devise :

> A l'inconvénient des perruques.

Son enseigne représentait un homme qui se noie. Un nageur s'élançait à son secours et le rattrapait par les cheveux... Malheureusement ce n'était qu'une perruque... Elle lui reste dans la main et l'homme se noie.

(Voir *Rossinismes*.)

Persécution (Instruments de). — Plaisante dénomination donnée aux instruments de *percussion*, tels que le tambour, les cymbales et la grosse caisse, auxquels on a joint les cloches, le piano, l'orgue de Barbarie et toute la batterie de cuisine dont se compose l'orchestre charivarique.

« Les *instruments de persécution*, dit M. Oscar Comettant, étaient jadis, dans la garde nationale, le partage à peu près exclusif des poètes et des prosateurs, que la crainte de l'hôtel des haricots forçait à revêtir l'uniforme militaire. Chaque place vacante de triangle, de cymbale ou de chapeau-chinois, était sollicitée par dix représentants de la littérature, qui mettaient tout en œuvre pour l'obtenir. »

Perte d'oreille (A). — Argotisme parodiant le *A perte de vue*, pour exprimer l'au delà de la limite des sons perceptibles.

Petite musique. — Famille des instruments de percussion, tels que triangle, tambour, cymbale, grosse caisse et chapeau-chinois. (Argot de régiment.)

Petit son. — Se dit d'un instrumentiste manquant de souffle ou de poigne. (Argot musical.)

Berlioz raconte, dans ses *grotesques de la musique*, une oraison funèbre prononcée par un musicien chez lequel la sensibilité le disputait au laconisme.

« Chérubini se promenait dans le foyer de la salle des concerts du conservatoire pendant un entr'acte. Les musiciens autour de lui paraissaient tristes : ils venaient d'apprendre la mort de leur Brod, virtuose remarquable, premier hautbois de l'Opéra. L'un d'eux, s'approchant du vieux maître : « Eh bien, M. Chérubini, nous avons donc perdu ce pauvre Brod !... — Eh !... quoi ? — (Le musicien élevant la voix :) Brod, notre camarade Brod... — Eh bien ? — Il est mort ! — Euh ! *petit son !* »

Pétrin. — Piano. (Argot populaire.)
Image assez juste, à cela près qu'au piano, on pétrit du son au lieu de farine.

Commerson compare bien le piano à un billard sur lequel on ne craint pas de manquer de touche.

Philomèle. — Rossignol. Argot des poètes classiques, forgé du grec *philos*, ami, *melos*, chant.

> Autrefois Progné l'hirondelle
> De sa demeure s'écarta
> Et loin des villes s'emporta
> Dans un bois où chantait la pauvre *Philomèle.*
>
> (*La Fontaine.*)

On se demande par quel bizarre caprice les favoris d'Apollon ont changé le sexe du chantre des forêts. On sait que le rossignol mâle possède seul le don du chant. C'est un ténor et non pas un soprano, ni même un sopraniste.

(Voir *Rossignol*.)

Philomèle. — Jeu d'orgue imitant le chant du rossignol.

Phone. — Du grec *phôné*, voix. Malheureuse racine grecque dont les facteurs d'instruments de musique ont fait une consommation argotique véritablement abusive: *Saxophone, sarrusophone, matauphone, xylophone, pyrophone, melophone, harmoniphone, ornithophone, trémolophone, acoucryptophone*...

Ouf! c'est une cacophonie, un carnaval instrumental où tous les mots sont ornés du traditionnel *phôné* qu'on prendrait pour une marque de fabrique.

La traduction littérale d'un de ces argotismes, le *saxophone* par exemple, nous donnant *voix de Sax*, on serait tenté de croire que le célèbre facteur belge possédait une voix cuivrée et chantait comme une *anche*.

Piane-piane. — Doucement. Argot des bourgeois qui ont entendu souvent la maîtresse s'écrier, pendant la leçon de tapotage: « *Piano, piano*, mademoiselle... »

Du temps de Brossard, cet italianisme musical s'écrivait quelquefois en abrégé *pian*.

C'est sur ce mot qu'a été bâti le proverbe: « Qui va *piano* va sano, qui va sano va longtemps. »

Pianiste. — Valet de bourreau. (Argot des prisons.)

C'est le *pianiste* qui a l'honneur d'accompagner l'exécuteur des hautes-œuvres sur le *théâtre rouge*. C'est lui qui boucle sur la touche unique du clavecin sinistre le patient qui va *éternuer dans le son*, comme disent les surineurs en leur langage cynique.

Si les pourvoyeurs de *la veuve* n'ont pas craint de profaner les attributs de la musique dans le sang de la guillotine, à leur tour, les disciples d'Apollon n'ont pas dédaigné de glisser le *rasoir* de *Louisette* au milieu de leurs doubles croches. C'est du libre échange.

Le pianiste Dussek composa un morceau intitulé « *Les malheurs de Marie Antoinette.* » Il se terminait par une glissade du pouce, parcourant le piano du haut en bas, pour peindre « la chute du couteau de la guillotine. »

De nos jours, le compositeur Litolff a rendu le même effet, mais d'une façon plus dramatique, à la fin de son ouverture des Girondins. La première fois que cette œuvre remarquable fut jouée, le public était si bruyant que l'orchestre dut s'arrêter.

— Messieurs, dit le maëstro en se tournant du côté de la salle, pensez-vous qu'il soit juste d'exécuter les Girondins sans les entendre?

Cette spirituelle boutade rétablit le silence et l'œuvre fut couverte d'applaudissements.

(Voir *Accordeur de la camarde.*)

Piano. — « La mitrailleuse de la paix. »
(P. Véron. *Carnaval du dictionnaire.*)

Corruption de l'argotisme *forte-piano*, clavecin ainsi baptisé parce qu'il pouvait modifier l'intensité des sons du *forte* au *piano*, du fort au doux, avantage que possèdent d'ailleurs à peu près tous les instruments de musique.

Les pianistes ont rogné la tête du *forte-piano* pour donner le change au public et l'engager à prendre leurs billets de concerts, en lui faisant accroire que tout s'y passerait en douceur *(piano.)*

Il était cependant si simple d'imiter les Italiens, les Anglais, les Espagnols et les Allemands, en conservant le mot *clavecin*, instrument à *clavier*.

Piano (Jouer du). — Se dit d'un cheval qui trotte d'une manière irrégulière.

Dans l'argot des maquignons, outrés sans doute d'entendre les musiciens se vanter d'être à cheval sur la mesure et de les voir promener des crins d'archet sur un chevalet.

(Voir *Harper.*)

Piano de Savoyard. — Sobriquet donné à l'instrument favori des enfants de la Savoie, la vielle. (Argot populaire.)

(Voir *Vielle*.)

Piano (Vendre son). — En argot de coulisses, on disait d'un acteur lancé dans une tirade d'un pathétique exagéré: « *On va lui vendre son piano.* »

Par extension, si l'on en croit Delvau, dans la vie réelle, on dit d'une femme qui pleure hypocritement: « *Elle vend son piano.* »

Cette expression pittoresque fut mise à la mode après le succès de *Pauvre Jacques*, vaudeville des frères Cogniard, représenté en 1835 au Gymnase dramatique. Dans cette comédie, l'acteur Bouffé, jouant un rôle de vieux musicien, lançait à son impitoyable propriétaire la tirade suivante :

« Vous ferez *vendre mon piano*... (Il court à l'instrument.) Qu'avez-vous dit là ?... Oh! mais, vous ne savez pas tout ce que vous voulez m'enlever ?... Vous ne savez donc pas que, depuis dix ans, il m'a fait supporter tout ce que la misère a de plus hideux ?... la faim !... oui, monsieur... la faim !... cela vous étonne, vous qui avez le superflu, qu'un pauvre musicien manque souvent du nécessaire... cela vous étonne... et pourtant je ne vous ai pas demandé d'aumône, moi... parce que je trouvais là, à cette place, l'oubli de mes souffrances... C'est à mon piano peut-être que je dois d'être vivant encore... et vous voulez le faire vendre!... oh! non, non... vous ne le ferez pas... Au malheureux que l'on dépouille, la loi ordonne qu'on lui laisse au moins son lit... eh bien! faites vendre mon lit, mais laissez-moi mon piano... car voyez-vous, jamais... on ne pourra m'en priver de mon piano... Qu'ils viennent donc vos gens de justice, qu'ils viennent!... Je suis vieux et faible; mais Dieu me donnera la force de les chasser tous... ou bien, si je ne le puis... je me placerai entre eux et mon cher piano... et nous verrons, nous verrons!... Je vous en avertis... il faudra qu'ils me tuent, avant de me l'enlever... il faudra qu'ils me tuent!!!... ils me tueront!!!... (Jacques accablé, s'appuie sur son piano... bientôt il se relève, presse sa tête entre ses mains, et sa physionomie prend un air égaré.)

Pianomane. — Aimant follement le piano.

> Dans ma maison, à chaque étage,
> De pianos, Dieu! quel tapage!
> Depuis la fille du portier
> Jusqu'aux artistes du grenier,
> Chacun asticote un clavier.
>
> <div align="right">E. Grangé. <i>Chansons</i>.</div>

Piano-morbus. — Choléra endémique instrumental. (Argot de musiciste pianophobe.)

Pianophobe. — Ayant le piano en horreur.
« La société, disait Fiorentino, me paraît partagée

en deux grandes moitiés : ceux qui jouent du piano, et ceux qui le subissent.»

« Le piano, disait L. Huart, est infatigable et féroce. Une fois ouvert, il ne se ferme plus : c'est comme l'huître. »

« Les plaintes qui s'élèvent contre les pianos, ajoute Al. Karr, en sont arrivées à faire autant de bruit que les pianos eux-mêmes ; de telle sorte qu'il devient aussi urgent de faire cesser les plaintes que de faire taire les pianos. »

Pianopolis. — Paris, la ville des pianos par excellence. (Argot des pianophobes.)

Pianotage. — Le virtuose qui se livre à ce genre d'exercice ne touche que les touches.

Pianoter. — En jouer en se jouant de notre patience. (Argot populaire.)

(Voir *Jouer aux dominos, Tapoter.*)

Pianoteur-euse. — Qui pianote.

Je n'aime pas le piano, s'écriait l'infortuné mari d'une tapoteuse, mais j'exècre encore cent fois plus le cor de chasse. Je n'aime pas le piano, et j'en suis très content, car si j'aimais le piano, ma femme jouerait constamment du cor de chasse.

Piccinistes. — Nom de guerre des partisans de Piccini dans sa lutte contre Gluck.

Les Gluckistes logeaient Piccini rue des Petits-Champs. En revanche, les Piccinistes campaient Gluck rue du Grand-Hurleur.

Citons, pour édifier nos jeunes compositeurs, l'épigramme qu'un critique osa lancer contre l'auteur d'Iphigénie.

> Il arriva, précédé de son nom,
> Il arriva le jongleur de Bohême :
> Sur les débris d'un superbe poème,
> Il fit beugler Achille, Agamemnon,
> Il fit hurler la reine Clytemnestre,
> Il fit ronfler l'infatigable orchestre ;
> Du coin du roi les antiques dormeurs,
> Se sont émus à ses longues clameurs,
> Et le parterre, éveillé d'un long somme,
> Dans un grand bruit crut voir l'art d'un grand homme.
>
> MARMONTEL.

En sortant de la première représentation d'Alceste de Gluck, un Picciniste s'écrie : c'est une pièce tombée.

— Tombée du ciel, ajoute un Gluckiste.

Pied levé (Jouer au). — Les enfants jouent à *cloche-pied*, mais les chanteurs jouent *au pied levé*, en remplaçant, ex abrupto, un artiste manquant. (Argot des coulisses.)

« On jouait le Barbier de Séville au théâtre de Livourne, et le second acte venait de commencer lorsqu'on s'aperçut que l'artiste chargé du rôle de Basile n'était pas arrivé. Consternation des autres interprètes et stupeur générale lorsqu'on vit le chef d'orchestre, M. Franciscolo, *enjamber* le trou du souffleur et prendre sur la scène la place de Basile dont il joua et chanta le rôle à la satisfaction générale. »

(*Le Radical.*)

Pif. — En patois normand se dit du nez bourgeonné d'un gourmand qui s'est *empiffré*, c'est-à-dire gorgé de nourriture. — Argotisme tiré du vieux français *pifre*, fifre [1].

Le nez bourgeonné est généralement l'apanage des gens qui ont la passion de *flûter*.

(Voir *Pipe, Trombone, Trompette.*)

Piffre. — Homme joufflu, glouton. Argotisme populaire, dérivé de *fifre*, assimilant les joues du gourmand qui mange à pleine bouche à celles de l'instrumentiste qui souffle dans un piccolo.

L'onomatopée *pif* exprime à la fois le coup de langue du flûtiste et le soupir qui ponctue le coup de dents du goinfre.

---

[1] En italien, *piffero* ; en allemand, *pfeife*.

Avez-vous remarqué que, dans presque toutes les musiques de régiment, la partie de *fifre* est tenue par le plus gros musicien de la bande?

Piffre. — Marteau du batteur d'or. Allusion à l'embonpoint de ce Gargantua des marteaux.

Piffrer (Se). — Manger avec excès. (Vieil argot populaire.)
On disait également *se piffer*.

« On rit, on se piffe, on se gave. »
VADÉ.

(Voir *S'empiffrer*.)

Pilier d'opéra. — Habitué à fréquenter l'opéra par goût, par pose ou par désœuvrement.
Des piliers d'église soutiennent la voûte de l'édifice; que peuvent bien soutenir les *piliers d'opéra* ?

Pincer de la guitare, de la harpe, etc... — Jouer de ces instruments.
Expressions surannées sur lesquelles n'ont jamais pu se mettre d'accord les pince-sans-rire de la syntaxe. Ceux-ci voulaient *pincer la...*; ceux-là voulaient *pincer de la...* afin d'éviter la confusion entre une harpe et une cuisse. G. Kastner conclut, avec raison, que ces locutions doivent aller rejoindre,

dans le vocabulaire comique, l'argotisme *pincer un léger cancan.*

(Voir *Pincer de la Guitare, de la Harpe.*)

Pincer (En). — Chaque fois qu'au milieu d'un concert, les Joachim ou les Bottesini se retirent après leur solo, sous un tonnerre d'applaudissements, les musiciens de l'orchestre ne manquent jamais de se faire de l'œil, en murmurant d'un air connaisseur : hein! *il en pince !...*

Quand le soliste est une femme, pianiste ou cantatrice, la formule varie. On dit : hein! *elle en pince !...*

Cette façon de détourner un mot de son sens propre peint mieux, selon ces artistes, l'admiration de connaisseurs un peu blasés.

(Voir *En jouer, en mouiller, en patiner.*)

Pipe. — Visage, dans l'argot du peuple, qui se laisse *piper* tous les jours par des physionomies à qui l'on donnerait le bon Dieu sans confession.

(Voir *Piper, Trombone, Trompette.*)

Piper. — Tromper, séduire, attirer dans un piège par ruse. (Argot populaire.)

Allusion au *pipeau*, sifflet avec lequel l'oiseleur imite le chant des oiseaux pour les attirer dans ses gluaux.

Autrefois on disait *piper* pour jouer de l'instrument à vent appelé *pipe* ou *pipeau* (du latin *pipa*, tuyau).

Bag-pipe (sac-tuyau), est le nom de la cornemuse écossaise.

On dit encore *piper* les dés, les plomber pour tricher au jeu.

(Voir *Tromper*.)

Piper. — Fumer la pipe. (Argot populaire.)

Les fumeurs ont emprunté leur *pipe* aux musiciens. La *pipe* ou *pipeau* (de *pipa*, tuyau), était un instrument champêtre formé d'une simple tige végétale dont les joueurs se servaient au besoin pour boire et peut-être pour fumer, à la façon de nos collégiens dont la première bouffarde est une modeste viorne.

On voit qu'un fumeur ne saurait parler de *tuyau de pipe* sans commettre un pléonasme.

La *pipe* que fument les sauvages de l'Amérique du Nord, le calumet, est proche parente de notre chalumeau.

(Voir *Blague, Chalumer, Siffler*.)

Piper (Ne pas). — Ne souffler mot. (Argot populaire.)

Il ne pipe pas, se dit de quelqu'un à qui l'on vient de couper la musette ou le sifflet. (Voir ces mots.)

Piquer une muette. — Faire semblant de chanter, dans l'argot des choristes vexés par les altercations d'un chef grincheux. Cette locution s'applique également au jeu instrumental, dans le langage des musiciens d'orchestre.

Un amusant souvenir de l'Opéra sous l'Empire, remontant à la direction d'Émile Perrin.

« Les musiciens de l'orchestre, mécontents de je ne sais plus quelle mesure, imaginèrent de jouer *pianissimo* pendant toute la soirée et, le public parisien, toujours indulgent aux farceurs, s'amusait énormément de ne percevoir qu'un murmure instrumental, malgré les efforts que Georges Hainl faisait pour enlever son orchestre. Et le maréchal Vaillant, alors ministre des beaux-arts, arrivant au théâtre et, tout surpris de ce spectacle, interpellant brusquement le directeur : « Ah çà ! ils sont donc tous saouls, ce soir, vos hommes ! »

(Adolphe Jullien. *L'Art.*)

Piquer une romance. — Dormir. (Argot de régiment.)

Allusion aux ronflements qui retentissent la nuit dans les chambrées.

Les faubouriens disent *piquer un chien.*

On a prétendu que Meyerbeer, pour se venger des épigrammes de Rossini, entretenait une troupe de dormeurs bénévoles qui, de temps à autre, allaient *piquer une romance* à *Otello* et à *Il Barbiere.*

Un soir, Meyerbeer, assistant dans une loge d'avant-scène des Bouffes à la seconde représentation de *Sémiramide,* se renverse dans son fauteuil, à la fin du premier acte, ferme les yeux et semble plongé dans le plus délicieux sommeil.

On le regarde de tous les coins de la salle, on chuchote, on se montre scandalisé.

— Ne faites pas attention, dit Jules Sandeau, c'est Meyerbeer : il s'économise un dormeur.

P..... dans un violon. — Expression triviale ayant pour synonyme *donner un coup d'épée dans l'eau, travailler pour le roi de Prusse.*

Piston (Jouer du). — Jouer du cornet à trois pistons. (Argot d'orchestre.)

Métonymie compromettante, car on peut accuser celui qui en use de ne dire que le tiers de sa pensée.

A l'exposition de 1867, quand le Schah de Perse entendit la musique de la garde de Paris, il fut si émerveillé des sons du *cornet à piston* solo, qu'il le qualifia de rossignol de cuivre.

Mais les Persans sont si barbares !

Planche aux soupirs (La). — La guitare. (Argot allemand.)

Plumer la dinde. — Jouer de la guitare. (Argot espagnol.)

Poireau. — Hautbois et cor anglais. (Argot d'orchestre.)

> Par respect pour la gal'rie,
> Musiciens, nos camaraux,
> Fait's moins d'couacs, je vous en prie,
> En soufflant dans vos poireaux !
>
> <div align="right">Vilmay. <i>Chansons.</i></div>

Le hautbois et le cor anglais doivent leur sobriquet de *poireau* au renflement de la partie de leur tube qui avoisine le pavillon, renflement qui leur donne la physionomie de cette plante potagère.

Le *poireau* complète la famille des légumophones : flageolet, flûte à l'ail, flûte à l'oignon, etc.

Ponts-neufs. — On désignait ainsi les vaudevilles, les noëls et les complaintes que la muse lyrique populaire débitait en plein vent, au XVIIe siècle, sur les tréteaux du *Pont-Neuf*.

> Rendez-vous des charlatans,
> Des filous, des passe-volants ;
> Pont-Neuf, ordinaire théâtre
> Des vendeurs d'onguent et d'emplâtre,
> Séjour des arracheurs de dents,
> Des fripiers, libraires, pédants,
> Des chanteurs de chansons nouvelles,
> D'entremetteurs de demoiselles,
> De coupe-bourse, d'argotiers,
> De maîtres de sales métiers.
>
> Bertrand.

Bien que les plus grands compositeurs n'aient point dédaigné d'orner leurs œuvres, des modestes fleurs écloses entre les pavés du *Pont-Neuf*[1], ce mot est aujourd'hui devenu le synonyme d'air trivial et de rengaine musicale.

Les harmonistes sans idées ne manquent jamais de traiter les mélodistes de fabricants ou même de rétameurs de *Pont-Neufs*.

Halévy présenta un jour à Auber un bambin de dix ans qui avait composé une fugue. L'illustre compositeur encouragea l'enfant, puis, malicieusement, lui frappa sur l'épaule : « Bravo ! Je te félicite, maintenant tu me trouveras un *pont-neuf* pour mettre là-dessus. »

Porte-lyre. — Poète. (Argot littéraire.)
Flèche inoffensive décochée aux enfourcheurs du Pégase classique, éprouvant le besoin de galoper au pays de la rime avec un tétracorde en sautoir.

(Voir *Lyre, Luth*, etc...)

Porte-lyre. — Nom d'un poisson de mer sur le dos duquel Lacépède, qui fut musicien avant d'être naturaliste, découvrit deux nageoires dont les rayons sont dans les mêmes proportions que les harmoniques du corps sonore. (Argot zoologique).

---

[1] Voir les variations de Mozart sur l'air « Au clair de la lune ; » celles du Toréador d'Adam, sur l'air « Ah ! vous dirai-je, maman, » etc.

Posséder son embouchure. — Manier la parole en virtuose consommé. (Argot populaire.)

Les orateurs grecs de l'antiquité se faisaient donner le ton par un esclave, joueur de flûte. Eux seuls pouvaient donc se vanter de *posséder leur embouchure*.

Posséder son instrument. — En savoir bien jouer. (Argot musical.)

On peut *posséder son instrument*, même quand il est de location.

On dit également *posséder son clavier, posséder son manche, posséder son embouchure*. Beaucoup de musiciens, malheureusement, ne possèdent guère que cela.

« Dans un orchestre de théâtre de province, un vieux clerc de notaire était venu un soir jouer de l'alto pour son agrément, mais non pas pour celui du public. Le chef d'orchestre lui ayant fait remarquer qu'il jouait horriblement faux :

— Monsieur, répondit l'amateur blessé, mon alto est à moi, je l'ai payé de mes deniers, j'ai donc le droit d'en faire ce que je veux.

— Ce n'est pas une raison pour en abuser.

— Pardon, monsieur, c'est ma propriété. Or, qu'est-ce que la propriété ? Lisez le droit romain : *Jus utandi et abutandi*, le droit d'user et d'abuser Donc.

Et il continua à cacophoniser sur son alto.

(*Musicorama.*)

Pot-pourri. — Arlequin musical. S'emploie, au figuré, pour qualifier une page de musique ou de littérature composée d'idées incohérentes.

Au propre, le *pot-pourri* était une suite d'airs pris dans les œuvres de divers maîtres ou parmi les refrains populaires et cousus les uns aux autres.

L'abbé Tuet, dans ses Proverbes français, dérive ce mot d'un rata composé de bœuf, de mouton, de veau, de lard, etc., que l'on faisait *pourrir* à force de le cuire et de le recuire.

Le *pot-pourri* a été très à la mode pendant la Restauration. Les chansonniers ont employé ce genre avec succès. On se souvient encore de la spirituelle parodie de la Vestale de Spontini par Desaugier.

Aujourd'hui les virtuoses ont remplacé le *pot-pourri* par la *fantaisie,* composition musicale faite de pièces et de morceaux empruntés à quelque opéra en vogue et cousus ensemble à l'instar de l'habit bariolé d'Arlequin.

Préludeur. — Musicien qui a la manie d'exécuter des traits ayant plus ou moins de rapport avec le caractère du morceau qu'il va jouer ou chanter. (Argot d'orchestre.)

Généralement les *préludeurs* d'orchestre sont de pitoyables exécutants. Ces messieurs ne jouent que pendant les entr'actes, repassant les motifs du concerto qu'ils rabâchent depuis six mois dans leur mansarde, afin d'épater leurs camarades de pupitre.

« Avez-vous entendu jamais quelque chose de plus mistigorieux que les *préludes* de ces malencontreux solistes qui vous forcent d'écouter un petit tas de farfouilleries encornifistibulantes dans lesquelles ils semblent devoir demeurer comme crapauds dans une grenouillère ? Puis, quand ils ont escarbouillé leurs yeux, d'un air gabeleur, ils dodelinent leur corps frétillardement pour attraper quelque petit bruissement flatteur : st! st! il commence! st! Vous les voyez gobelotant l'adulation par tous les pores, se héroïfier avant même d'être assis d'aplomb! D'autres font moins de façon, ils jouent en guise de prélude une gamme ascendante et descendante, puis, si l'on s'esclafe de rire, ils rient aussi. Quelques-uns, dès leur début, s'enfournent dans des tons si extraordinaires qu'il serait impossible de préciser si le prélude est dans un ton quelconque; on en voit aussi imaginant les difficultés les plus grotesques, dont ils restent piloboufis et lorsqu'arrive leur vrai morceau, ils n'y a plus d'admiration possible.

(*Dictionnaire burlesque*. Clédeçol, 1836.)

Prima donna de l'égout. — Chanteuse ordurière de café-concert. (Argot populaire.)

« C'est le sublime des sublimes qui fait la réputation des *prima donna de l'égout*. Ils sont là, attablés dans les cafés chantants: la célébrité paraît, une salve bien appuyée lui fait sentir qu'elle a des admirateurs; après le premier couplet, des bravos frénétiques le mettent en bonne humeur, à la fin il trépigne, il se démène comme un forcené. Le lendemain, il vous fredonne: *Rien n'est sacré pour un sapeur* ou *C'est dans le nez qu'ça m'chatouille.* Si vous l'appelez protecteur des arts, d'un ton moqueur, l'apostrophe en avant: «Est-ce que vous comprenez ça, vous? Il vous faut du plain-chant, de la musique sacrée; allez donc au lutrin, vous êtes un croque-mort de plaisir.»

(*Le Sublime.* Denis Poulot.)

Prima gueula. — Variante de la précédente. (Argot populaire.)

«Elle sait chanter. Quant à son chant, il est indescriptible, comme ce qu'elle chante. Il faut être Parisien pour en saisir l'attrait, Français raffiné pour en savourer la profonde et parfaite ineptie. Cela n'est d'aucune langue, d'aucun art, d'aucune vérité. Cela se ramasse dans le ruisseau; mais il y a le goût du ruisseau, et il faut trouver dans le ruisseau le produit qui a bien le goût du ruisseau. Les Parisiens eux-mêmes ne sont pas tous pourvus du flair qui mène à cette truffe. Lorsqu'elle est assaisonnée, ils la goûtent. Notre chanteuse a ses trouvères attitrés qui lui proposent l'objet, et elle y met supérieurement la sauce.

« Elle joue sa chanson autant qu'elle la chante. Elle joue des yeux, des bras, des épaules, des hanches, hardiment. Rien de gracieux ; elle s'exerce plutôt à perdre la grâce féminine ; mais c'est là peut-être le piquant, la pointe suprême du ragoût. Des frémissements couraient dans l'auditoire, des murmures d'admiration crépitaient dans la fumée des pipes, à certains endroits dont l'effet, cependant assuré, défie toute analyse. Dites pourquoi l'Alsacien s'épanouit à l'odeur de la choucroute ?

« La grande chanteuse est entourée de satellites très inférieurs. Son morceau est précédé d'une avant-garde de romances nigaudes, l'on place au plus près tout ce qu'il y a de plus douceâtre : *Faites un nid !* Et, après ce fromage blanc, tout de suite, l'ail et l'eau-de-vie surpoivrée, le tord-boyaux tout pur de la demoiselle. Le heurt est violent, et comme on dit dans la langue du lieu : Ça emporte la gueule. »   (*Les odeurs de Paris.* Louis Veuillot.)

(Voir *Beuglant.*)

Pris de rhum. — Jeu de mots, plus spiritueux que spirituel, qu'on applique improprement à l'exécutant qui a trop flûté. (Argot d'orchestre.)

On sait qu'avant de partir au pays du soleil, les *prix de Rome* doivent être jugés dignes des loges. Cette qualification ne saurait donc s'appliquer aux *prix de rhum,* qui ont déjà reçu leur coup de soleil avant de partir pour la gloire.

Prix marqué et prix net. — Chiffres fantastiques, marqués sur tous les morceaux de musique, indiquant en francs et centimes, le double, le triple, le quadruple et jusqu'au décuple de leur prix réel. (Argot des éditeurs de musique.)

Psaltérion (Mettre au). — Mettre au carcan. (Vieil argot judiciaire.)

Bien que cet argotisme ne soit plus usité, nous devons le mentionner, car on l'a fait le précurseur de *mettre au violon*, emprisonner.

Le psaltérion était un instrument à cordes très répandu au moyen âge. Ses cordes, que l'on pinçait des deux mains, étaient fixées sur une caisse sonore de forme triangulaire, mais le plus souvent trapézoïdale, que l'exécutant suspendait à son cou.

Le psaltérion, comme l'indique son nom, servait à accompagner le chant des psaumes.

G. Kastner, dans une savante étude du mot, a démontré que, dans l'argot judiciaire, le psaltérion n'était autre chose que le cep, sorte de carcan en bois dont on entravait les criminels.

Mettre au psaltérion devint le synonyme de mettre au cep, à cause de l'analogie de forme de ces deux instruments et surtout à cause de l'attitude de virtuoses que le cep donnait aux criminels qui y étaient condamnés, et de l'aspect de suppliciés que le psaltérion faisait prendre aux musiciens qui en pinçaient. (Voir *Harpe, Tap, Violon.*)

Puff. — Réclame charlatanesque. (Argotisme tiré de l'anglais *puff* (souffle, bouffée), onomatopée du bruit que font les lèvres du fumeur et du cornemuseur, le premier, en lâchant une bouffée de sa pipe, le second, en soufflant dans son bag-pipe, (sac à tuyau.)

On voit que du *puff*, il ne sort que du vent ou de la fumée. Un des plus célèbres *puffistes* fut l'américain Barnum, l'entrepreneur des succès de Jenny Lind, le rossignol suédois.

(Voir *Blague, Buffa, Du Vent.*)

Q

Quadrumanes. — Se dit de deux pianistes, attelés au même clavier pour y jouer un morceau *à quatre mains.* (Argot musical.)

Allusion aux contorsions et aux singeries auxquelles se livre habituellement la gent tapoteuse.

Quatre (Se mettre en). — Exécuter un quatuor. (Argot musical).

Expression plaisante, parodiant l'argotisme *se mettre en quatre,* faire du zèle pour quelqu'un ou quelque chose, employée par les amateurs de musique de chambre ou par les choristes dont les compositions sont généralement écrites à quatre parties.

Quatuor. — Quatre d'un jeu de dominos. (Argot des joueurs.

Revanche des joueurs sur les pianistes qui leur ont emprunté l'expression *jouer aux dominos*.

Queue. — Toutes les notes de musique, excepté la ronde, sont munies d'un appendice appelé queue.

S'il arrive qu'à la fin de l'exécution d'un morceau d'ensemble, un choriste ou un instrumentiste maladroit fait entendre une note ou un accord après tout le monde, le chef d'orchestre se tourne vers l'auteur du solo intempestif et le frappe d'une amende pour avoir *fait une queue*. C'est le terme consacré.

On jouait un soir *Robert le Diable* dans un théâtre de province et plusieurs artistes amateurs de l'orchestre, peu familiers avec les difficultés de l'œuvre de Meyerbeer, se livraient à une orgie de *queues* qui donnaient le frisson.

Au premier entr'acte, le chef d'orchestre descend au foyer des artistes et interpelle vertement les coupables. — Monsieur l'alto, s'écrie-t-il, pourquoi avez-vous fait une *queue*? Prenez-vous Meyerbeer pour une perruque?

— Loin de là, monsieur, mais c'est le diable, sa musique.

— Et vous, la contrebasse, pourquoi avez-vous fait une *queue*?

— Monsieur, la *queue* au théâtre ne prouve-t-elle pas le succès de l'ouvrage?

Cette réponse inattendue désarma le vétilleux chef d'orchestre.

(*Musicorama*.)

Queue de poisson. — Coda écourtée d'un morceau de musique qui «*desinit in piscem*» et ne plonge pas précisément le public dans la même extase que les infortunés matelots séduits par le chant de la sirène.

Libre aux auditeurs d'éviter le naufrage en employant l'expédient d'Ulysse et de ses compagnons: se boucher les oreilles.

Quinte. — Violent accès de toux. (Argot populaire.)

Le docteur Colombat de l'Isère, dans son Mécanisme des cris, a noté ainsi la terrible *quinte* de la coqueluche.

Quintette. — Cinq d'un jeu de dominos. (Argot des joueurs.)

Peine du talion infligée aux musiciens qui ont donné le nom de Dominante à la quinte de la tonique.

Le jeu de dominos lyriques ne comprend jusqu'à ce jour que quatre pièces : le Domino rouge de Lobe, Il Domino nero de Rossi, le Domino bleu d'Arietta et le Domino noir d'Auber.

Quinze-vingts (Musique de). — Musique médiocre comme en exécutent les aveugles nomades. (Argot populaire.)

En 1260, Saint-Louis fonda l'hospice des Quinze-Vingts, pour 300 (15 fois 20) aveugles.

Les malheureux qui n'avaient pu trouver un refuge dans cet asile, apprirent comme ils purent à dire quelques chansons ou à jouer de quelque instrument de musique et se répandirent dans les rues pour implorer la charité des passants. De ce nombre fut le poète et ménestrel Colin Muzet dont il nous reste plusieurs productions. L'instrument favori des aveugles du XIVe siècle était la vielle ou chifonie.

La chronique manuscrite de Bertrand Du Guesclin l'anathématise en ces termes :

Dist Mathieu de Gournay, ne vous irai celant,
Ens ou pays de France et ou pays normant,

Ne vont tels instrumens, fors aveugles portant,
Ainsi vont li aveugles et li poores truant,
De si fais instrumens li bourgeois esbattant,
Et l'appela depuis un instrument truant:
Car ils vont d'huis en huis leur instrument portant
Et demandent leur pain...

Jusqu'au XVIIe siècle, les aveugles continuèrent à moudre de la chifonie. L'orgue de Barberi et l'accordéon étaient encore à naître. Bientôt le gagne-pain des pauvres, la vielle eut ses entrées dans les palais, et, grâce à La Roze et à Janot, la terreur des cours devint la joie de la cour.

Le violon étant tombé en discrédit parmi les gens du bel air, les aveugles s'en emparèrent.

Au XVIIIe siècle, on organisa des concerts d'aveugles, mais l'exécution charivarique de ces orchestres et les costumes burlesques dont on revêtait les pauvres symphonistes étaient plutôt du domaine de la parade et faisaient la risée de l'auditoire.

Une curieuse estampe du temps, reproduite par le magasin pittoresque de 1878, représente un « grand concert extraordinaire exécuté par un détachement des *Quinze-vingts* au caffé des aveugles (sic) à la foire Saint-Ovide, au mois de septembre 1771. » L'orchestre de ce concert est composé de neuf exécutants jouant des instruments à cordes et à archet. Ils sont affublés de bonnets pointus et, comme pour railler de leur infirmité, quelques-uns des violons portent des lunettes et d'autres s'efforcent en grimaçant de déchiffrer leur musique posée à l'envers devant leurs yeux morts.

La composition de cet orchestre rappelle un peu celle du café des aveugles qui tenait ses séances, en 1858, dans un sous-sol du Palais-Royal.

Le chef d'orchestre, devançant l'excentrique sauvage du café des aveugles, est coiffé des oreilles de Midas; il est à cheval sur un paon dont la queue étale ses yeux nombreux, comme pour narguer ceux qui manquent aux exécutants. Un lustre éteint est suspendu au-dessus de cette scène navrante.

C'est en assistant à un de ces tristes concerts que Valentin Haüy conçut pour la première fois l'idée de prendre la musique comme point de départ de l'éducation des aveugles.

Quarante ans après, en 1822, les aveugles, élèves de Haüy, exécutèrent dans l'église Saint-Médard, au convoi de leur maître, un requiem de la composition de l'un d'eux. (Voir *Cligne-Musette*.)

R

Raboter le sifflet (Se). — Boire. (Argot populaire.)

(Voir *Siffle, Couper le sifflet*.)

Raccord. — Répétition partielle d'un ouvrage, rendue nécessaire pour une distribution nouvelle des rôles ou pour un changement dans la mise en scène, par la présence d'un acteur nouveau, par des coupures, ou enfin destinée uniquement à rétablir la bonne exécution de quelques endroits difficiles.

(Fr. Halévy.)

L'auteur de la *Juive* raconte, dans ses Souvenirs, l'histoire du *raccord* de *Guillaume Tell* qui eut lieu à l'Opéra la veille de la révolution de 1830.

« J'étais présent à cette répétition, dit-il, seul dans la salle obscure, où pénétraient par moments des rumeurs lointaines. Lorsqu'on arriva au trio célèbre, lorsque Guillaume s'écria : *« Ou l'indépendance ou la mort ! »* un frémissement parcourut le théâtre, et les hommes qui se tenaient au fond de la scène ou qui remplissaient les coulisses, acteurs, musiciens, machinistes, comparses, soldats de garde, frappés d'une étincelle soudaine, accoururent et répétèrent le cri de Guillaume. Jamais mouvement réglé par un habile metteur en scène ne fut exécuté avec autant de chaleur et d'ensemble. Trente ans écoulés n'ont pu effacer de ma mémoire le souvenir de cette commotion rapide et l'effet de ce chœur étrange, de cette mélopée bizarre où se trouvaient confondus le chant et le rythme musical avec la libre expansion de la parole, et d'où s'échappait, comme un rayon de feu du milieu des ténèbres, le cri de guerre fortement accentué. Ce fut la fin de la répétition. Beaucoup de ces hommes, cachant sous leurs vêtements une arme improvisée, partirent et allèrent grossir les groupes qui agitaient le boulevard. Peu d'instants après, on reçut l'ordre de cesser la répétition, prévoyance tardive que l'émeute avait devancée.»

Râcler le boyau. — Jouer du violon ou de la basse. (Argot populaire.)

Les Italiens disent «scier le violon» et les Allemands «gratter le violon.»

Moi. — Aimez-vous votre enfant?

Lui. — Si je l'aime, le petit sauvage! J'en suis fou!

Moi. — Et vous en ferez un musicien, afin qu'il ressemble en tout à son père?

Lui. — Un musicien! un musicien! Quelquefois je le regarde en grinçant les dents, et je dis: «Si tu devais jamais savoir une note, je crois que je te tordrais le cou.»

Moi. — Et pourquoi cela, s'il vous plaît?

Lui. — Cela ne mène à rien.

Moi. — Cela mène à tout.

Lui. — Oui, quand on excelle; mais qu'est-ce qui peut se promettre de son enfant qu'il excellera? Il y a dix mille à parier contre un qu'il ne sera qu'un misérable *râcleur de cordes* comme moi. Savez-vous qu'il serait peut-être plus aisé de trouver un enfant propre à gouverner un royaume, à faire un grand roi, qu'un grand violon ?

(Diderot. *Le neveu de Rameau.*)

Rafistoler. — Raccommoder. (Argot populaire.)
Du latin *fistula*, flûte, dit le dictionnaire de patois normand, le vieil argot français avait fait *afistoler*, tromper, comme piper de pipeau.

Or, n'est-ce pas une tromperie que *rafistoler* un objet en mauvais état pour le revendre comme neuf ?

Rafistoler (Se). — Se parer, s'endimancher. (Argot populaire.)
On disait autrefois *s'afistoler*.

N'est-ce pas une tromperie que ces parures, ces fausses nattes, ces fausses dents, ce maquillage ?

Râler. — On dit qu'un tuyau d'anche *râle* lorsqu'il ne parle pas net, qu'il a un son enroué, désagréable. (Argot des organistes.)

La même raison a fait donner à un oiseau le nom de *Râle*.

Ramage. — Chant. (Argot populaire.)
Est-ce que le proverbe musulman « Chaque oiseau aime son *ramage* » ne s'applique pas également aux étoiles de la rampe et aux divas de la ramée ?

Ramistes. — Nom des partisans de Rameau dans sa lutte contre les Lullistes. (Argot musical.)

Au service solennel que l'Opéra fit célébrer, en 1764, à la mort de ce compositeur, plusieurs de ses œuvres furent adaptées aux prières qu'il est d'usage de chanter en cette cérémonie. Sophie Arnould, rappelant le nom et les talents de l'homme que la France venait de perdre, s'écria : « Nos lauriers ont perdu leur plus beau Rameau. »

(Voir *Lullistes*.)

Raquette. — Violon. (Argot musical.)

On peut expliquer de plusieurs manières l'origine de ce sobriquet donné au roi des instruments. La *raquette* et le violon semblent d'abord avoir été taillés sur le même patron. Ensuite, depuis que les parties de violon sont vouées aux démanchers les plus fantastiques, les violonistes sont forcés de s'escrimer de la paume. Il semble enfin, en entendant les traits des violons s'élancer, se croiser, s'imiter d'une partie à l'autre, que les symphonistes se lancent la balle.

(Voir *Charivarius, Mirecourt, Sabot, Râcler le boyau, Scier du bois*.)

Rasibus. — Sobriquet donné par les missionnaires français aux chanteurs castrats de la Chine qui avaient subi l'amputation totale.

(Barrow. *Voyage en Chine*, I, page 385.)

(Voir *Chanteur de la chapelle Sixtine*.)

Rataplan. — Onomatopée du bruit du tambour employée comme refrain dans les compositions vocales. Le plus célèbre est le *rataplan* des Huguenots.

(Voir *Colin Tampon, Papa, Maman.*)

Registres de la voix — Argotisme servant à classer les divisions de l'étendue de la voix. On distingue trois *registres:* celui de *poitrine*, celui de *médium* et celui de *tête* ou de *fausset* (que l'on devrait écrire faucet, comme le voulait J. J. Rousseau, ce mot venant du latin *faux, faucis*, la gorge).

Les musiciens aiment à pratiquer entre eux le libre échange. Les organistes ont emprunté aux chanteurs la *voix humaine* pour en composer un jeu d'anches qui a la prétention d'imiter avec des tuyaux l'effet produit par les cordes vocales. La voix humaine ne suffisant pas aux organistes insatiables, ils ont emprunté au choral céleste la *vox angelica*, jeu d'orgue que certains facteurs qualifient d' « assassin des soufflets. »

A leur tour, les chanteurs ont emprunté aux organistes le nom des règles de bois dont la fonction est d'ouvrir ou de fermer l'entrée du vent dans les tuyaux d'orgue, pour diviser leur voix en trois *registres*.

Au point de vue commercial, la voix de poitrine est le *grand livre* du chanteur, sa voix de médium est son *registre de caisse* et sa voix de tête peut-être considérée comme son *brouillard*.

(Voir *Voix blanche*.)

Rémouleur de buffet. — Joueur d'orgue de Barberi ou de Barbarie. (Argot populaire.)

On peut classer les *rémouleurs de buffet* en quatre catégories.

Les *endormeurs*, dont la manivelle moud avec une lenteur et un acharnement désespérants le miserere du *Trouvère*, afin de provoquer les baillements de tous les habitants d'une cour et de s'en faire chasser à coups de gros sous.

Les *épateurs*, dont le truc le plus original consiste à jouer gravement la sérénade des *Deux aveugles*, en tournant avec un sérieux imperturbable les pages d'un cahier de musique posé sur leur orgue.

Les *étouffeurs*, appostés par les escarpes devant la maison de leur victime, afin d'empêcher ses cris d'être entendus. Tout le monde se souvient du fameux remouleur célébré par la complainte de Fualdès :

> Afin d'étouffer ses cris,
> Il jouait d'l'orgu' de Barbarie!...

Les *agaceurs*, dont les sons faux et criards peuvent être de quelque utilité, comme le prouve ce couplet, chanté sur l'air du Noël d'Adam :

Qu'un créancier chez vous, un jour, pénètre,
Ou qu'un raseur vous débite des vers,
Quel sort heureux quand, sous votre fenêtre,
Un orgue vient soudain moudre ses airs !
Pour agacer des gêneurs pleins de morgue,
Du trémolo je suis grand amateur.
Qui les fait fuir ? C'est notre joueur d'orgue :
Noël ! Noël ! Voilà le Rédempteur.

Montariol. Chansons.

Remplir le battant (Se). — Manger, se remplir la bedaine, le bedon, le tambour, dans l'argot des faubouriens dont le ventre bat souvent la breloque.

(Voir Battant, S'empiffrer, etc.)

Rentoilage. — Argotisme emprunté à la peinture pour exprimer l'opération que l'on fait subir quelquefois aux opéras de l'ancien répertoire que l'on remet à la scène.

« Comme à certains tableaux, noircis par le temps, dit Thurner, on leur fait subir des repeints; on *rentoile* des opéras comiques. Une orchestration nouvelle remplace l'ancienne, on arrange une romance en chœur, on intervertit l'ordre des morceaux, et cela à la plus grande gloire de l'illustre défunt. »

Mozart a *rentoilé* les oratorios d'Hændel et, juste châtiment, Mozart a été *rentoilé* à son tour ; on a bourré *Figaro* et *Don Juan* d'ophicléides et de grosse caisse.

C'est indigne! c'est affreux! disait un jour à Berlioz l'auteur de *La Vestale;* mais on me corrigera donc aussi, moi, quand je serai mort?

Dame! mon cher Spontini, vous avez bien corrigé Gluck.

(Voir Arrangeur, Décompositeur.)

Répétition. — Argotisme prouvant qu'il n'est rien d'impossible aux musiciens, puisqu'ils prétendent *répéter* un morceau qu'ils exécutent pour la première fois.

Les Italiens et les Allemands, plus logiques que nous, appellent la *répétition* l'épreuve (*prova, probe*).

Un directeur de théâtre venait d'infliger une amende à un ténor qui avait manqué, la veille, la *répétition* d'un opéra.

— « Je proteste, s'écria le chanteur, c'est aujourd'hui la véritable *répétition;* hier, vous avez dit, aujourd'hui vous *répétez*... on ne peut *répéter* que ce qu'on a déjà dit. »

Le même directeur reprochait à son étoile de faire manquer la *répétition* par ses continuels retards.

— « Vous n'avez qu'à me donner une montre à *répétition*, répondit la diva. »

Reprise. — C'est le « *bis repetita placent* » des doubles croches. (Argot musical.)

« Que penserions-nous d'un homme qui, coupant son discours en deux, répéterait deux fois chaque moitié ? »

« J'ai été chez vous ce matin ; oui, j'ai été chez vous ce matin, pour vous parler d'une affaire, pour vous parler d'une affaire. »

Voilà à peu près l'effet que me font les *reprises* en musique.

(Grétry. *Essais sur la musique*.)

(Voir Da Capo.)

Reprise perdue. — Remise en scène d'un opéra usé. (Argot musical.)

Allusion au raccommodage que les ménagères font subir aux vieilles vestes de leurs époux.

Requin. — Sobriquet populaire donné par les matelots normands au squale ou chien de mer.

Requin est une corruption de *requiem*, le chant de la messe des morts.

Ricochet (Chanson du). — Jeux de mots sans suite rebondissant de bouche en bouche. (Vieil argot.)

Synonyme de la scie que les typographes nomment *queues* et dont Delvau cite l'exemple suivant :

« Quelqu'un dit, à propos de quelque chose : « Je la trouve *bonne*. » Aussitôt, un loustic ajoute *d'enfants*, puis un autre *ticide*, puis d'autres *de Nor-*

mandie, etc., etc. Lesquelles coquesigruités, prises isolément, donnent: Bonne d'enfant — infanticide — cidre de Normandie, etc.»

Autrefois, *faire des ricochets en chantant*, c'était chanter faux.

(Voir *Jouer en si*.)

Rincer les oreilles (Se). — Entendre de bonne musique après en avoir subi de la mauvaise. (Argot des dilettantes.)

(Voir *Écorcher, Cure-oreilles*.)

Rince-voix. — Exercices de vocalises auxquels se livrent les chanteurs avant de paraître devant le public. (Argotisme forgé par M. P. Véron.)

(Voir *Gargarisme*.)

Ring-zing-guing ! — Onomatopée qui désigne, dans le patois normand, le bruit du tambour de ville de Falaise.

Dans son blason populaire de la Normandie, M. A. Canel nous a transmis une plaisante légende que les Normands conservent religieusement depuis le XVIᵉ siècle.

Le Qui-vive Falaisien.

«*Ring-zing-guing ! Ring-zing-guing ! Ring-zing-guing !* — De la part de M. de la Fresnaye, autint que le roi, si plus n'est, on fait assavoir que tout habitînt de Fâlaise ne pourra sortir sans lînterne, passé neuf heures du soir, sous les peines portées par les réglemînts de pôlice. »

— « Qui vive ! — Bourgeois de Fâlaise ! — Et où qu'est vot' lînterne ? — La véchin ! — Et il n'y a pas de chîndelle dedans. — On n' l'a pînt dit ! »

« *Ring-zing-guing ! Ring-zing-guing ! Ring-zing-guing !* — De la part de M. de la Fresnaye, autînt que le roi, si plus n'est, on fait assavoir que tout habitînt de Fâlaise ne pourra sortir sans lînterne, avec une chîndelle dedîns, passé neuf heures du soir, sous les peines portées par les réglemînts de pôlice. »

— « Qui vive ! — Bourgeois de Fâlaise ! — Et où qu'est vot' lînterne ? — La véchin. — Et la chîndelle ? — La véchin. — Mais n'y a point de feu aû bout ? — On n' l'a pînt dit. »

— « *Ring-zing-guing ! Ring-zing-guing ! Ring-zing-guing !* — De la part de M. de la Fresnaye, autînt que le roi, si plus n'est, on fait assavoir que tout habitînt de Fâlaise ne pourra sortir sans lînterne, avec une chîndelle dedîns et du feu aû bout, passé neuf heures du soir, sous les peines portées par les réglemînts de pôlice. »

Ripiène. — Partie de remplissage destinée à renforcer l'exécution d'un passage de musique. Argotisme tiré de l'italien *ripieno*, remplissage.

Un père vient faire inscrire son petit garçon au concours d'admission au Conservatoire.

— Quel instrument jouez-vous, mon enfant ? demande le secrétaire.

— Il n'ose pas répondre, dit le père, mais je puis vous affirmer qu'il est de première force sur le *ripiène*.

(*Musicorama.*)

Ritournelle. — Répétition fastidieuse d'une chose. (Argot des bourgeois.)

Allusion à la ritournelle (de l'italien *ritornello*, retour), prélude instrumental qui se répète à chaque couplet d'une chanson.

« *C'est toujours la même ritournelle* » a pour synonymes « c'est toujours la même chanson, le même refrain. »

(Voir *Kyrielle*, *Litanie*.)

Romancier. — Chanteur qui a la spécialité des romances et autres « choses du cœur » — dans l'argot des cafés-concerts.

Fort-romancier. — Premier chanteur de café-concert.

Forte-romancière. — Grosse femme qui chante avec efforts, et très mal, de petites choses sentimentales, très faciles à chanter. »

(A. Delvau. *Dictionnaire de la langue Verte.*)

Ronde. — Note blanche et ronde, sans queue, laquelle vaut deux blanches ou quatre noires.

(J. J. Rousseau. *Dictionnaire de musique*.)

Argotisme géométrique qui pouvait autrefois avoir sa raison d'être, lorsque la *ronde*, ou semi-brève, était opposée à la brève, ou *carrée*.

Est-ce que la blanche, la noire et la croche simple, double, triple ou quadruple n'ont pas toutes la tête *ronde ?* (Voir *Blanche, Croche, Noire*.)

Rosalie. — Répétition fastidieuse d'un motif musical, modulant successivement à un degré supérieur. (Argot musical).

Il est impossible que nos galants ancêtres aient voulu par ce mot faire allusion à la reine des fleurs, en insinuant que l'auteur d'une *rosalie* avait l'air d'en effeuiller les pétales parfumés.

Il est plutôt probable que cet argotisme a été inspiré par la récitation monotone d'un écolier déclinant :

Ro - sa, la   ro - se ; Rosæ, de la   ro - se ;

Rosæ, à la   ro - se ; etc.

Rossignol. — Chanteuse légère dont les roulades rappellent les vocalises du chantre des forêts.

La critique hésite souvent à appliquer à nos divas cet argotisme, à cause de ses différentes acceptions qui pourraient prêter à une équivoque.

On sait que la cantatrice Alboni était d'une corpulence peu ordinaire. Mme de Girardin la comparait à un éléphant qui a avalé un *rossignol*.

On a quelquefois appliqué cette dénomination à des imitateurs de chant d'oiseaux. Le comte de Lamberg en cite un qu'on nommait *Il signor Rossignol*. Je l'avais prié, dit-il, de se faire entendre, sur le tard, dans un jardin où il y avait une compagnie qui ignorait son talent; tout le monde crut entendre le rossignol même.

(Voir *Fauvette*.)

Rossignol. — Jeu d'orgue imitant les accents de la douce Philomèle. (Argot des facteurs d'orgues.)

« A la messe de minuit de Noël, Daquin imita si parfaitement sur l'orgue le chant du *rossignol*, sans que le couplet dans lequel il le faisait entrer parut gêné en rien de cette addition, que l'extrême surprise fut universelle. Le trésorier de la paroisse envoya le suisse et les bedeaux à la découverte dans les voûtes et sur le faîte de l'église; point de *rossignol* : c'était Daquin qui l'était. »

(Mercier. *Tableau de Paris*.)

(Voir *Philomèle, Roucouler*.)

Rossignol. — Sifflet que les enfants fabriquent avec un tube d'écorce dans lequel ils font glisser la tige de bois vert à laquelle il adhérait, afin de modifier à volonté les intonations destinées à imiter le chant des oiseaux. Ce jouet offre une grande analogie avec les anciens diapasons en bois.

Rossignol. — Marchandise invendable, condamnée à rester en boutique à perpétuité comme un *rossignol* dans sa cage.

En musique, disait Raklowsky, les *rossignols* ne voient la scène que des quais.

Rossignol. — Crochet pour ouvrir les serrures. (Argot des voleurs.)

Serait-ce une invention du trop fameux crocheteur *Rossignol*? Ou bien le parrain anonyme de cet argotisme a-t-il voulu poétiquement indiquer que son *rossignol* travaille, seulement la nuit, dans nos serrures, comme Philomèle au coin d'un bois?

Rossignol. — Sifflet que l'on pose à l'anus des chevaux poussifs. (Argot des vétérinaires.)

Pourquoi pas? En Chine, n'attache-t-on pas des sifflets sur le dos des pigeons voyageurs, afin que cette musique, effrayant les oiseaux de proie, les empêche de désorganiser le service des postes aériennes?

Rossignol... à glands (Chanter comme un). Se dit d'un mauvais chanteur. (Argot populaire.)

Quelle est l'origine de cette métaphore ? Peut-être l'espèce de grognement que font entendre certains chanteurs, en abusant des *port de voix*, a-t-il donné l'idée de caractériser leur voix en renversant malicieusement les termes de cet artifice musical.

Plus tard, on aura galamment supplanté la *voix de p...* par celle de *rossignol... à glands*.

Les instrumentistes, moins bien partagés que les chanteurs, ont dû se contenter du cervelas et du jambonneau.

On va voir que si nos ancêtres n'ont pas, comme nous, trouvé le phonographe ni l'orgue électrique, ils ont eu la gloire d'inventer les concerts de *rossignols... à glands*.

« Louis XI commanda un jour à l'abbé de Bagne, homme de grand esprit et inventeur de choses nouvelles quant aux instruments musicaux, qu'il lui fit quelque harmonie de pourceaux, pensant qu'on ne le saurait faire. L'abbé de Bagne ne s'ébahit, mais lui demanda de l'argent pour ce faire, lequel fut incontinent délivré, et fit la chose aussi singulière qu'on n'avait jamais vue. Car d'une grande partie de pourceaux de différents âges qu'il assembla sous une tente ou pavillon couvert de velours (au devant duquel pavillon y avait une table en bois toute peinte, avec un certain nombre de marches), il en fit un instrument organique, et ainsi qu'il touchait lesdites marches avec petits aiguillons qui piquaient les pourceaux, les faisaient crier en tel ordre et consonnance, que le roi et ceux qui étaient avec lui y prenaient grand plaisir. » (Jean Bouchet. *Annales d'Aquitaine*.)

Le siècle dernier, si fertile en métaphores de toutes sortes, ignorait celle de *rossignol... à glands*, comme le prouve cette anecdote, citée dans Arnoldiana.

« Mlle C... des Italiens chantait ordinairement fort bien dans la *Fausse magie* l'ariette qui commence par ces mots :

« Comme un éclair »

Elle venait de finir assez ce morceau, lorsqu'un amateur arrive tout essoufflé dans une loge, et demande vivement : A-t-elle chanté « comme un éclair ? » — Non, monsieur, elle a chanté comme un c....., »

Qui donc, de nos jours, oserait même se permettre d'appliquer l'épithète de *rossignol à glands* au plus pitoyable acteur, fût-il de soie tout habillé ?

(Voir *Jambonneau*.)

Rossignol d'Arcadie (Chanter comme un). — Chanter en brayant ou chanter comme un ignorant. (Argot musical.)

Le *rossignol d'Arcadie* descend en ligne directe du roussin de la même contrée.

Tout le monde sait que, pour être bon musicien, il faut avoir de l'oreille, mais

« L'excès en tout est un défaut »

Certes personne n'a jamais supposé que l'oreille du célèbre chanteur Martin ait eu la même conformation que celles dont Apollon gratifia le roi Midas.[1]

Néanmoins il peut arriver, au théâtre, qu'un habile chanteur, hors d'haleine, exécute malgré lui la romance si connue de maître Aliboron.

« On répétait généralement l'Africaine dans une ville de province. On venait d'entamer le formidable chœur des évêques. A la neuvième mesure, aux fameux vers dont la syllabe finale se répète sept fois de suite au-dessus de sept notes qu'on doit accentuer avec force :

« Toi dont la grâce infini-i-i-i-i-i-i-ie » les choristes, surmenés par les répétitions, se mirent à geindre entre chaque note, transformant ainsi le scabreux passage : « infini-an-i-an-i-an-i-an-i- etc... »

L'effet fut foudroyant. On se tordait dans la salle. L'orchestre s'arrête. Le chef interpelle en riant les malheureux choristes. — « Nous allons

---

[1] Il existe un vieux proverbe : « Chantez à l'âne, il vous fera des p... » qu'on applique dit M. Quitard, aux ignorants et aux ingrats qui méconnaissent les bons offices qu'on leur rend et n'y répondent que par des grossièretés.

recommencer cela, dit-il, seulement tâchez cette fois, mes enfants, de ne pas prendre votre bonnet d'évêque pour un autre.»

(*Musicorama*.)

(Voir *Sirène de moulin*, *Violon de bourrique*.)

Rossinisme. — Révolution musicale opérée par Rossini. (Argot de musicistes.)

«Musique mécanique!» s'écriait Berton, l'auteur du *Délire*.

«Turlututus!» s'écriait Lesueur, l'auteur des *Bardes*, célèbre par la tabatière du Premier consul.

«J'adjure tous les compositeurs contemporains, disait Adolphe Adam, depuis le plus célèbre jusqu'au plus infime : en est-il un seul qui ne doive quelques pages de ses œuvres au génie de Rossini?

Semblable au soleil, il a répandu la lumière sur tous, et ses rayons ont fait éclore mainte inspiration qui ne se serait peut-être jamais développée sans cette influence bienfaisante. Rossini est le génie musical le plus complet qui ait jamais existé.»

Rossiniser. — Composer dans le style Rossinien. (Argot de compositeurs.)

Rossinistes. — Partisans de Rossini dans la guerre acharnée que lui firent une tourbe de médiocrités envieuses qui tentèrent vainement d'englober l'auteur de la *Dame blanche* dans leur coterie.

« Quoi qu'on dise ou que l'on fasse, écrivait Boïeldieu, je ne prends, des compliments que l'on m'adresse, que la part qui me revient. On ne peut toucher à celle que l'Europe a faite à M. Rossini sans donner une preuve d'ingratitude ou de mauvaise foi. »

« Je donnerais tout ce j'ai fait pour un seul de ses morceaux, écrivait-il à Hérold. »

(Voir *Perruquinisme. Vacarmini*.)

Roteur. — Basse taille, basse chantante.
Enregistrons sans commentaire cet argotisme shocking dont nous renvoyons toute la responsabilité au dictionnaire de l'argot parisien de Rigaud.

Roucouler. — Chanter. (Argot populaire.)
Quelque galant qu'il soit de comparer le chant de nos divas au *roucoulement* de la douce colombe, il faut user de cet argotisme avec infiniment de précaution, à cause de l'acception zéphirienne que nos pères attachaient à leur dicton gaulois : « La tourterelle chante. »

(Voir *Jouer du basson*.)

On doit à R. Wagner l'effet vocal le plus excentrique qu'on ait jamais ouï *roucouler* à une colombe sur aucune scène.

« En 1843 Wagner fit exécuter dans une église de Dresde une scène biblique de sa composition : *Les agapes des apôtres*. Un chœur de quarante voix d'hommes représentait les quarante disciples assemblés. Pour mieux rendre l'effet de cette voix de l'Esprit saint descendant du ciel, il imagina de faire chanter ces paroles : « Soyez consolés, mon esprit est avec vous, » du haut de la coupole. La critique locale se moqua fort de cette innovation réaliste. »

(R. Wagner. L. Bernardini.)

Roue de vielle. — Se dit d'une personne bavarde et ennuyeuse, jouant toujours le même air.

(Voir *Glas*, *Manivelle*.)

Roulade. — Argotisme emprunté à la charronnerie pour indiquer un passage de musique vocale de plusieurs notes sur la même syllabe.

Ce mot, dit Castil-Blaze, vient de ce que la voix semble *rouler* en passant légèrement d'un son à un autre.

Une voix qui *roule!* quel sujet de tableau pour un impressionniste !

Ce terme nous semble plutôt avoir été inspiré par l'aspect contourné qu'offre sur la portée musicale la suite des notes composant une *roulade*, aspect offrant une certaine analogie avec la courbe décrite par un point de la circonférence d'une roue de voiture en mouvement. Peut-être serait-il plus moderne de transformer la *roulade* en chant cycloïdal.

Roulades (Chanteuse à). — Chanteuse de café-concert.

Si la diva est enrouée, elle est condamnée à rouler dans l'ornière à perpétuité.

Si, au contraire, le sort ne jette pas de bâtons dans ses roues, la *chanteuse à roulades* fait la roue en se voyant traînée sur le chemin de la fortune dans un char attelé d'adorateurs.

Routinier. — Se dit d'un ménétrier qui s'est appris d'instinct à jouailler d'un instrument, ou d'un chanteur qui redit les airs qu'on lui a longuement serinés.

Routinier sert également à caractériser le musicien qui considère son art comme une borne immuable et se complaît dans le culte des vieilles méthodes ou des œuvres démodées dont on a bercé son enfance.

Rupture de gamme (En). — Se dit d'une chanteuse envolée de sa cage lyrique ou d'un symphoniste échappé de son bagne musical.

(Voir *Fugue*.)

S

Sabbat. — Musique bruyante et discordante.

Allusion aux assemblées nocturnes des sorciers et des sorcières dont le diable était le président d'honneur et où se faisait un vacarme étourdissant.

Après l'immense succès de *Robert le diable* et de la *Juive*, le docteur Véron, directeur de l'Opéra, voyant bouder Rossini, lui proposa le plan de Gustave, avec la collaboration de Scribe.

— Ma foi ! non, dit Rossini, j'aime mieux retourner en Italie ; je reviendrai quand les juifs auront fini leur *sabbat*.

(Voir *Boucan, Chahut, Charivari*.)

Sabot. — Mauvais instrument à cordes ne résonnant pas mieux qu'un escarpin de Limousin sur lequel on se serait avisé de monter un cordier.

Remarquez que l'on dit, pour la même raison : Sourd comme un *sabot*.

BILBOQUET

Tu veux te faire saltimbanque ? présomptueux ! quel talent as-tu ?

Sosthène

Plaît-il ?

Bilboquet

Quel talent as-tu ?... c'est-à-dire quel talent que vous avez ?... As-tu composé des romans ou de la pâte pectorale.

Sosthène

Je joue un peu de violon.

Bilboquet

Un peu, ce n'est guère ! Empare-toi de ce *sabot*. Es-tu de la force de Paganini ?

Sosthène

Je ne sais pas où il demeure.

Bilboquet

Ça suffit ; je t'annoncerai comme son élève.

Les Saltimbanques. Dumersan et Varin.)

(Voir *Raquette, Charivarius*.)

Saboter. — Au propre, faire du bruit avec des sabots ; au figuré, exécuter un morceau de musique avec autant de goût que les paysans de la Savoie dansent la *sabotière*.

Saboteur. — Mauvais exécutant. « Il en est des musiciens comme des champignons : pour un bon, dix mille mauvais. » (Proverbe chinois.)

Sabrer. — Verbe s'appliquant au jeu d'un violoniste dont l'archet a les allures d'un bancal de cavalerie. (Argot des professeurs.)

S... musique. — Mauvaise musique.

— Je vous présente, disait M. G*** à l'archevêque de X***, mon ami Alfred G***, un organiste de beaucoup d'avenir et qui compose de la *musique sacrée*.

— Monseigneur, reprit modestement Alfred G***, mon ami oublie de vous dire une chose.

— Et laquelle ?

— C'est qu'il a l'habitude de toujours mettre la charrue avant les bœufs.

Sangsue (Poseur de). — Jeu de mots burlesque que les perruquinistes avaient le mauvais goût d'appliquer aux propagateurs des œuvres de *Beethoven*.

Savante (Musique). — Dénomination servant de circonstance atténuante au jugement que certains connaisseurs prononcent contre un genre de musique ennuyeux ou incompréhensible. (Argot des dilettantes.)

La *musique savante* doit nécessairement être produite par un musicien *savant*. Or l'on connaît cette définition du savant : un homme qui sait tout ce que le monde ignore et qui ne sait rien de ce que tout le monde sait.

« Un commissionnaire chargeait sur ses crochets un ballot de papier à musique, comprenant toutes les parties d'un opéra en cinq actes qu'il devait porter au théâtre.

— Surtout, mon ami, lui dit le maëstro, ayez bien soin de ce paquet, car vous ne vous doutez pas de ce qu'il contient.

— Si, bourgeois, c'est des cahiers de chansons, dit le commissionnaire en ficelant son colis.

— Mieux que cela, mon ami, c'est de la *musique savante*, ça.

— Savante ?

— Hé ! oui, où il entre de la science. Mais vous ne pouvez pas comprendre...

— Pardon, bourgeois, on dit de la science parce que c'est quelque chose de sciant. »

(*Musicorama.*)

Savonner. — Se dit d'un apprenti ménétrier qui, en jouant, promène son archet sur la touche de son instrument à cordes, imitant ainsi le mouvement de va-et-vient des lavandières promenant leur savon sur la planche à laver. (Argot des professeurs.)

Savonner. — Abuser des ports de voix. (Argot des chanteurs.)

Peut-être cet argotisme moderne, désignant ces sortes de glissades de sons, dérive-t-il du *savon*, appelé *glissant* dans la langue bigorne.

A moins qu'on ait voulu faire allusion au barbier qui a l'habitude de *savonner* son public pour mieux le raser.

Saxons et Carafons. — Noms donnés aux champions du fameux tournoi musical qui eut lieu, en 1845, au champ de Mars, entre la musique de Sax et celle du Gymnase militaire dirigée par Carafa. Ce duel avait pour but la comparaison des anciennes musiques militaires avec l'organisation nouvelle que le célèbre facteur belge proposait de faire adopter par le ministre de la guerre.

Voici en quels termes humoristiques le *Charivari* raconta cette lutte mémorable.

« A midi, les deux camps étaient en présence ; les membres de la commission, des généraux et des compositeurs avaient pris position sous le pavillon de l'Horloge, afin de juger des coups... de piston !

« Avant que l'action ne s'engageât, de sourdes rumeurs circulèrent sur des manœuvres d'embauchage qui auraient eu lieu précédemment dans le camp des *Saxons*. On parlait de désertions qui se seraient déclarées comme à Waterloo, la veille même de la bataille.

« On voyait des deux côtés les généraux ranger leurs troupes en ordre de bataille, les animer de la voix et du geste. Tous les combattants se montraient disposés à soutenir la lutte jusqu'à leur dernier souffle.

« Les cors ne paraissent nullement disposés à baisser pavillon et les bassons étaient fermes à leur poste comme de vieux grognards qu'ils sont.

« Notons que les deux armées se trouvaient disposées parallèlement, à quelques pas de distance l'une de l'autre : les clarinettes, placées sur les ailes, se touchaient presque ; elles pouvaient se canarder à bout portant.

« Enfin la bataille commença ; ce ne furent, dans les premiers instants, que de simples accords dans tous les tons, comme qui dirait des fusillades de tirailleurs. Puis, la mêlée s'échauffa ; chaque armée exécutait à son tour le même morceau, et, par parenthèse, les vieux instruments avaient jugé à propos de soutenir leur charge harmonique par des roulements continuels de tambours. Le combat dura plus d'une heure. Sous le rapport du moelleux, de la flexibilité, l'avantage appartint incontestablement aux *Saxons*. C'était donc comme à Lutzen : Des conscrits de bugles avaient vaincu de vieilles moustaches trombonistes.

« On n'a eu à regretter que quelques oreilles blessées par des couacs égarés. Après cette lutte d'ophicléides, aucun débris ne jonchait le champ de bataille. Sans doute, à l'exemple des Arabes, les vaincus avaient enlevé leurs cors morts. »[1]

---

[1] Voir les détails intéressants de cette bataille instrumentale dans l'Histoire d'un Inventeur, par M. O. Comettant.

Scier du bois. — Jouer d'un instrument à archet. (Argot d'orchestre.)

On a assimilé l'archet à une scie à cause de l'analogie du mouvement de va-et-vient de ces outils et de l'agacement que leur bruit produit sur le tympan.

Remarquons qu'autrefois le bois de chauffage, destiné à être scié, se mesurait par *corde*.

Les Italiens disent « *scier du violon* » et les Allemands « *gratter du violon.* » Par contre, les pègres disent d'un prisonnier sciant ses fers qu'il « *joue du violon.* »

(Voir *Bran de scie, Jouer du Violon, Râcleur.*)

Scierie. — Orchestre. (Argot d'orchestre.)

Un commentateur fantaisiste a prétendu que cet argotisme datait du second empire, époque à laquelle les musiciens jouaient, à toutes les solennités, l'air national :

Partant pour la Syrie.

« Les fictions des poètes anciens et l'argot du peuple ont, depuis longtemps déjà, uni par des liens mystérieux la *scie* et le violon.

On sait que les oiseleurs attachent une perdrix femelle pour attirer les mâles par ses chants. Cette perdrix a reçu le sobriquet de *chanterelle*.

D'un autre côté, si l'on en croit la fable, l'inventeur de la *scie* serait un certain Perdix (nom latin de la perdrix), neveu de Dédale. Cet oncle dénaturé, fut si jaloux de l'invention, qu'il en précipita l'auteur du haut d'une tour, mais Minerve le sauva, en le métamorphosant en perdrix. »

(O. Choux.)

Scieur de bois. — Joueur d'instrument à archet. (Argot d'orchestre).

Bien que l'archet des *scieurs de bois* scie les cordes en travers et même parfois de travers, on pourrait, à la suite d'une répétition prolongée outre mesure, qualifier ces martyrs de *scieurs de long*.

Ajoutons que le tréteau des *scieurs de long* se nomme chevalet, absolument comme celui des violonistes ; cependant les *scieurs* sont mieux rétribués au chantier qu'à l'orchestre.

Certains chefs d'orchestre facétieux ne manquent jamais, pour entraîner leurs violons, de leur crier : « Allons, *mes scieurs !* »

o

Secouer la commode. — Jouer de l'orgue de Barbarie. (Argot populaire.)

Le joueur d'orgue, obscur soliste,
Et le dernier sur l'échelon,
Ne se pose pas en artiste,
En virtuose de salon ;

Cette caste aristocratique
Fait de l'art... et des embarras;
Pour *exécuter* la musique,
Au joueur d'orgue il suffit d'un bon bras.

MONTARIOL. *Chansons.*

(Voir *Rémouleur de buffet, Être au bout de son rouleau, Moulin à café, Orgue de barbarie.*)

Se l'extraire. — Opération douloureuse qu'un ténor est forcé de se faire subir pour donner un *ut* de poitrine. (Argot de coulisses.)

Sérinade. — Répétition faite au personnel d'un théâtre, corvée moins agréable que de pincer de la guitare sous le balcon d' « une Andalouse au sein bruni. »

Sérinage. — Seule méthode de musique des serins avec ou sans plumes.

(Dr Aldo.)

Seriner. — Répéter sans relâche une chose à quelqu'un jusqu'à ce qu'il la sache par cœur.

Seriner. — Divulguer. (Argot des voleurs.)

(Voir *Faire chanter, Serinette.*)

Serinette. — Instrument de serinage.
Pour seriner les canaris, on recouvre leur cage

d'un voile et on leur moud le même air, matin et soir, sur le petit orgue à cylindre traditionnel. Grétry propose, dans ses *Essais*, de leur seriner des petits canons composés des notes du corps sonore, dans le genre suivant :

Pour seriner les chanteurs, on emploie généralement le violon ou le piano.

A chaque classe de la Société est affectée une *serinette* spéciale.

> Certain député du centre
> Voulant un bout de ruban
> Va se traîner à plat ventre
> Chez un ministre puissant.
> Pour ce hochet que l'on guette
> Il faut s'assouplir les reins ;
> La croix est la serinette
> Qui fait chanter les serins.
>
> FOUACHE. *Chansons.*

La *serinette* dont l'usage est universel, car elle fait chanter les gogos des cinq parties du monde, c'est la grosse caisse.

Serinette. — Malfaiteur se livrant au chantage. (Argot des voleurs.)

(Voir *Chanteur, Sirène, Sonnette.*)

Seringue (Chanter comme une). — Qui se serait imaginé que *Syringa*, la chaste nymphe de Diane, transformée en roseau après sa mort, puis en flûte de Pan, ou *Syrinx*, fût un jour devenue la marraine de l'instrument favori des apothicaires, la *Seringue*, dont Molière a tiré un si grand parti !

Mais hélas ! Clyso a détrôné Seringuinos et, de tout ce passé glorieux, il ne reste plus qu'une locution que l'on applique aux invalides de l'art du chant : « *Il chante comme une seringue.* »

Nicolo est le seul compositeur qui ait su rajeunir l'emploi de cet instrument de musique de chambre.

« L'auteur de Joconde partageait ses moments entre son piano et ses casseroles : il apprêtait lui-même les macaronis qu'on servait sur sa table, et injectait chaque tuyau de moelle de bœuf, à l'aide d'une petite *seringue*, y mettait du foie gras, du filet de gibier, des truffes, et mangeait toujours avec le plus profond recueillement, une main sur les yeux, pour éviter les distractions. »

(*Almanach des gourmands.* 1830 [1].)

---

[1] La *seringue* fut employée, dès le XVᵉ siècle, comme engin propre à éteindre les incendies. « On pratiquait, dit Viollet-le-Duc, de petits réservoirs sous les combles des

Serpent. — Sobriquet zoologique d'un instrument à vent tortillé en *S* comme un *serpent*. Longtemps employé dans les églises, le serpent rappelait aux fidèles la vieille légende de Satan que l'on forçait ainsi à chanter les louanges du Seigneur.

Cet instrument barbare fut détrôné par l'ophicléide ou *serpent* à clés.

Siffle. — (S. f.). Voix, dans l'argot des voleurs habitués à *siffler* avec leurs lèvres, pour se donner un signal.

Siffler. — Boire. (Argot populaire.)

On dit encore chalumer pour boire avec un chalumeau. Peut-être les bergers avaient-ils coutume de boire ensemble en pompant le liquide avec le chalumeau qui leur servait de sifflet. Ils auront trouvé piquant de confondre dans le même vocable, *siffler*, ces deux attributions de leur instrument champêtre.

Voici les liquides que l'auteur du *Violon de Crémone* propose aux musiciens de *siffler*, afin de fouetter leur imagination : « Je conseillerais qu'on se versât du vin de France ou du Rhin pour écrire

grands monuments, destinés à recueillir les *seringues*. En 1618, un commencement d'incendie causé par la foudre fut éteint par le grand chantre de la cathédrale de Troyes, Pierre Dadier, qui alla quérir une *seringue*. » (Dictionnaire du mobilier.)

la musique sacrée ; pour un opéra sérieux, le meilleur vin de Bourgogne ; du vin de Champagne pour une pièce comique ; mais pour une création terrible et tendre, comme *Don Juan,* je proposerais un verre de punch. »   (Hoffmann.)

(Voir *Flûter, Piper.*)

Siffler. — Vider sa bourse comme comme on vide un verre à boire. (Argot populaire.)

(Voir *Flûter.*)

Siffler la linotte. — Perdre son temps à attendre vainement quelqu'un dans la rue, autrement dit, faire le pied de grue.

Cet argotisme eut d'autres acceptions.

Selon Oudin, *siffler la linotte*, c'était « boire, yvrogner. » Selon Leroux, c'était « instruire une entremetteuse pour la faire réussir dans une intrigue. »

Le peuple, au lieu de faire le pied de grue, s'est mis à *siffler la linotte*, parce qu'il n'ignore pas qu'on perd son temps et sa peine en voulant *siffler* cette bête évaporée. Une tête de linotte ne se prête pas au serinage.

« Dans une représentation de la *Juive,* à Bordeaux, la prima donna s'étant trouvée indisposée, on se vit obligé de la remplacer au pied levé par une artiste de Paris qui se trouvait par hasard dans la salle. Le régisseur qui fit part de ce changement au public, termina son annonce en disant que la remplaçante lirait son rôle et qu'il espérait néanmoins qu'on ne *sifflerait pas la lit-notes.* Cette artiste était la Malibran.

(*Musicorama.*)

Sifflet. — Voix, gosier. (Argot populaire.)

Le diamant de quelques chanteurs a mérité d'être qualifié de *sifflet.* Ainsi, la célèbre cantatrice Grassini sifflait un air aussi bien qu'elle le chantait.

Un violoniste donnait un concert à Londres. Après avoir salué l'assistance, il commençait à jouer un adagio, quand l'assemblée, mécontente, se prit à siffler. John Bull a l'oreille si délicate.

Que fait l'artiste? Sans changer de visage, il dépose son archet à terre, replace lentement son violon sur son estomac, puis se met à *siffler* son air interrompu et s'accompagne en pinçant avec les doigts les cordes de son instrument. A cette vue, les rires et les applaudissements éclatent.

Toujours calme, le musicien s'incline alors vers le public: Messieurs, dit-il, je vous présente mes excuses; j'ai cru tout à l'heure que vous aimiez les *sifflets* et non la musique, et je vous ai montré que je savais *siffler* comme un autre. Maintenant, je vois que la plupart d'entre vous préfèrent la musique et je vais vous en faire.»

Et, sans sourire, sans se hâter, il reprend son archet et continue son morceau.

(Voir *Siffle.*)

Sifflet d'ébène. — Habit noir. (Argot des bourgeois.)

L'habit de cérémonie, dit à queue de pie, est taillé en biseau comme l'embouchure d'un sifflet!

Sifflet (Couper le). — Au sens propre, couper la gorge. Au sens figuré, empêcher quelqu'un de parler.

« A la suite de la première représentation d'un opéra outrageusement sifflé, les deux auteurs vont trouver le directeur du théâtre:

— Soyez tranquille, mon cher, demain tout ira bien; nous allons faire de larges coupures.

— Tâchez, surtout, de vous *couper le sifflet.* »

(*Musicorama.*)

(Voir *Couper la musette.*)

Sirène. — Criminel se livrant au chantage et jouant le même rôle que ces monstres de la fable, moitié femme, moitié poisson, dont le chant attirait les passants dans un piège pour les dévorer.

(Voir *Chanteur, Sérinette.*)

Sirène de boulevard. — Hétaïre parisienne.

Cette *sirène* est une invention renouvelée des Grecs. Les anciens avaient forgé ce monstre de deux moitiés formant l'antithèse la plus invraisemblable: une tête de femme et une queue de poisson, c'est-à-dire ce qu'il y a de plus bavard et ce qu'il y a de plus muet au monde. Cet amphibie fut doté par les poètes de la fable, du pouvoir de charmer les navigateurs par la douceur de son chant et de leur donner la mort dans une extase irrésistible.

La Sirène du boulevard parisien ne chante pas, elle flûte, elle joue de l'harmonica mieux que Désaugiers, elle adore la musique des cigales et, comme sa devancière, elle finit en queue de poisson.

(Voir *Cigale, Queue.*)

Sirène de moulin (Chanter comme une). — Variante de chanter comme un rossignol d'Arcadie.

A la campagne, le chant de la *Sirène de moulin* est souvent accompagné par le violon de bourrique, mais en ville, on lui préfère généralement le sifflet.

Au XVIIe siècle, l'Opéra obtint qu'on défendît la musique aux Italiens. Les acteurs de ce théâtre firent paraître sur la scène une *sirène de moulin* qui se mit à braire.

— « Insolente, veux-tu bien te taire, lui dit Arlequin, ne sais-tu pas que la musique nous est interdite... »

(Voir *Rossignol d'Arcadie, Violon de bourrique.*)

Sirènes ou Musicos. — Noms donnés à un genre de poissons musiciens habitant la baie de Pailon, dans la République de l'Équateur. « C'est au coucher du soleil et pendant la nuit, raconte M. de Thoron, que ces poissons se font entendre, en imitant les sons graves et moyens de l'orgue entendu, non sous les voûtes, mais du dehors, comme lorsqu'on est près de la porte de l'église. »

(*Comptes rendus de l'Académie des Sciences*, Tome 52-11, page 1073.)

Sombré. — Timbre vocal en opposition avec le timbre clair. (Argot des chanteurs.)

La voix *sombrée* comprend le sombré-dur et le sombré-doux.

Ce qui peut justifier cette dénomination c'est que la voix des chanteurs qui abusent du *sombré* ne manque pas de *sombrer* rapidement. Le ténor Duprez en est le plus illustre exemple.

(Voir *Voix blanche*.)

Sonner. — Produire des sons à l'aide de la voix ou d'un instrument de musique.

Vieil argotisme qui exprimait à merveille ce qu'il voulait dire et qu'on a logiquement remplacé par le verbe *jouer* qui ne signifie plus rien.

Aujourd'hui il n'est plus permis de *sonner* que les cloches ou de la trompe de chasse, mais seulement en temps de carnaval.

Chassé du territoire français, ce vieux vocable

s'est réfugié chez les montagnards écossais qui lui ont accordé leur hospitalité proverbiale :

« Sonnez, sonnez, cors et musettes. »

(Voir *Jouer*.)

Sonner. — Être à .'agonie.

Rapprochement entre le râle du mourant et le tintement de la cloche qui sonnera son glas.

> Pour pauvre personne
> Guères on ne sonne !

disait mélancoliquement un vieux dicton. Aujourd'hui, comme le chante A. Gouffé, on est las des glas,

> Et loin de craindre l'avenir,
> Chacun, à l'aventure,
> N'aperçoit plus que le plaisir
> De partir en voiture.

Sonner la grosse cloche. — Employer les grands moyens, faire mouvoir les plus hautes influences, les plus puissants ressorts pour la réussite d'une affaire.

Sonner le tocsin. — Au figuré, donner l'alarme, ameuter par le bruit ou le scandale.

Sonnet. — Pièce de poésie, composée de quatorze vers, que l'on écrivait autrefois *sonnez* parce qu'elle se chantait.

De nos jours le *sonnet* a été remis à la mode, sans musique, par des poètes mélophobes qui blaguent les poèmes en VII chants, également dépourvus de doubles croches, des vieux classiques.

(Voir Chant. *Mélophobes*.)

Sonnette. — Ce que Balzac nomme le troisième sexe. (Argot des voleurs.)

(Voir *Chanteur, Serinette, Sirène*.)

Sonnettes. — Lettres ou mots mal justifiés qui tombent d'une forme qu'on lève au-dessus du marbre. Les *sonnettes* diffèrent des sentinelles en ce qu'elles ne restent pas debout comme ces dernières.

(E. Boutmy. *Dictionnaire de l'argot des typographes*.)

Sonnettes. — Argent de poche.

Tintin rimant à son argentin, le rapport ne fut pas long à trouver.

Quand le duc d'Orléans fut devenu roi des Français, un de ses anciens amis, M. D*** se fit solliciteur d'un bon emploi.

Le roi promettait toujours; il proposait D***; mais les ministres disposaient des places. Enfin un jour, D*** trouva moyen de s'introduire auprès du roi, et ses instances furent si pressantes que Louis Philippe lui dit :

— Tenez, je n'ai rien de vacant en ce moment, mais je vous réserverai la première place dont il sera possible de disposer. Comptez sur moi. En attendant, je vais vous nommer chevalier de la légion d'honneur.

— Oh! Sire, gardez-vous en bien. Je refuse.

— Pourquoi donc cela ?

— Je n'aime pas les cordons sans *sonnettes*.

Sortir les sons (Faire). — L'idéal d'un apprenti musicien aux prises avec l'anche ou l'embouchure d'un instrument à vent. (Argot des professeurs.)

Haydn découvrit un moyen original de *faire sortir les sons* de tout un orchestre.

L'Empereur d'Autriche, ne voulant plus garder la musique, le fit savoir au maëstro qui en était le maître. Haydn demanda la faveur d'organiser un dernier concert. Toute la cour voulut assiter à cette soirée d'adieux. Haydn prit place à la tête des musiciens, donna le signal et tout l'orchestre entonna une mélodie mélancolique, puis, après quelques mesures, les contrebassistes éteignirent leurs bougies et s'en allèrent. A mesure que la symphonie s'avançait, les musiciens déposaient leurs instruments et quittaient la salle de concert;

la mélodie s'affaiblissait de plus en plus ; et, à la fin, Haydn, demeuré à sa place, saisit un violon et joua seul le motif que l'orchestre avait exécuté au commencement de la symphonie. Puis le grand maître salua l'empereur et sortit.

Soufflant. — Trompette de régiment.

Que les élèves trompettes se souviennent toutefois que souffler n'est pas jouer.

Soufflet (Crever son). — Mourir.

Cette métaphore était un complément nécessaire de l'*orgue*. En effet, quand le soufflet est crevé, l'orgue, c'est-à-dire l'homme, ne fonctionne plus.

(Voir *Avaler ses baguettes, cracher son embouchure, décrocher ses cymbales.*)

Soufflet. — Nom donné aux signes du crescendo et du decrescendo

$$< \quad >$$

dont le profil angulaire rappelle vaguement celui du soufflet de cuisine. (Argot des théoriciens.)

(Voir *Crescendo.*)

Soufflets (Paire de). — Jeu de mots par lequel les chanteurs facétieux aiment quelquefois à désigner les poumons.

Souliers à musique. — Craquant la première fois qu'on les chausse.

Quand on les a longtemps portés, ils commencent à déchanter; on dit alors qu'ils se livrent à la boisson, parce qu'ils prennent l'eau, opération peu goûtée des musiciens.

(Voir *Boîte à cor, boîte à violon.*)

Sourdine (A la). — Sans bruit.

G. Kastner prétend que, pour faire décamper une armée sans bruit, on se servait d'un instrument aux sons voilés, appelé *sourdine*.

(Voir *Déménager à la cloche de bois; sans tambour ni trompette.*)

Sourdine (Mettre une). — Au propre, c'est affaiblir le son d'un instrument à l'aide d'un petit appareil nommé *sourdine*. Au figuré c'est baisser le ton de son langage, rabattre son caquet ou ses prétentions.

(Voir *Mettre un bémol.*)

Souricière. — Violon de pacotille. (Argot populaire.)

Triple allusion aux trous percés en forme d'*S* sur la table d'harmonie, aux souris qu'attire le jeu des virtuoses, et aux chats dont leur instrument se rend parfois le complice.

Spé. — Argotisme tiré par apocope du latin *spes*, espérance, par lequel on désignait le plus ancien des enfants de chœur, l'espoir du lutrin.

(Voir *Enfant de chœur*.)

Succès étourdissant. — Épithète ironique que l'envie applique invariablement à toute œuvre magistrale qui fait du bruit dans le monde artistique. (Argot des musicistes.)

Syncope. — Encore un argotisme forgé avec la langue d'Homère.

> « Mais quand on prend du Grec
> On n'en saurait trop prendre. »

En musique, la *syncope* est un son articulé sur un temps faible ou sur la partie faible d'un temps, et prolongé sur un temps fort ou sur la partie forte d'un temps.

Il y a des musicastres, disait Azevedo, qui font la *syncope* de manière à vous y faire tomber.

Il nous semble que la *syncope*, à cause de son étymologie *Koptô*, je coupe, *sun*, avec, serait mieux à sa place dans l'argot des joueurs pour désigner un atout.

T

Tabatière (Musique de). — Se dit du jeu de certains petits pianistes prodiges que l'on a longuement serinés et dont les notes grêles et correctes rappellent le timbre et le style des boîtes à musique dont on ne prise guère le répertoire.

Tablature (Donner de la). — Variante de donner du fil à retordre.

Cette métaphore dérive de la peine que les élèves de musique étaient forcés de se donner pour entendre la *tablature*, c'est-à-dire pour déchiffrer le *tableau* (du latin *tabula*, table) des signes baroques employés dans la musique.

Aujourd'hui la *tablature* est le tableau indiquant le doigter des instruments à vent.

Tagnards. — Choristes d'opéra-comique. (Argot populaire.)

Ce sobriquet date de la première représentation de la *Dame blanche*. On y chante, au premier acte, un chœur de *montagnards* où ce mot est répété un grand nombre de fois. La syllabe *mon*, quoique accentuée sur le temps fort, se trouvant plus sourde que les deux autres, et les choristes voyant là une occasion de faire une charge, le morceau se trouva transformé pour le public en un chœur de *tagnards*.

Talon. — Extrémité de l'archet opposée à la pointe. Argotisme que les luthiers ont poétiquement emprunté à l'art de la cordonnerie.

C'est la revanche de la boîte à violon et de la boîte à cor.

Tambour. — Chien. (Argot des voleurs.)

Dans une maison menacée par les grinches, c'est le chien qui donne l'alarme en battant la générale avec ses mâchoires.

Tambour. — Métier à broder, d'origine chinoise, composé d'un cylindre de bois creux, recouvert d'une lisière de drap sur lequel on tend l'étoffe à broder au moyen de courroies ou de cerceaux.

Tambour. — Nom populaire d'un poisson de mer du genre pogonia, également appelé grondeur, parce qu'il fait entendre un bruit ayant quelque analogie avec un roulement de tambour.

Tambour battant (Mener). — Malmener quelqu'un, le faire marcher avec autant d'égards que l'on mène les recrues à l'exercice.

Tambour des escargots. — Le tonnerre.

« Métaphore burlesque extrêmement juste, car les escargots, qui aiment beaucoup le temps humide, sortent de leurs trous pendant la pluie d'orage et le tonnerre qui gronde alors semble les appeler comme le tambour appelle les soldats. »

(Quitard. *Études sur les proverbes.*)

Tambour (Battre du). — Aboyer. (Argot des voleurs.)

Ce qui fait souvent battre la pègre en retraite.

Tambour (Crever son). — Se ruiner, se tuer par les excès.

> Les bons conseils de la sagesse
> Près de nous ont peu de succès ;
> Même en dehors de la jeunesse,
> Combien d'hommes, par leurs excès,
> Hélas ! avancent leur décès !
> Quoique vieux, on veut rester crâne...
> Je crois, messieurs, sans calembour,
> Qu'il faut ménager sa peau d'âne,
> Pour ne pas crever son tambour.
>
> L. Jullien. *Chansons.*

Tambour (Roulement de). — Aboiement. (Argot des voleurs.)

C'est le garde à vos ! et l'appel aux armes des propriétaires.

Tambourin des crapauds (Le). — Le tonnerre. (Argot de Marseille.)

(Voir *Tambour des escargots.*)

Tambour ni trompette (Sans). — Sans cérémonie, sans accompagnement. (Argot populaire.)

> Au jour de jugement dernier,
> Quand finira le monde entier,
>   Effroyable tempête !
> Tous les morts se réveilleront
> Et de la tombe sortiront
>   Au son puissant,
>   Retentissant
> De la grande trompette.
>
> Mais au bruit d'un fracas pareil
> Si tel doit être le réveil
>   De l'humaine planète,
> Du moins le jour où je mourrai,
> En attendant je m'en irai
>   Tranquillement,
>   Tout simplement,
> Sans tambour ni trompette.
>
>   A. Vacher. *Chansons.*

Édouard Ourliac, consulté par un de ses amis sur le titre qu'il convenait de donner à un roman que celui-ci voulait publier, eût avec lui ce dialogue.

— « Est-ce que dans ton histoire il y a du tambour.
— Non. — Et de la trompette ? — Pas davantage.
— C'est parfait. Alors appelle-la : « *Sans tambour ni trompette.* »

(L. Loire. *Anecdotes de la vie littéraire.*)

Tambourineux. — Joueur de tambour. (Argot des paysans.)

Tam-tam. — Vacarme ; dispute. (Argot populaire.)

Allusion au bruit étourdissant produit par le gong chinois.

Tap ou **tapin.** — Pilori. (Argot des voleurs.)

Allusion au poteau cylindrique auquel étaient enchaînées les mains du condamné, ce qui lui donnait l'air de battre du tambour.

Faire le tap, c'était être exposé au pilori.

(Voir *Psaltérion.*)

Tape-à-mort. Tapin. — Tambour. (Argot populaire.)

Notre *tapin* est une sorte d'anagramme du *tympan*, nom du tambour au moyen âge. Le peuple aime ces piquants rapprochements de mots. C'est peut-être ce qui nous a valu le traditionnel *lapin* battant du tambour.

> Il faut les chanter
> Ces tambours simplement sublimes,
> Ces petits *lapins*
> Qu'on a surnommés des lapins ;
> Sans même lutter,
> Ils vont au feu, tombent victimes,
> Et sans le savoir,
> Sont les vrais héros du devoir.
>
> <div align="right">Ch. Vincent. <i>Chansons</i>.</div>

Tapoteur de piano. — Pianiste.

> Quand il est au clavier, on croirait voir Vulcain
> Maîtrisant sur l'enclume et le fer et l'airain ;
> A frapper tant qu'il peut, il met toute sa gloire,
> Et l'on dirait qu'il forge et l'ébène et l'ivoire.
>
> <div align="right">A. Michel. <i>L'art musical</i>.</div>

Il faudrait, dit A. Karr, trouver quelque part une île pour y transporter tous les pianistes et ceux qui veulent le devenir. Tant qu'un pianiste ne serait pas immense, on ne lui permettrait, sous aucun prétexte, de sortir de l'île. Quand il serait immense et qu'il voudrait donner un concert, on le transporterait à Paris dans une voiture dite panier à salade. Le concert fini, on le serrerait immédiatement dans le même véhicule qui le reporterait dans l'île des pianos à grande vitesse.

Tapotoir. — Piano.

> De ses accords il nous inonde :
> Si je vais dîner dans le monde,
> Le monstre m'attend au dessert;
> Sous un prétexte de concert,
> Au salon, qu'est-ce qu'on nous sert?
> Une fillette à mine ingrate
> Qui nous écorche une sonate;
> Pour le papa, pour la maman,
> C'est peut-être plein d'agrément
> Mais pour d'autres c'est assommant.
>
> <div style="text-align:right">E. GRANGÉ <i>Chansons</i>.</div>

(Voir *Chaudron. Pianotage.*)

Taquiner les dents d'éléphant. — Jouer du piano. Argotisme un peu cherché, applicable seulement au pianoteur qui ne joue qu'en ut, persuadé qu'une touche blanche en vaut deux noires.

Un cornac arrive avec son éléphant dans une ville de l'Union. Il fait afficher sur les murs :

Grand concert de musique de chambre.

« Un éléphant jouera sur le piano un concerto de Chopin, comme un premier prix du conservatoire. »

Le bureau de location est pris d'assaut. On s'entasse dans la salle. Enfin l'éléphant fait son entrée !... Mais à peine a-t-il touché le clavier du bout de sa trompe, qu'il pousse un hurlement et s'en va.

Réclamations du public. Le cornac intervient.

« Messieurs et Mesdames, dit-il, vous voudrez bien nous excuser. L'éléphant était dans les meilleures dispositions; mais un événement fâcheux le prive de tous ses moyens. En s'approchant des touches du piano, il a reconnu les dents de sa mère!... »

(Voir *Jouer au dominos, tapoteur.*)

Tarabuster. — Bousculer, frapper, faire tourner... en bourrique.

Argotisme tirant son origine d'un claquoir nommé *tarabat*, planchette de bois sec dont les deux faces sont munies d'une pièce de fer mobile contre lesquelles elles choquent rapidement quand on imprime à cette planchette un mouvement de va-et-vient.

En vieux français, *tarabat* se disait pour bruit, tapage, et *tarabuster* était employé, au figuré dans un sens libre.

L'individu que l'on *tarabuste* joue donc l'office de la pièce de fer du *tarabat*.

Les juifs emploient encore cet instrument dans leurs synagogues.

(Voir *Dit-tout.*)

Tarare. — Traduction polie de « Allez vous faire lanlaire. »

Tarare est une onomatopée du son de la trompette.

Tarare est le titre d'un opéra de Beaumarchais, musique de Salieri, joué en 1787, ouvrage que l'on parodia sous le titre de *Lanlaire*.

— Que dites-vous du nouvel opéra ?
— Et de sa parodie ! — Un bon mot sur cela !
— Un bon mot ! Soit. Mais quoi, la chose est claire :
De l'un je dis Tarare et de l'autre Lanlaire.

A. HONORÉ.

Tarare-ponpon ! — On emploie ces deux onomatopées du son de la trompette et du tambour pour se moquer d'un vantard.

Te Deum raboteux (Chanter un). — Battre quelqu'un. — (Argot populaire.)

« Sa femme l'a bousculé, ils se sont cognés, il lui a fait *chanter un Te Deum raboteux*, que c'était ça. »

(*Le Sublime*. D. Poulot.)

Tenir le piano. — C'est, dans notre jargon moderne, accompagner sur cet instrument pendant la durée d'une séance musicale.

Presque toutes nos affiches de concert se terminent par cette phrase burlesque :

Le piano sera tenu par M. ***

La séance commence ; M. *** entre, salue, ôte ses gants, s'assied devant le piano que, loin de tenir à *tenir*, il ne daigne toucher que du bout des doigts. Le morceau terminé, M. *** se lève, remet ses gants, resalue et, pendant que la salle croule sous les bravos, deux hommes de peine empoignent le piano qu'ils roulent dans un coin. De sorte que, pendant toute la séance, le malheureux instrument, en dépit des promesses de l'affiche, n'a été réellement *tenu* que par des mains calleuses.

Ténor. — Les journalistes ont emprunté ce vocable aux musiciens pour désigner l'écrivain qui tient la corde dans le journal en y rédigeant les articles à sensation, et dont les notes de copie sont les plus élevées.

Tierce mineure. — Argotisme désignant la situation d'un mari... battu et content.

Le coucou, dit le rabelaisien auteur du Dictionnaire burlesque, chante avec une parfaite justesse la tierce mineure ut-la, ut-la, ut-la; coucou! coucou! coucou! avec de petits repos entre chaque cri, pour donner à ceux qui l'écoutent le temps de réfléchir sur le sens profond de ces deux syllabes : coucou! D'après nos conseils, lorsque dans le grand monde on veut désigner une personne mâle ou femelle entortillée à tout jamais dans les bois indestructibles du cornage, on ajoute au nom de cette personne l'épithète de *tierce mineure* au lieu de dire populairement coucou.

Ajoutons que le coucou a la réputation de s'emparer du nid des autres oiseaux et d'y pondre ses œufs. On voit que la dénomination fréquemment employée par nos pères, s'applique, par antiphrase, à la victime.

Timbale. — Gobelet en métal.
(Voir *Chaudron*.)

Timbale. — En argot de cuisine, mets préparés dans une petite marmite ou dans une croûte de pâté dont la forme rappelle le chaudron de la *timbale* d'orchestre.

On dit une *timbale* de macaroni, des ris de veau en *timbale*, etc...[1]

Timbale (Faire bouillir la). — Faire bouillir la marmite. (Argot militaire.)

Au XVIIIe siècle, les régiments de cavalerie furent dotés d'un timbalier portant, attachées à la selle de son cheval, une paire de timbales garnies d'une riche tapisserie.

Les soldats, ayant remarqué l'analogie qui existait entre les chaudrons de leur timbalier et les marmites de leur cuisinier, et peut-être aussi, pour narguer malicieusement leur contenu qui n'était

---

[1] Les chanteurs de l'Opéra-Comique ont donné à leur réunion gastronomique mensuelle le nom de la *Timbale*.

souvent que du vent, ne manquèrent pas de donner un synonyme à leur maigre popotte en créant l'expression : *faire bouillir la timbale.*

Timbalier du roi de Maroc. — Cuisinier. (Argot populaire.)

Certains régiments prenaient pour timbalier un nègre qu'on revêtait d'un costume turc ou marocain, ce qui explique le sobriquet de *timbalier du roi de Maroc*, donné au coq fumotant, la figure enfumée, autour de ses chaudrons.

Timbré. — Un peu fou, toqué. (Argot populaire.)

Cornud. — Timbre, en terme d'armoirie, signifie le casque; par extension et familièrement la tête. De là, *timbre fêlé*, pour indiquer un homme fou, un cerveau à bourrelet, un individu qu'il est difficile de concilier avec lui-même.

Carpalim. — Alors ceci s'applique spécialement aux musiciens.

(Clédeçol. *Dictionnaire burlesque.*)

Ajoutons que le blason donna ce sobriquet au casque à cause de son analogie avec le *timbre*, sorte de cloche hémisphérique employée autrefois dans les horloges pour sonner les heures et encore usitée de nos jours dans la sonnerie des pendules.

Delvau prétend qu'à l'origine, un homme *timbré* signifiait, au contraire, un sage homme ayant bonne tête.

L'acteur Gavaudan, pour mieux étudier le principal rôle dans le *Délire*, opéra de Berton, s'enferma dans une maison de fous ; quand il joua la pièce, l'illusion fut telle qu'une partie du public crut qu'il avait perdu la raison.

Si l'on en croit H. Berthoud, dans ses études sur Bicêtre, le père de Gavaudan, après avoir été fou à lier, aurait été guéri au moyen d'une sérénade par un cor de l'opéra, devenu fou lui-même quelque temps après la cure merveilleuse qu'il avait accomplie. (Voir *Musée des familles*, 1835.)

Tintamarre. — Bruit désordonné.

D'après Estienne Pasquier, ce mot dérive de *tinter* et de *marre*, sorte de houe employée par les vignerons du Berry.

Le vieux commentateur raconte, dans ses *Recherches sur la France*, que ces vignerons, éparpillés dans la campagne, loin du clocher de leur village, se donnaient le soir, de proche en proche, le signal de la cessation des travaux, en poussant des clameurs et en faisant *tinter* leur *marre*, « tellement qu'en toute la contrée s'entendait une grande huée et clameur, par laquelle chacun estait finalement adverty qu'il fallait faire retraite en sa maison. »

L'esprit gaulois a popularisé ce mot en le prenant pour titre d'un spirituel journal parisien. Depuis Commerson jusqu'à Bienvenu, les rédacteurs de cette feuille amusante font joyeusement *tinter* leur *marre*, et, comme leurs devanciers du Berry, ils provoquent dans tous les coins de la France un *tintamarre* de rires et de bravos.

(Voir *Charivari.*)

Tintouin. — Contrariété, préoccupation pénible. (Argot populaire.)

Ce mot vient de *tinter*, c'est-à-dire sonner lentement et faiblement, de façon que le battant ne touche qu'un des bords de la cloche.

Tintouin est une extension donnée au sentiment de tristesse et d'inquiétude que l'on éprouve en entendant *tinter* un glas.

Les cloches comme l'a dit Boileau,

« Pour honorer les morts font mourir les vivants, »

car leur tintement a l'air de rappeler à chacun, riche ou pauvre, la fameuse devise des Chartreux : « Frère, il faut mourir ! »

« Depuis quatre ans que dure la Révolution, raconte Grétry dans ses *Mémoires*, j'ai la nuit, lorsque mes nerfs sont en mouvement, un son de cloche, un son de tocsin dans la tête, et ce son est toujours le même. Pour m'assurer si ce n'est pas le tocsin véritable, je bouche mes oreilles; si alors je l'entends encore et même plus fort, je conclus qu'il n'est que dans ma tête.»

Selon un préjugé populaire, quand l'oreille gauche vous corne, c'est un ennemi qui parle mal de vous; quand c'est la droite, c'est un ami qui fait votre éloge.

(Voir *Donner, Corner aux oreilles*.)

Tire-flûte (Boire à). — Boire à tire-larigot. (Vieil argot.)

Remarquons que tous les argotismes bachiques: chalumer, siffler, flûter, boire à tire-flûte ou à tire-larigot, sont tirés de la famille des instruments à vent et en bois. Si les cuivres ont été soigneusement bannis du glossaire des buveurs, c'est que leur usage en matière de beuverie, eût été aussi incommode que dangereux, à cause de l'évasement de leur pavillon et de l'oxyde contenu dans leur tube.

Il était, au contraire, agréable et facile aux ménestriers d'introduire leur *flûte* ou leur *larigot* dans la bonde de quelque vieille futaille et d'en *tirer* une bonne gorgée de vin, en soufflant à rebours. Selon nous, *boire à tire-flûte* et à *tire-larigot* ne doit pas avoir d'autre origine.

Tire-larigot (Boire à). — Boire avec excès. (Argot populaire.)

Le *larigot* ou l'*arigot* était un flageolet, à six trous et sans clef, en usage vers le XVe siècle. Ce nom ne sert plus qu'à désigner le jeu le plus aigu de l'orgue.

Morellet prétend que *larigot* vient du grec *laruguè*, larynx ; Kastner pense qu'il vient de *laruggas*, braillard.

Les parémiographes ont expliqué chacun à sa façon, l'origine de la locution : *boire à tire-larigot*.

Fleury de Bellingen prétend que cette expression naquit parmi les soldats de Clovis, après la victoire qu'ils remportèrent à Vouillé, contre Alaric. Suivant ce commentateur fantaisiste, les Francs pour se réjouir de la mort du prince ennemi, buvaient en s'écriant : « *Je be à ti, re Alaric Goth.* » (Je bois à toi, roi Alaric Goth.)

D'après un autre étymologiste, Eudes Rigaud, archevêque de Rouen, au XIIIe siècle, aurait doté son église d'une cloche, baptisée la Rigaude, si difficile à mettre en branle que les sonneurs en étaient assoiffés au point que l'archevêque dut mettre, chaque dimanche, une futaille à leur disposition. D'où le proverbe. « *Boire à tire la Rigaude.* »

G. Kastner raconte un commentaire qu'il doit à un brave paysan. Celui-ci, au souvenir encore tout récent d'un repas de noces, s'écriait : « J'ai bu, dame, *à tire l'aricot.* » Le savant parémiographe l'ayant prié de lui expliquer ce qu'il entendait par cette expression. « C' n'est pas bien malin, reprit l'homme des champs; la légume farineuse dessèche le gosier, tout le monde sait ça. Quand, sauf vot' respect, j'ons mangé d'z'aricots, ça n'coule pas volontiers dans l'estomac. Y en a toujours queuques uns qui restent fichés dans la gorge, et pour les *tirer* de là, il faut boire un p'tit coup, deux p'tits coups, trois p'tits coups, sans compter les autres. C'est pourquoi qu'on dit *boire à tire-l'aricot.* »

Tirelire. — Onomatopée du chant de l'alouette.

> Elle, guindée du Zéphire,
> Sublime en l'air et revire,
> Et y décligne un joli cri.
> Qui rit, guérit et *tire l'ire*
> Des esprits mieux que je n'écri.
>
> RONSARD.

Cette locution *tire-l'ire* (*ire*, chagrin) est passée dans quelques-uns de nos vieux refrains :

> Les canards l'ont bien passée
> *Tire lire lire*
> Fa liron fa.

On a baptisé de ce nom la cagnotte du pauvre, où les sous, entassés un à un, *tirent l'ire* quand, un jour de gêne, on les en tire.

Tirelire avait une autre acception.

> C'est Guimard qu'on vient d'élire
> Trésorière à l'Opéra :
> On a raison, car elle a
> La plus grande tirelire.
>
> (*Mémoires de Bachaumont.*)

Tirer la ficelle. — Chanter faux. (Manuel des coulisses.)

(Voir *Ficelles, Détonner.*)

Ton. — « Le Protée des monosyllabes. Jugez-en :

Ton. — Intervalle de seconde majeure (un *ton*, un demi-*ton.*)

Ton. — Gamme (*ton* de ré, *ton* de fa.)

Ton. — Mode (*tons* majeurs, *tons* mineurs.)

Ton. — Le diapason (prendre le *ton.*)

Ton. — Échelle du plain-chant (les *tons* authentiques, les *tons* plagaux.)

Ton. — Tube de rechange du cor et de la trompette.

Ton. — Air consacré de la vénerie (les *tons* de chasse.)

Ton taine tonton. »

(Dr Aldo. *Dictionnaire musico-humoristique.*)

En présence de cette prodigieuse consommation de *ton* faite par les musiciens, la foule avide se rua sur ce noble rejeton du grec *tonos*, issu lui-même du verbe *teinein*, tendre. Les peintres l'étalèrent avec amour sur leur palette, les estomacs délicats se l'administrèrent en guise de cordial, les marins le hissèrent au haut d'un mât, les gens du bel air en firent le *la* de leurs manières et les lexicographes inscrivirent gravement ce nouveau peloton de *tons* entre leur adjectif possessif et leur poisson-mouche.

Ton (Donner le). — Donner le *la* en matière d'art, de goût, de mode, d'excentricité, etc...

Un savant et un poète discutaient sur la prééminence à accorder à leur marotte.

— Monsieur, dit le savant, c'est la science qui *donne le ton* du progrès. Le mot est de Newton.

— Hé! riposte le poète, si vous avez Newton, n'avons-nous pas Milton?

(*Musicorama.*)

Ton (Faire baisser le). — Rabattre le caquet.

(Voir *Hausser et baisser le diapason.*)

Ton (Faire changer de). — Faire transposer moralement.

Élisabeth, reine d'Angleterre, assistant à l'office divin dans sa chapelle, pendant que Tye touchait de l'orgue, lui fit dire qu'il ne jouait pas dans le ton des chantres.

— « Dites à Sa Majesté qu'elle veuille bien amener ses oreilles au ton, elles n'y sont pas. »

Telle fut la réponse de l'organiste.

(Castil-Blaze. *L'Opéra italien*.)

Ton (Faire chanter sur un autre). — Faire changer quelqu'un de gamme, le faire moduler moralement, avec ou sans accompagnement.

Ton (Le prendre sur un). — Se fâcher, prendre la mouche.

Ton (Se donner un). — Affecter une allure et des manières qui s'éloignent du diapason normal.

Toquade. — Manie.

La *toquade* est au coup de marteau ce que le tic-tac de la toquante est au bim-bom de la battante.

Chaque maëstro a sa *toquade* caractéristique. Carpani raconte que Gluck, pour échauffer son imagination et se transporter en Aulide ou à Sparte, avait besoin de se trouver au milieu d'une belle prairie : là, son piano devant lui, et deux bouteilles de champagne à ses côtés, il écrivait en plein air ses deux *Iphigénies* et son *Orphée*.

Sarti, au contraire, ne pouvait composer que pendant la nuit, enfermé dans une chambre vaste, obscure, éclairée à peine par la lueur d'une lampe funèbre suspendue au plafond.

Sacchini ne pouvait trouver la moindre mélodie s'il n'avait auprès de lui ses jeunes chats et sa dame de cœur.

Paisiello composait dans son lit. C'est entre deux draps qu'il trouva son *Barbier de Séville.*

Haydn ne se mettait jamais au piano pour improviser sans avoir au doigt la bague que le grand Frédéric lui avait envoyée.

Beethoven avait la *toquade* des déménagements et Berlioz celle des orchestres monstres. Auber était atteint d'équitatiomanie, Rossini de gastromanie et Meyerbeer de retouchomanie.

Toquante. — Montre. (Argot populaire).
A cause du tic-tac qu'elle chante.

(Voir *Pendule à plumes.*)

Toqué. — Atteint d'une toquade.
Un jour que Vivaldi disait la messe, il lui vint en tête un thème de fugue. Il quitta, sur le champ, l'autel où il officiait, et se rendit dans la sacristie pour écrire son thème; puis il revint finir sa messe. On le déféra à l'inquisition qui heureusement le regarda comme un musicien, c'est-à-dire comme un fou, et se borna à lui défendre de dire la messe dorénavant.

(Choron et Fayolle, *Dictionnaire des musiciens.*)

(Voir *Coup de marteau.*)

Tord-boyaux. — Fabricant de cordes à violon, etc. (Argot des boyaudiers.)

« Les instruments animaux, dit A. de Lasalle, étant faits de substances organiques, sortent de leur assoupissement sous l'impulsion du virtuose et, pour ainsi dire, donnent *signe de vie* en vertu d'un galvanisme particulier. D'ailleurs qui pourrait affirmer que ce boyau de chat transformé en chanterelle est absolument mort ? Il est vrai qu'il a été arraché à son centre d'action naturelle ; nous accorderons encore qu'une partie de ses propriétés a dû périr à la suite d'un déplacement si brusque. Cependant la décomposition, qui est le signe le plus probant de la mort, ne l'a pas atteint. »

(*Dictionnaire de la musique appliquée à l'amour.*)

La seconde acception de l'argotisme *tord-boyaux*, eau-de-vie, semble venir à l'appui de ce spirituel paradoxe.

Tortue-luth. — Nom donné à une tortue de la Méditerranée dont la carapace aurait, suppose-t-on, servi de caisse sonore à la *lyre* mythique inventée par le Mercure des Grecs. Les Latins avaient une lyre qui portait le nom de ce chélonien, la *testudo*. L'origine de cette fable se retrouve chez les Indous dont l'instrument national, la vina, portait autrefois le nom de catch'hapi ou *tortue*.

(Voir *Jones. On the music mod. of the Hind.*)

Torture (Instruments de). — Nom donné aux appareils de gymnastique destinés à assouplir les doigts des jeunes instrumentistes afin de faciliter leur jeu sur les cordes ou sur le clavier. (Argot musical.)

Les tortionnaires du moyen âge mettaient leurs patients au *psaltérion,* les étendaient sur le *chevalet,* leur faisaient faire le *tap* ou leur écrasaient les doigts dans leur terrible *jeu de flûtes*.

Aujourd'hui, les plus farouches tourmenteurs de la main appartiennent à la phalange des pianistes dont les victimes sont condamnées à subir le supplice du *dactylion* ou du *chirogymnaste*.

> Voulez-vous acquérir de la dextérité
> Et faire des progrès avec rapidité?
> Il faut que vos deux mains, à force de science,
> Nivellent leur pouvoir et leur indépendance;
> Que le chirogymnaste égalisant vos doigts,
> Sur la touche en suspens leur donne un même poids.
>
> (*L'art musical.* MICHEL.)

M. O. Comettant décrit en ces termes l'*instrument de torture* auquel Henri Herz fut condamné dans sa jeunesse.

« A onze heures, une domestique se présentait. Elle tenait dans ses mains un appareil singulier de l'invention du père de Henri Herz. Cet appareil se composait d'une poulie fixée au plafond, et sur laquelle roulait une longue corde dont l'extrémité soutenait une plar̂ hette d'une longueur d'environ un demi-mètre. A ĥque extrémité de la planchette étaient attachḙ, deux bouts de ficelle retenant deux anneaux. Le petit prodige passait le médium et l'annulaire de ses mains dans ces anneaux, et la domestique mettait l'appareil en mouvement en faisant courir la corde sur la poulie. Par ce moyen les deux doigts les plus rétifs de la main se trouvaient soulevés, et il fallait, pour les ramener au niveau du clavier, un effort de l'enfant très propre, suivant M. Herz père, à favoriser l'indépendance du troisième et du quatrième doigts.

(*Musique et musiciens.*)

(Voir *Instrument de persécution.*)

Touche. — Physionomie, allures. — Dans l'argot du peuple moins ambitieux que les psychologues qui ont inventé le *clavier* des passions humaines.

La *touche* est l'accessoire indispensable de l'*orgue* de la langue des voleurs.

En dépit du proverbe « l'air ne fait pas la chanson », les émules de Lavater prétendent juger des orgues humaines par la seule inspection de leur *touche*.

Pour juger d'un orgue, J. S. Bach en tirait tous les jeux, désirant avant tout, disait-il, savoir si l'instrument avait de bons poumons.

(Voir *Orgue.*)

Toucher du piano ou de l'orgue. — Jouer du piano ou de l'orgue.

Ces expressions sont presque aussi surannées que donner du cor et pincer de la harpe.

Les Allemands disent *battre l'orgue, battre le clavier,* parce qu'autrefois les *touches* étaient si dures qu'on ne pouvait les baisser qu'à coups de poings.

On peut classer les pianistes en deux catégories : celle qui *touche* l'âme de son public et celle qui ne *touche* que les *touches* du clavier.

Bien que Commerson ait défini le piano un billard sur lequel on ne manque pas de *touche*, il n'est pas rare d'y voir se produire cet accident.

Mlle LATIFOL

Si b ! Vous faites un si naturel.

OCTAVIE

C'est mon doigt qui a glissé sur la *touche* noire.

Mme GODET

J'ai toujours dit qu'on les faisait trop étroites, ces touches-là, le doigt ne peut pas tenir dessus.

(H. Monnier. *Les Bourgeois de Paris.*)

Touches de piano. — Dents. (Argot populaire.)

Expression qu'il serait risqué d'appliquer à une

jolie femme, bien qu'il soit de la dernière galanterie de faire l'éloge de ses dents d'ivoire. Les touches d'ébène gâtent la métaphore.

Faisons remarquer, par parenthèse, que la fameuse clef de Garengeot, surnommée baume d'acier par les dentistes, a le même aspect que la clef des accordeurs de piano.

L'une arrache les dents, l'autre les oreilles.

(Voir *Jouer aux dominos, taquiner les dents d'éléphant*.)

Tour du bas ton. — Gain secret et illicite.

Les faiseurs qui se livrent à ce genre d'industrie prennent généralement la précaution de s'entendre à voix basse et de faire leurs coups à la sourdine.

On dit également *tour du bâton*, argotisme que l'on croit une allusion au petit bâton des escamoteurs.

Peut-être le peuple, qui aime à jouer sur les mots, a-t-il trouvé plaisant de poser la proportion suivante :

$$\frac{\text{Bas ton}}{\text{Ton haut}} \text{ égale } \frac{\text{Pot de vin}}{\text{Tonneau.}}$$

Tourlourou. — Fantassin. (Argot de régiment.)

Turelure, toureloure est un mot imitatif se rapportant au son de la *loure*, nom patois de la cornemuse.

Dans l'argot des voleurs, *tourlourer,* c'est tuer, éventrer, c'est-à-dire, crever la cornemuse.

Tours de force. — « On désigne ainsi quelques moyens d'exécution extraordinaires qui servent à pétrifier les auditeurs. Pour échantillons, nous citerons les horrifiques manœuvres de deux artistes célèbres : Konig, le guitariste et Fringuenel, le violoniste. Le premier exécutait un long point d'orgue par la seule impulsion des doigts de la main gauche, tandis que de la droite il fouillait à sa poche, en tirait sa tabatière et son mouchoir, prisait, se mouchait, puis enfin continuait son morceau à deux mains. A l'opéra, Fringuenel faisait mieux encore ; dans un certain passage de son concerto en *fa* double quadruple bémol, il lançait son archet sur le lustre, et tandis qu'on allait le chercher, il exécutait de la main gauche un adagio de 915 mesures en faisant la basse avec ses deux genoux. »

(Clédeçol. *Dictionnaire burlesque.*)

Plaisanterie à part, on a vu des pianistes jouer à la fois sur plusieurs pianos. Burney n'a-t-il pas raconté que le célèbre Bach affectionnait tant la pleine harmonie que, non content d'employer sur l'orgue la pédale, il portait un bâton à la bouche pour s'en servir sur les touches que ses mains ou ses pieds ne pouvaient atteindre.

Vivier, le Paganini du cor, exécutait sur son

instrument des fanfares à plusieurs parties simultanées.

Le violon est l'instrument qui se prête aux *tours de force* les plus fantastiques.

Une des excentricités familières à Paganini consistait à prendre simultanément, sur les quatre cordes du violon, quatre *do* à l'octave l'un de l'autre. On a vu des violonistes jouer un solo sur la même corde sans y mettre les doigts et en tournant simplement la cheville. D'autres remplaçaient leur archet par une canne ou même la bougie de leur pupitre.

Le goût du public se prononçant en faveur de ces charentonnades instrumentales, on vit des clowns exécuter des duos de violon en faisant des exercices de trapèze, jouant la tête en bas, leur instrument posé entre les jambes, entrelaçant leurs archets de mille façons bizarres.

Enfin le dernier mot du *tour de force* a été dit par Unthan, le violoniste sans bras, qui exécutait une fantaisie d'Alard avec ses pieds.

Trac (Avoir le). — Avoir peur devant le public.

> En public tu ne trembleras
> Ni devant les rois mêmement.
>
> (*Les commandements du violon.* WOLDEMAR.)

A l'une des soirées de Rossini, une dame invitée à chanter, faisait beaucoup de manières pour s'y décider. Elle devait chanter un air de la *Sémiramide*.

— Ah! cher maître, que j'ai peur! s'écria-t-elle.
— Et moi donc! dit Rossini.

(Voir *Battre la générale*, *Trémoloter*.)

Tralala. — Air, chanson. (Argot populaire.)

— Quel malheur! mère Pochu. Notre locataire du quatre, vous savez la chanteuse, qui vient de mourir à c'matin, d'un *concert* à l'estomac...

— Elle embêtait assez toute la maison avec ses *tralala*.

— C'est égal, pauvre femme! Partir comme ça... la veille des étrennes...

(*Études de cloportes*.)

Tralala. — Toilette de cérémonie. (Argot populaire.)

Se mettre sur son grand *tralala*, c'est revêtir son plus beau costume, comme le fait le chanteur avant d'entrer en scène pour faire ses *tralala*.

(Voir *S'affistoler*, *Flafla*.)

Traviata. — Fille perdue, dans l'argot des élégants qui n'osent pas dire cocotte.

(Delvau. *Dictionnaire de la langue Verte*.)

Cet argotisme est né du succès d'une œuvre de Verdi, la *Traviata*, jouée en 1856 au Théâtre

Italien et donnée en 1864 au théâtre lyrique sous le nouveau titre de *Violetta*.

Le sujet de cet opéra est tiré de la *Dame aux Camélias*, d'Al. Dumas fils.

(Voir *Dame du lac*.)

Trembleuse. — Sonnette électrique. Le trémolo obligé des drames de chemin de fer.

(Voir *Brandillante*.)

Trémoloter. — Au propre, faire un *trémolo*, c'est-à-dire répéter la même note en agitant rapidement l'archet sur la corde. Au figuré, trembler, avoir le trac en public. (Argot d'orchestre.)

Trio laid. — Équivoque de mauvais goût sur le *triolet* musical, servant à qualifier trois personnes dont la beauté n'a qu'un rapport vague avec celle des trois Grâces. (Argot populaire.)

Triton. — Non donné à certaines coquilles marines que l'on suppose avoir servi de trompette primitive et que les légendes mythiques donnent comme attribut au dieu Triton.

Les harmonistes ont donné le nom de *triton* à l'intervalle de quarte majeure, fa, si, comprenant *trois tons*.

Trois-pieds. — Triangle. (Argot populaire.)

Allusion à la forme triangulaire du trépied nommé, dans l'argot de cuisine, *trois-pieds*.

Le triangle qui fait aujourd'hui partie de la batterie de nos musiques militaires, s'appelait, au moyen âge, *trépie*.

Trombone. — Figure humaine. (Argot populaire.)

> En jouant de cet instrument,
> Le visage se décompose ;
> Or, d'un certain rapprochement
> Ce fait est sans doute la cause.
> Les gamins ne disent-ils pas
> D'une face grosse et bouffonne,
> En ricanant, même peu bas :
> « Tiens !.. excusez !.. p'us qu'ça d'trombone ! »
>
> <div align="right">E. GRANGER. <i>Chansons</i>.</div>

(Voir *Pif*.)

Trombone (Faire). — Faire semblant de vouloir payer en extrayant andantino de la monnaie de sa poche et en l'y réintégrant prestissimo, après que les camarades ont payé la consommation. (Argot de cabaret).

Le mouvement alternatif du *trombone*, désavalant sa coulisse et la réavalant, a pu donner aux buveurs l'idée de lui comparer le mauvais payeur, ne dépochant son cuivre que pour le rempocher instantanément.

Tromper. — Au propre, sonner de la trompe; au figuré, capter par la ruse la confiance de quelqu'un. (Argot officiel.)

Les commentateurs sont loin d'être d'accord sur l'origine de ce vocable. Génin le dérive de la *trompe de Béarn* ou guimbarde. P. Pâris le rattache à la *trompe de chasse*. Lequel se trompe? Lecteurs, méfiez-vous des racines pivotantes que vous tirent les étymologistes. Demain, peut-être, l'un d'eux tentera-t-il de vous faire accroire que *tromper* se rattache à la *trompe de l'éléphant*, à cause de la confiance aveugle que s'attire le trompeur et de la défense d'y voir qu'il impose astucieusement à sa victime.

— « Comment t'y prendrais-tu, Jocrisse, pour faire jouer une fanfare à un éléphant?

— Ma foi! maître, je n'en sais rien.

— Tu le conduis devant une porte où pend une sonnette et tu lui fais tirer le cordon.

Alors l'éléphant *sonne de la trompe*. »

Trompette. — Gazette du quartier. (Argot populaire.)

Lorédan Larchey prétend que c'est une allusion à la *trompette* allégorique de la renommée à qui cependant Voltaire fait emboucher deux de ces instruments.

On disait autrefois, par moquerie: secret comme un *trompette*. (Voir *Trompetter*.)

Trompette. — Nez moucheur ou éternueur. (Argot populaire.)

(Voir *Nez en trompette*, *Tuyau d'orgue*.)

Trompette. — Instrument à vent, se jouant avec la même embouchure que le basson. (Argot populaire.)

(Voir *Jouer du basson*, *Sonner de la trompette*.)

Trompette. — Figure humaine. (Argot des faubouriens.)

Extension de l'argotisme ci-dessus, par métonymie.

(Voir *Trombone*.)

Trompette. — Cigare.

Argotisme faisant allusion au fume-cigare extravagant au bout duquel le bourgeois aime à planter son Havane.

Un bon cigare, disait le chanteur Mario, est aussi rare qu'un bon ténor ; il coûte assez cher et, dans sa courte durée, ainsi que le ténor, le souffle de la poitrine le fait vivre et le tue, et des deux il ne reste guère qu'un peu de fumée et peut-être un agréable souvenir.

(Voir *Pipe*, *piper*.)

Trompette d'arrière-garde. — Infirmier. (Argot des soldats de cavalerie.)

Trompettes de cimetière. — Les cloches. (Argot populaire.)

Trompette de la mort. — Toux sèche des poitrinaires. (Argot anglais.)

Trompettes de mer. — Sorte d'éponges dont le nom est dû à leur forme.

Trompette (Bon cheval de). — Homme inaccessible à la peur et aux mauvais bruits qu'on peut répandre sur son compte. (Argot populaire.)

Allusion au cheval de régiment qui ne s'effraye pas du taratantara de la trompette.

Trompette (Nez en). — Nez retroussé, à la Roxelane. (Argot populaire.)

Sobriquet dû moins à la forme particulière de ce genre de nez qu'à ses propriétés musicales. Les nez retroussés sont des ronfleurs et des éternueurs de premier ordre.

Trompette (Sonner de la). — Au sens propre, on sait ce que cela veut dire ; Voltaire, dans sa *Pucelle*, nous édifie ainsi sur l'autre sens.

> La Renommée a toujours deux trompettes:
> L'une à la bouche, appliquée à propos,
> Va célébrant les exploits des héros;

L'autre est au..., puisqu'il faut vous le dire;
C'est celle-là qui sert à nous intruire
De ce fatras de volumes nouveaux.

(Voir *Barytoner, Jouer du basson, Musique zéphirienne.*)

Trompetter. — Divulguer un secret aux quatre coins de la ville. (Argot populaire).

Allusion au crieur de ville qui s'annonçait autrefois aux sons de la trompette.

(Voir *Trompette.*)

Troubadour, Troubade. — Fantassin. (Argot de régiment.)

« Comme le *troubadour*, dit L. Larchey, le fantassin fait en tous pays résonner sa clarinette. »

(*Les excentricités du langage.*)

(Voir *Tourlourou.*)

Tube. — Gosier. Argotisme que l'on trouve trivial dans la bouche du peuple et savant sur les lèvres des physiologistes qui l'accommodent à des sauces variées: *tube* laryngien, *tube* pharyngien, *tube* intestinal, etc...

Le *tube* rappelle vaguement le tuyau de gouttière, théâtre ordinaire du Matou-concert.

(Voir *Galoubet, Musette, Siffle, Sifflet.*)

Tube (Ramoner son). — Nettoyer son instrument à vent, après en avoir joué. (Argot d'orchestre.)

Comparer une clarinette ou un trombone à un tuyau de poêle, quelle plaisanterie de fumiste!

Tubulaire-chalumeau. — Polype singulier que l'on trouve sur les côtes de la Provence et dont la forme rappelle la structure de la flûte de Pan et d'un buffet d'orgue.

Turlutaine. — Ancien sobriquet de la serinette et de l'orgue à manivelle servant à désigner un mauvais instrument de musique.

Turlutaine se dit encore pour caprice, lubie.

Turluter. — Imiter avec la bouche la flûte ou le flageolet. (Argot populaire.)

(Voir *Turlututu.*)

Turlututu! — Synonyme de « laissez-moi tranquille! flûte! tarare! zut! »

Onomatopée du coup de langue des flûtistes.

Les enfants disent: *turlututu!* chapeau pointu! En Picardie, on dit: *turlututu,* rengaîne!

Turlututu. — Sifflet, petite flûte, jouet d'enfant. (Argot populaire.)

G. Kastner raconte que Frédéric le Grand demandait un jour à ses officiers qui, à leur avis, s'était montré le plus brave dans la journée.

— C'est Votre Majesté, répondirent-ils unanimement.

— Vous vous trompez, répliqua Frédéric, c'est un fifre auprès duquel j'ai passé vingt fois pendant le combat et qui, depuis la première charge jusqu'à la dernière, n'a cessé de souffler dans son *turlututu*.

Tutu-panpan. — Surnom donné, par moquerie, aux tambourinaires de Provence.

Cet argotisme est une double onomatopée du son du galoubet et du bruit du tambourin.

Tuyau. — Larynx ou pharynx, ad libitum, dans l'argot du peuple qui n'y regarde pas de si près.

Se jeter quelque chose dans le *tuyau*, c'est boire ou manger.

Avoir le *tuyau* bouché c'est être enrhumé.

En acoustique, les *tuyaux* bouchés sonnent à l'octave supérieure des tuyaux ouverts de même longueur.

(Voir *Avoir une Carotte dans le plomb*, *Tube*.)

Tuyau. — Oreille. (Argot populaire.)

Le tuyau se soude logiquement au pavillon des physiologistes.

(Voir *Oreilles*, *Ouïsme*.)

Tuyau d'orgue. — Nez ronfleur. (Argot populaire.)

Peine du talion infligée aux organistes qui ont baptisé un de leurs jeux du nom de nasard.

(Voir *Jouer de l'orgue, Trompette*.)

Tuyaux d'orgue. — Se dit, par exemple, de ces familles anglaises dont les nombreux rejetons, rangés par ordre de taille comme des tuyaux d'orgue, rendent si difficile la circulation sur nos boulevards.

Tympaniser. — Assourdir quelqu'un de ses plaintes ou de ses réclamations, l'agonir d'injures.

Cet argotisme, synonyme de tanner, assimile la membrane du *tympan* de l'oreille à la peau du tambour anciennement nommé *tympan*.

Tympaniser, en vieux français, c'était battre du tambour.

Tympanite. — Enflure du ventre. Argotisme démontrant jusqu'à quel point la *caisse* préoccupe MM. de la Faculté.

U

Unisson (Être à l'). — Agir, parler ou penser d'accord avec quelqu'un, idéal difficile à réaliser dans le mariage, à cause de la constitution vocale des conjoints, fatalement séparés par un abîme: l'octave. (Voir *Moitié*.)

> Enfin Damon s'est fait connaître,
> Et, dans son dernier opéra,
> Il vient de faire un coup de maître
> Que n'eût jamais tenté Campra;
> C'est plus qu'il n'osait se promettre,
> Quoiqu'il soit tant soit peu Gascon,
> Car il a trouvé l'art de mettre
> Tous les sifflets à l'unisson.
>
> (*Anonyme.*)

Usine musicale (L'). — Le Conservatoire de musique. (Argot des élèves du n° 15 de la rue du faubourg Poissonnière.)

Ut! — D'après le glossaire du centre de la France, cette interjection signifierait: Hors d'ici! Va-t-en! applicable à un chien ou à une personne méprisable.

Dans quelques contrées on dit *ust!*

Suivant le comte Jaubert, *ut* dériverait de l'anglais *out* (dehors), et serait une importation des guerres d'invasion.

G. Kastner suppose que le peuple, ayant perdu de vue l'origine anglaise de cet argotisme, l'aura, pour lui donner un sens, rattaché à la musique, en le donnant pour conclusion au quolibet:

« Sais-tu la musique? Oui. Eh, bien, *ut!* »

Ajoutons que les compagnons imprimeurs avaient coutume de choquer leurs verres en prononçant la syllabe *ut*.

Suivant M. E. Boutmy, cet *ut* serait le premier mot de la phrase latine : « *Ut tibi prosit meri potio !* » (Que ce verre de vin pur te soit salutaire !)

Il est regrettable que l'auteur de l'Argot des typographes ne nous ait pas indiqué la source de cet usage en *ut*, pris pour tonique, selon le vœu des buveurs.

Nous pensons plutôt que cet *ut* était pour les imprimeurs un simple mot de ralliement, une abréviation de leur patron *G-ut-enberg*.

« Dans une réunion d'artistes, on discutait sur la préséance à accorder aux beaux-arts.

— La poésie, dit un rimeur, passe avant tout.

— Permettez, riposte un peintre, la poésie n'arrive qu'après la peinture, comme l'a reconnu lui-même votre poète Horace dans ce vers :

« Ut pictura poesis. »

— Traduisez, dit le poète : « La poésie est comme la peinture. » Elles sont sœurs, je l'accorde.

— Pardonnez, ajoute un musicien, la musique les précède, représentée dans ce vers par la première note de la gamme, *ut*. » (*Musicorama*.)

(Voir *Zut*.)

V

Vacarmini (Il signor). — Sobriquet donné à Rossini, à ses débuts en France.

On prétend que Rossini, ayant remarqué la somnolence de l'Opéra pendant l'exécution des plus belles œuvres, jura de n'en pas subir l'affront.

« Je saurai bien vous empêcher de dormir, » dit-il. Et il chargea la grosse caisse et les cymbales du soin de tenir constamment le public en éveil. Ce procédé valut au maëstro une grêle de quolibets dont la perle fut *Il signor Vacarmini*.

(Voir *Rossinisme*.)

Vaudeville. — Pièce de théâtre à couplets, la première étape de notre opéra comique.

Cet argotisme, qui d'abord a désigné une chanson, est une corruption de *Vau de Vire*, val situé en Basse-Normandie, patrie de l'ouvrier-poète Olivier Basselin.

> Au vieux temps où l'on aimait
>   Chanter, boire et rire,
> Basselin improvisait,
>   Sans savoir écrire,

De bons couplets bien chantants
Que l'on répéta longtemps
Dans le Val de Vire
O gué
Dans le Val de Vire.

Fr. Sarcey. *Le mot et la chose.*

Vent (Du)! — Synonyme de Tarare ponpon! Flûte! Zut!... (Argot populaire.)

Ha ça! voulez-vous me payer,
Disait un harpiste au caissier
D'une scène parisienne?
Est-ce qu'on prend mon instrument
Pour une harpe éolienne?
On me répond toujours: Du vent!

(*Musicorama.*)

Vent (N'y entendre que du). — Ne rien comprendre à la musique. (Argot populaire.)

Quoique longuement serinés, certains chanteurs *n'y entendent souvent que du vent.*

En 1474, Tinctor dans son *terminorum musicæ diffinitorium,* employait une expression plus énergique :

Musicorum et cantorum magna est differentia.
Illi sciunt ipsi dicunt quæ componit musica.
Et qui dicit quod non sapit reputatur bestia.

Ce qu'un proverbe de la même époque traduisait crûment par : « Un âne n'entend rien en musique. »

(Voir *Blague*, *Puff*.)

Vent (Instrument à). — Argotisme burlesque par lequel les musiciens désignent les instruments dont les sons proviennent des vibrations de la colonne *d'air* contenue dans leur tube de bois ou de métal. Telles sont la flûte, la trompette, les orgues, etc., que C. Blaze proposa vainement de baptiser *instruments à souffle*.

A proprement parler, on ne connaît que deux *instruments à vent*, et précisément ils sont à cordes : la harpe d'Éole et la contrebasse, donnant naissance à la musique éolienne et à la musique zéphirienne. (Voir ces mots.)

V.E.R.D.I. — Devise argotique forgée en 1860 par les Italiens, du nom de leur célèbre compatriote Verdi, formant les initiales de leur revendication contre la papauté :

« *Victor Emmanuel Roi D'Italie.* »

Vesse. — Musique de basson.

Allusion au vent sortant de la *Vèse*, outre de peau dont les cornemuseurs bourguignons garnissent leur instrument.

Leurs ancêtres aimaient à vanter leurs plus

habiles virtuoses en disant de chacun : « Il a un faux-bourdon au fond de ses chausses. »

(Voir *Barytoner, Billevesée, Jouer de basson*, etc.)

Veste (Remporter une). — Se faire chuter ou siffler en jouant mal ou en chantant faux. (Argot de coulisses.)

Si l'on en croit Delvau, l'origine de cette locution remonterait à *la Promise*, opéra-comique de Clapisson, joué en 1854, dans lequel Meillet chantait, au 1er acte, un air (l'air de *la Veste*) qui fut peu goûté du public; d'où cette expression attribuée à Gil-Peréz au sortir de la 1re représentation : *Meillet a remporté sa Veste*.

Vicarier. — Aller chanter d'église en église. (Argot des chantres.)

Viellé ou **violé (Bœuf).** — Le héros de la promenade du jeudi gras.

Autrefois le cortège était précédé d'une troupe de musiciens jouant de la *vielle* et de la *viole*. Ce vieil argotisme s'est conservé dans quelques villes de province, bien qu'on n'y viole plus que les lois de la tempérance.

M. Weckerlin raconte dans son *Musiciana*, que sous Louis XVIII, les bouchers et le bœuf gras vinrent, selon l'usage, saluer Leurs Majestés aux Tuileries. Le roi, qui, comme on le sait, était énorme, les complimenta du haut de son balcon. Les braves bouchers en étaient touchés jusqu'aux larmes; le bœuf lui-même en avait les paupières humides. Les musiciens, tenant à ne pas rester les derniers dans cet attendrissement où le vin bleu jouait son rôle, se mirent à entonner : « Où peut-on être mieux qu'au sein de sa famille ? » Le chœur des bouchers et des sauvages y mit des paroles, le bœuf les accompagna de sa basse profonde et la fête fut complète.

Vielles (Accorder ses). — La flûte ayant détrôné le piano des Savoyards, on dit aujourd'hui : « Accorder ses flûtes. » (Voir ce mot.)

Vielles (Être du bois dont on fait les). — Cet argotisme a également fait place à « Être du bois dont on fait les flûtes. » (Voir ce mot.)

Vielleux, Vielleuse. — Joueur de vielle. (Argot populaire.)

Une petite fille, venue de la Savoie en France au commencement du XVIIIe siècle, n'ayant d'autre titre que ses quinze ans, d'autre recommandation que son joli minois, d'autre talent que celui de la vielle, joua sur les boulevards de Paris un certain rôle. Elle eût des admirateurs et acquit une fortune brillante. Le bon usage qu'elle en fit la rendit célèbre encore cent ans après. Elle fut au commencement de ce siècle mise en scène, sous le nom de *Fanchon la Vielleuse*, avec une figure, des talents et un entourage qui firent des enthousiastes. Pendant longtemps on n'entendit plus dans les rues, à la promenade et dans les sociétés, que ce refrain :

« Quinze ans, ma vielle et l'espérance. »

Violon. — « On appelle *violon*, à Paris, et aujourd'hui dans beaucoup de départements, une prison que chaque section a dans son enceinte, pour enfermer ceux qu'on arrête la nuit et qui sont, le lendemain, transférés dans une maison d'arrêt. »

(Guadet. *Mémoires de Buzot.*)

Il est peu de mots sur lesquels se soit autant exercée l'imagination des commentateurs.

Le peuple de Paris, dit l'un, gouailleur par bécarre, par bémol et par nature, se sera écrié un jour en regardant la prison préventive, où il expie maintes peccadilles : « C'est là qu'*on la danse*, ou c'est là qu'*on me fait danser*, et cette idée ayant éveillé en lui celle de l'instrument contredansier par excellence, il aura appelé ironiquement *violon* cette cellule où il va quelquefois passer la nuit comme au bal[1].

---

[1] Les maîtres à danser du XVIIIe siècle avaient pour enseigne un *violon*, avec cet écriteau : « *Céans on danse* »

Pour être mis au *violon*, dit un autre, il faut y être conduit; or, *conduit au violon* signifie *conduit avec un violon*, par antiphrase et moquerie, parce dans les villages on mène la noce avec un violon.

Jadis, hasarde un autre commentateur, le violon s'appelait *rebec;* et comme d'ordinaire ceux qu'on conduit en prison *se rebecquent,* on a dit qu'on les mettait *au violon.*

Du tout, s'écrie un quatrième; sachez que dans la prison se trouve toujours une lucarne garnie de quatre barreaux, rappelant les cordes tendues sur le *violon.*

Erreur, messieurs, fait un cinquième, *Être mis au violon* est une allusion à la danse des morts conduits, vous le savez, par le sinistre violoneux camard.

As-tu fini? clame un intrus. On appelle la prison un *violon* parce que jadis on y était conduit par un *archer.*

A côté de ces conjectures fantaisistes, il y a le commentaire grave et précis, avec fable à la clef. Ce document fait remonter au temps de Louis XI[1] l'expression de *mettre au violon.* Il paraît qu'à cette époque, les nombreux plaideurs qui assiégeaient le palais de justice faisaient un tel tapage dans la salle des pas-perdus, qu'ils troublaient Thémis dans son sommeil. Un bailli du palais, nommé *Viole*, fit

---

[1] Galeries du palais de justice de Paris. A. de Bast.

enfermer les plus tapageurs dans une salle de la conciergerie. Seulement, l'excellent bailli, en sa qualité de *Viole*, ordonna qu'un *Violon* restât constamment suspendu aux murs de la prison, afin que les captifs de quelques heures pussent se divertir honnêtement. On dit même que Lulli daigna un jour honorer les prisonniers de sa présence et qu'ayant décroché le *Violon* de *Viole*, il leur joua un air d'*Orphée* qui radoucit à un tel point les plus violents qu'ils jurèrent de ne plus violer le règlement.

Dans ses *Récréations philologiques*, F. Génin prétend que mettre au violon dérive d'une expression usitée au moyen âge: *mettre au psaltérion*, c'est-à-dire « mettre en pénitence, en lieu où l'on a tout le temps de méditer sur ses sottises, de s'en repentir et de réciter une sept psaumes. »

Le bon peuple Gaulois, ajoute le même commentateur, aura si bien tenu à cette expression équivoque que « voyant le *psaltérion* passer de mode, il a baptisé la prison transitoire du nom de l'instrument qui avait remplacé le psaltérion dans la faveur publique: le *violon*. Les tapageurs nocturnes, ramassés par le guet du moyen âge, allaient passer la nuit au *psaltérion*; au XIXe siècle, ils vont la passer au *violon*, mais, ajoute le philologue, je crois qu'il leur arrive rarement d'y réciter *une sept psaumes.* »

Quelque ingénieuses que soient toutes ces conjectures, elles nous semblent néanmoins pécher par la base. Ce n'est pas le lieu de détention, mais le détenu lui-même que les commentateurs auraient dû prendre pour objectif. C'est le prisonnier et non pas la prison qui joue le rôle de *violon*.

La plupart des gens qu'on dépose au violon se font pincer à la suite de rixes qui ont lieu à la sortie des bals et des cabarets, rixes dont la gamme argotique : *Donner le bal, flanquer une valse, administrer une frotteska*, etc., semble un écho des bruits du bastringue.

Poussant donc la comparaison jusqu'au bout, la police fait jouer à ces tapageurs nocturnes le rôle du *violon* que le ménétrier empoigne, après la *danse*, pour le *mettre au clou* ou l'enfermer dans sa boîte, le *coffrer*.

Remarquons que ces deux argotismes *coffrer* et *mettre au clou* sont encore, de nos jours, les synonymes de *mettre au violon*, ou plutôt *mettre en violon*, ainsi qu'on a dû le dire primitivement [1].

Violon. — Plaque de métal ou de bois, en forme de *violon*, percée de plusieurs trous, pour recevoir la tête du foret, et que l'on met sur son estomac quand on fore à l'archet.

(*Grand Dictionnaire du XIX siècle.*)

---

[1] Dans le *violon* militaire, appelé *grosse caisse*, c'est également le prisonnier qui remplit le rôle de l'instrument; autrement l'argotisme serait inexplicable.

Les ouvriers donnent quelquefois à ce *violon* le sobriquet de conscience.

Violon. — Nom donné à un quadrupède de la Guyane, le Tatou, dont le corps écailleux, arrondi et terminé par une queue, rappelle, vu de dos, la forme et la dimension d'un violon. (Argot zoologique.)

Violon. — Planche carrée garnie de fils de fer parallèles, dont chacun correspond à une des boîtes de couleur dont on se sert dans l'impression des tissus.

Violon de bourrique. — Le secret du pont aux ânes, autrement dit, un bâton. (Argot picard.)

Cette métaphore sent son grand siècle et semble avoir été inspirée par le Florentin qui, de temps à autre, cassait un violon sur la tête de ses symphonistes en les traitant de bourriques.

(Voir *Rossignol d'Arcadie*, *Sirène de moulin*.)

Violon (Jouer du). — Forer à l'archet. (Argot des métiers.)

Violon (Jouer du). — Scier ses fers. (Argot des voleurs.)

Par contre, on dit d'un joueur de violon, qu'il scie du bois.

Violon (Jouer du). — Se dit dans l'argot des écrivains fantaisistes, — à propos des mouvements de systole et de diastole du cœur humain en proie à l'Amour, ce divin Paganini.

(Delvau. *Dictionnaire de la langue Verte.*)

Citons à ce propos une page charmante que A. de Lasalle nous donne comme la révélation du secret d'un grand virtuose :

« J'entre en scène et je salue. Le public daigne manifester qu'à mon aspect un courant de plaisir l'a traversé. Puis je vérifie une dernière fois l'accord de mon instrument. Enfin le chef d'orchestre frappe trois petits coups de son bâton sur n'importe quoi de sec, ce qui veut dire : « Attention ! » C'est pendant cette pantomime préalable que je fais choix d'une des cinq cents têtes de femmes qui me regardent. Et je m'impose d'en tomber immédiatement amoureux ; et je me jure, en faisant les serments les plus terribles, de lui être fidèle une bonne demi-heure pour le moins...

« Les âmes simples s'imaginent que j'exécute un solo, tandis que je fais ma partie dans un duo incandescent. Car c'est pour elle que je me mets en dépense de fluide, c'est vers elle (point de mire charmant !) que je projette le million de notes brûlantes contenues dans mon instrument. C'est encore à elle que j'adresse de pressantes déclarations en cette langue des oiseaux appropriée aux besoins de l'homme sous le nom de mélodie !... Et la pauvrette ne se doute guère du rôle que je lui impose. Elle est comme un miroir inconscient devant lequel je me cherche et je m'interroge.

«Pourtant il est rare qu'avant mon fortissimo final, je ne la voie éprouver quelque embarras et fléchir sous mon étreinte magnétique. Il semble que des lèvres invisibles chuchotent à son oreille des mots d'un idiome inconnu. Elle se défend d'abord, mais pour céder bientôt, vaincue par le charme de mon archet. Une sorte d'inquiétude vague la galope et se trahit par des soubresauts nerveux. Miracle ! elle a tressailli... Alors je deviens beau dans la victoire ; je m'échauffe, j'éclate, je vois rouge ; et tout ce feu dont je suis envahi se communique à la foule qui frémit à son tour et crie de joie !»

(Dictionnaire de la musique appliqué à l'amour.)

Violon (Sec comme un). — Maigre. (Argot populaire.)

On disait autrefois sec comme un rebec.

Violoneux. — Ménétrier de village. (Argot des paysans.)

Violoniste (Le). — Crabe velours, ainsi nommé parce que ses membres antérieurs, aplatis aux extrémités, font le service de rames ou de roues à palettes. Leurs coups répétés, dit le Dr Franklin, permettent à l'animal de se pousser dans l'eau avec quelque vélocité. Ce mouvement particulier a été comparé à l'action du bras d'un *violoniste*.

Violoniste (Le). — Surnom ornithologique donné au Pouillot dans le pays messin.

Violon-répétiteur. — « C'est le cahier de musique sur lequel le musicien fait les répétitions d'opéras ou de vaudevilles, et apprend les airs aux acteurs.

Dans les vaudevilles du temps de Désaugiers, un *violon-répétiteur* était presque toujours un *in-folio* où se trouvaient trente ou quarante couplets. Depuis la nouvelle école, le *violon-répétiteur* d'un vaudeville-drame est une feuille volante de papier sur laquelle se trouve un couplet et un chœur général par acte. Dans le vaudeville à la mode, le copiste de musique a beaucoup moins d'occupation que le fabricant de poignards et de pistolets. »

(*Dictionnaire des coulisses*. Jacques le souffleur. 1835.)

Violons. — Nom donné, sur les paquebots, aux cordes disposées parallèlement d'une extrémité de la table à l'autre, pour permettre aux assiettes, aux verres, aux bouteilles, etc., de se tenir sans trébucher, malgré les mouvements du navire.

(Littré. *Dictionnaire*.)

Violons (Donner les). — Offrir un bal ou une soirée musicale. (Argot des mondains.)

Les précieuses traduisaient *donner les violons* par *donner les âmes des pieds*.

Au figuré, *donner les violons*, c'était autrefois faire bâtonner quelqu'un par des laquais, lui faire *donner une danse*. (Voir *Violon de bourrique*.)

Violons (Payer les). — Dépenser pour autrui son argent, son temps et sa peine sans en tirer aucun profit.

Non seulement, disait C. Varnol, les grands condamnent le peuple à *danser devant le buffet* (c'est-à-dire, à se brosser le ventre), mais ils lui font encore *payer les violons*.

Virtuoses du pavé. — Musiciens ambulants. (Argot littéraire.)

« Un jour, un membre de l'Institut, traversant le pont des Arts, s'entend appeler par le fameux cul-de-jatte accordéoniste.

— Pardon, monsieur l'académicien, dit celui-ci, seriez-vous assez bon de m'expliquer pourquoi l'on nous surnomme les *virtuoses du pavé?*

— Rien de plus simple, mon ami. Virtuose vient

d'un mot latin, *virtus*, qui veut dire vertu, courage, parce qu'il faut vraiment de la vertu et du courage pour se faire musicien dans notre siècle.

— Je vous remercie, monsieur l'académicien, et permettez-moi pour la peine de vous jouer...

— Attendez, fait le savant en saisissant le bras du virtuose. Je n'ai pas fini : *virtus* vient lui-même du mot grec *arété*...

— Ce qui veut dire ?

— Grâce ! Arrêtez ! Ne lâchez pas la détente, fit l'académicien en s'esquivant à toutes jambes. »

(*Musicorama*.)

Voix (Avoir de la). — Posséder un capital vocal, un diamant ; avoir du creux, du zinc, etc... (Argot des chanteurs.)

Voix (Être en). — Être disposé à chanter.

Le deuxième consul, Cambacérès, donnait une fête à laquelle se trouvaient beaucoup d'artistes. Elle touchait à sa fin, lorsque le consul invita Garat à chanter. Celui-ci, piqué de ce qu'on ne se fût pas adressé plus tôt à lui, tire sa montre et répond : « Impossible, citoyen consul ; il est minuit : ma voix est couchée. »

Voix (Se faire la). — Se gargariser de roulades et d'exercices propres à assouplir les cordes vocales.

Voix blanche. Voix sombrée. — Argotisme que les chanteurs ont emprunté au lexique des peintres pour différencier la voix au timbre clair de la voix au timbre sombre ou voilé.

On emploie également la dénomination de *voix blanche* pour désigner les voix de femmes, en opposition avec les voix graves ou voix d'hommes.

Pourquoi n'avoir pas qualifié celles-ci de *voix sombres*, ou mieux encore, de *voix noires* ? La voix de femme, chantant à l'octave de la voix d'homme et produisant un nombre *double* de vibrations, justifierait la fameuse définition : une *blanche* vaut deux *noires*.

(Voir *Chromatique, Sombré*.)

Voix de Centaure. — Voix de Stentor. Dans l'argot du peuple trouvant le timbre éclatant du fameux guerrier grec moins énergique que le mugissement formidable de l'homme-cheval de la fable, dont la massue légendaire achève de caractériser le chanteur abusant de son organe pour assommer le public.

Voix de fausset. — Registre succédant à la voix de poitrine et comprenant la voix mixte et la voix de tête. (Argot musical.)

En musique, dit avec raison Castil-Blaze, rien de *faux* n'est et ne peut être admis.

Ce mot, dont on a faussé l'orthographe, devait s'écrire *faucet*, du latin *faux, faucis*, la gorge.

> A l'Op', quand un Arnold débute,
> Si, de tête, il lance son ut,
> On lui répond par un long chût !...
> Au bout du *fausset*... la culbute.
>
> (*Musicorama.*)

Voix de macaroni. — Argotisme forgé par le sopraniste Crescentini pour désigner les chanteurs qui empâtent leur phrase musicale de portamenti saugrenus.

Voix de poitrine. Voix de tête. — « Façons de s'exprimer que l'on a adoptées pour pouvoir s'entendre. En effet, la voix ne se forme pas plus dans la *poitrine* qu'elle ne se forme dans la *tête*, elle vient du larynx. Lorsque je dis : *son de poitrine* ou *son de tête*, j'entends un son qui, parti des cordes vocales, comme tous les sons, va résonner plus particulièrement dans la *poitrine* ou dans la *tête*...

(E. Crosti. *La voix des enfants.*)

Les anciens, croyant que l'inflammation des membranes muqueuses était produite par un flux d'humeurs descendant de la *tête*, baptisèrent cette maladie du nom de *catarrhe* (*Kata*, en bas ; *rhéô*, couler) argotisme que nous avons conservé précieusement et dont nous désignons le premier degré par la métaphore bizarre de *rhume de cerveau*.

Les Hindous avaient nommé *Cérébrales* cinq lettres de leur alphabet sanscrit, parce que, dit F. Bopp, « on prononce ces lettres en repliant profondément la langue vers le palais, de manière à produire un son creux qui a l'air de venir de la *tête*. »

(*Grammaire comparée des langues Indo-européennes.*)

Vrille. — Son ou instrument perçant. (Argot musical.)

On a surnommé le piccolo la petite vrille de l'orchestre. (Voir *Perce-oreille*.)

Vriller le tympan. — Abuser des sons perçants. (Argot des musicistes.)

W

Wagnérien. — Partisan de la musique de Richard Wagner.

Wagnérisme. — Argotisme servant à désigner la poétique dramatique et la manière musicale de R. Wagner dont le puissant génie et l'immense orgueil, formant une dissonance de seconde mineure, firent saigner autant d'amours-propres que d'oreilles routinières.

Wagnérolâtrie. — Culte exagéré du système musical de R. Wagner.

X

X. — Virtuose modeste, chanteur satisfait de ses appointements, maëstro applaudissant sincèrement l'œuvre d'un confrère encore en vie, opéra éternel, époque où les Français posséderont un dictionnaire de musique, etc. (Argot des algébristes.)

Z

Ze-ze. — Chanteur ou chanteuse qui blèse, en plaçant la langue entre les dents pour prononcer les *s* ou les *j*, ce qui fait parler *ze-ze*. (Argot populaire.)

Zéphyrienne (Musique). — Chompré, dans son dictionnaire de la fable, qualifie *Zéphyre* de vent d'occident. «Il était, dit-il, fils d'Éole et d'Aurore.

Il souffle avec tant de douceur, et cependant tant de puissance, qu'il rend la vie aux arbres et aux fruits. Il épousa la déesse Flore dont il eût plusieurs enfants. On le représente sous la figure d'un jeune homme ayant un air serein.» *(Textuel.)*

> Sur le trône ou sur l'ais rustique,
> Quel mortel, o Vent bien aimé,
> N'a point de ta douce musique
> Senti le souffle parfumé?

Voyez à quoi tiennent les destinées de l'art; il n'a tenu qu'à une note de *musique zéphyrienne* que la fondation définitive de l'Opéra français fût peut-être retardée d'un siècle. Sans cette note providentielle, Lulli restait à jamais marmiton dans les cuisines de Mlle de Montpensier.

Voici en quels termes galants Bourdelot raconte cette histoire : « Venu en France, Mademoiselle le prit chez elle, parmi ses officiers de cuisine, s'il vous plaît : il était sous-marmiton. Dans les moments libres de sa cuisine, il râclait un méchant violon, que le violent penchant qui le poussait à la musique lui fit trouver. On l'entendit. Ce fut, je pense, le comte de Nogent. Il dit à Mademoiselle que son marmiton avait du talent et de la main. Elle lui fit apprendre : il monta à la chambre, d'où sa figure, qui n'était pas ragoûtante, l'avait d'abord écarté, et le voilà musicien en titre. Mais une aventure de sa maîtresse où il se mêla, mauvais

courtisan pour un homme de sa nation, le fit chasser.
— Qu'est-ce que fut, monsieur, cette aventure ? Ne voyez-vous pas qu'il faut nous la conter, après nous avoir donné envie de la sçavoir ?... — Vous la conter, Madame ? C'est justement ce que je voulais éviter. L'historien la sait, mais il est embarrassé comment la dire. Vous souvenez-vous de ces stances de Bardou, entre lesquelles il y en a une citée par plusieurs gens polis :

> Mon cœur outré de déplaisirs,
> Était si gros de ses soupirs,
> Voyant votre cœur si farouche,
> Que l'un d'eux, se voyant réduit
> A ne pas sortir par la bouche,
> Sortit par un autre conduit.

Un soupir de cette nature que fit dans sa garde-robe Mademoiselle, amoureuse ou non, et qui fut très clairement entendu dans sa chambre, fut la cause de la disgrâce de Lulli. Il courut des vers sur cet accident ; et Lulli s'étant avisé d'y faire un air, qui donna encore du cours aux paroles, Mademoiselle le congédia sans récompense. Il entra dans les violons du roi. »

(*Histoire de la musique et de ses effets*, 1726. Tome III.)

Zinc. — Voix métallique et de bon aloi. (Argot des chanteurs.)

Peut-être a-t-on choisi le *zinc* de préférence à

tout autre métal, à cause de son rapprochement avec le verbe anglais *to sing*, chanter.

(Voir *Mannesingue*.)

Zinc (Avoir du). — Avoir un organe vocal bien timbré.

L'argot semble avoir choisi de préférence les métaux pour caractériser la voix humaine. On connaît le proverbe : la parole est d'*argent* et le silence est d'*or*. Pierre Dupont, dans sa chanson des louis d'or, gratifie le diable d'une voix de *cuivre*. Le peuple qualifie de *platine* une langue bien affilée.

Plus modestes, les chanteurs se sont réservé le *zinc*, sans doute parce que ce métal entre dans la composition des gouttières, hantées la nuit par les chats.

(Voir *Avoir une carotte dans le plomb, avoir un chat dans la gouttière*.)

Zut ! — Exclamation populaire dont la traduction polie est : Laisse-moi tranquille ! Va te promener !

On a vu comment l'*out* (dehors), dont la fière Albion nous fit cadeau pendant ses guerres d'invasion, se transforma dans la bouche du peuple français en note de musique. Eh bien, cet *ut*, cette première syllabe de la fameuse hymne de saint

Jean-Baptiste, est devenue une des perles du glossaire du gavroche parisien.

Le contemporain du chemin de fer et du téléphone pouvait-il adopter la plaisanterie kilométrique de ses pères:

« Sais-tu la musique? Oui. Eh bien, ut! »

L'hiatus final « *Eh bien, ut!* » choquait son oreille délicate; il réduisit ce quolibet à sa plus simple expression, il l'euphonisa et fit du vieux mot anglo-latin, l'expressif et harmonieux vocable: *Z'ut!*

(Voir *Flûte! Tarare! Ut!*)

TABLE ALPHABÉTIQUE
DES MATIÈRES

A

	Pages
Académicien	1
Académie nationale de musique	2
Accordéon	4
Accordeur de flûtes	6
Accordeur de la Camarde	7
Accordeur de piano	9
Accoucher de sa note	9
Accrocher	10
AI	10
Ail (Flûte à l')	11
Air à moustaches (L')	12
Air et la chanson (En avoir l')	12
Air (Jouer le même)	13
Air de sa façon (Jouer un)	13
Airs	14
Airs (Être à plusieurs)	14
Airain sacré (L')	14
Alleluia (Entonner l')	15
Ame	15
Amen (Chanter)	15
Andalouserie	16
Anonner	16
Antienne (Chanter une)	17
Apollon (Disciple ou favori d')	17
Appeler Azor	18
Archet chauve	20
Archet d'Apollon	20
Arçon	20
Aria	22
Armer la clef	22
Armoire (Raboter l')	23
Armoire (Remporter son)	24
Arpège	24
Arracher les oreilles	25
Arranger	25
Arrangeurs	27
Artistes consommateurs	29
Attaque (Être d')	29
A tour de bras (Musique)	30
Attraper le lustre	30
Aubade (Donner l')	30
Au bout de son rouleau (Être)	31

B

	Pages
Badigoinces (Accorder ses)	31
Baguettes de tambour	32
Baguettes (Avaler ses)	32
Bain de sons (Prendre un)	32
Barbe (Faire sa)	32
Barboter	32
Barytoner	33
Bassin, Bassinant	34
Basson (Jouer du)	36
Bastringue	37
Bâton m....	37
Bâtons rompus (A)	38
Battant	38
Battant	39
Battante	40
Batterie de cuisine	40
Battre la breloque	41
Battre la campagne	42
Battre la mesure	43
Battre la mesure sur le dos	44
Bec	45
Bécarre	45
Bedaine	45
Bedon	46
Beffroi (Le Grand)	46
Bénisseur	46
Benzine	46
Béquet	46
Berliozisme	47
Berliozistes	47
Beuglant	47
Beugler	48
Billevesée, Blague	48
Blanche	49

	Pages
Blouser les timbales	49
Bois (Les)	51
Bois (Faire suer les)	51
Boîte à cor	52
Boîte à musique	53
Boîte à musique (Chanter comme une)	53
Boîte à violon	53
Boîte à violon	54
Bosse musicale (Avoir la)	54
Boucan	55
Bouffe	56
Bouffes (Les)	56
Bouibouis	57
Boum! du cygne (Pousser le)	57
Bousin	58
Boyaux de chat	58
Braillard	58
Braillardocratie	59
Brailler	60
Bran de scie	61
Brandillante	61
Bravoure (Air de)	61
Brioche (Faire une)	62
Broderies	62
Brodeur, Brodeuse	63
Brutal (Le)	63
Bruyant	65
Buffet	66

C

Cacaphonie	67
Cadence de Cigale	67
Cadence ou Trille du diable	67

TABLE ALPHABÉTIQUE DES MATIÈRES

	Pages		Pages
C. a. i. d.	68	Chanter	83
Caisse (Bander la)	69	Chanter	83
Caisse (Battre la)	69	Chanter	83
Caisse (Sauver la)	69	Chanter (Faire)	84
Campane	69	Chanter au lutrin	84
Campane	70	Chanterelle	85
Canard	70	Chanterelle (Appuyer sur la)	85
Canarder	70	Chanterelle (Donner du mou à la)	85
Canarie	71		
Cancan	71		
Canon	72	Chanterelle (Faire baisser la)	86
Cantonnade (Chanter à la)	73		
Carillonner (S')	73	Chanterelle (Hausser la)	86
Carotte dans le plomb (Avoir une)	73	Chanterelle du bourreau	86
		Chanter pouille	87
Carreau (Le)	74	Chanter sur tous les tons	87
Cascades	74	Chanteur	88
Casse-cou	74	Chanteur de la chapelle Sixtine	90
Casse-poitrine ou Casse-g.	74		
Castagnettes (Agiter ses)	75	Chanteur-recette	93
Caveau	75	Chantonner	93
Cerveau fêlé	76	Chantonnerie	93
Chahut	78	Chantre	93
Chambre (Musique de)	78	Chantre	94
Chansonner	79	Chantre	94
Chansonnet	79	Chapeau	95
Chanson (Chanter toujours la même)	80	Chapeau de gendarme	95
		Charivari	95
Chansons	80	Charivari (Avoir)	97
Chansons (Payer en)	80	Charivarique (Musique)	97
Chansons (Se payer de)	80	Charivarius	97
Chant	81	Chat	98
Chantage	82	Chat dans la gouttière (Avoir un)	98
Chant du départ (Chanter le)	82		
		Chats (Musique de)	99
Chante-clair	83	Chaudron	100
Chanter	83	Chaudrons	100

	Pages		Pages
Chef d'attaque	101	Colin-tampon (S'en moquer comme de)	113
Chef de pupitre	101	Colophane	114
Cheveu	101	Commode (Remuer la)	115
Chevrotement	102	Compagnon de chaîne	115
Chevroter	102	Concert Européen	116
Chien (Avoir du)	102	Conservatoire	116
Chien (Ecole du petit)	102	Conservatoire de la Villette (Elève du)	116
Chiens et de chats (Musique de)	103	Contrainte par cor	116
Chorus (Faire)	103	Contrainte par cor (La)	117
Chromatique	103	Contrebasse	117
Cigale	104	Contrepoing	117
Cigale	105	Contre-temps (Aller à)	118
Cigalier	106	Coquer	118
Citron	106	Coquilles musicales	118
Civet sans lièvre (Ecole du)	106	Corder	119
Claque	107	Corde sensible (La)	120
Clarinette de cinq pieds	107	Cordes (Les)	120
Clarinette avec son nez (Jouer de la)	108	Cordes (Faire suer les)	120
Clef du caveau	108	Cordes vocales	121
Clef de Fa	108	Cornemuse (Se rincer la)	122
Clef (A la)	109	Cornemuseux	122
Cligne-musette	109	Corner aux oreilles	122
Clique	110	Couac	123
Cliques et ses claques (Prendre ses)	110	Coup de fouet	125
Cliquettes	111	Coup de langue	126
Cliquettes	111	Coup de marteau	126
Cliquottement	111	Coup de pistolet	128
Cloche de bois (Déménager à la)	111	Coureur de cachet	129
Cloche-pied (A)	112	Cracher sur les quinquets	129
Clocher	112	Crécelle (Voix de)	130
Cloque	113	Crescendo ou Decrescendo (Aller)	130
Cocottes	113	Creux (Avoir du)	130
Cocu, cocuage	113	Crever son soufflet	131
		Crier au vinaigre	131

TABLE ALPHABÉTIQUE DES MATIÈRES

	Pages
Crincrin	131
Croque-note ou Croque-Sol	131
Crotale	132
Cuir	132
Cuisine musicale	133
Cuivres (Les)	135
Cuivres (Faire suer les)	135
Cure-oreilles	136
Cygne (Chant du)	136
Cymbale (La)	138
Cymbales (Les)	138
Cymbales (Décrocher ses)	139
Cymbales (Paire de)	139

D

	Pages
Da Capo	139
Dame blanche	140
Dame du lac	140
Décadence parfaite	141
Déchanter	141
Déchiffrer	141
Décompositeur	142
Décrocher	142
Degueulando	142
Déjouer (En)	142
Démancher	143
Désagrément (Note de)	143
Descendre	143
Détailler	144
Détonner	145
Dévisser son archet	145
Diable (Musique du)	145

	Pages
Diable en terre. (Musique à porter le)	146
Diamant	147
Diapason	147
Diapason (Être au même)	148
Diapason (Hausser ou baisser le)	148
Diapason (Sortir du)	148
Diatonique	148
Din, don	149
Dit-tout	149
Diva-chopa	149
Do bémol	150
Dominos (Jouer aux)	150
Doigts (Avoir des)	150
Doigts (Être en)	151
Doigts (Se faire les)	151
Dondon	151
Donner du cor	151
Donner (La)	151
Dorémi (Vierge de)	153
Doublure	153
Drelin, drelin	153
Du coton !	154

E

	Pages
Échelle	154
Écorcher les oreilles	155
Écorcher un morceau	156
Ecrevisse (Canon en)	156
Effets de cheveux	156
Embouchure (Cracher son)	157
Empiffrer (S')	157
Empoignante (Musique)	157

	Pages		Pages
Enfant de chœur	158	Flafla (Faire du)	172
Engammer	158	Flageoler	172
Enharmonie	158	Flageolets	172
Enlevante (Musique)	158	Flageolets	172
Enlever	159	Flonflons	173
Enragée (Musique)	159	Flûte !	173
Entonne	160	Flûte	174
Entonner	160	Flûte	174
Entonner un gloria	161	Flûte	174
Entonnoir	161	Flûte (Jouer de la)	174
Escalier vocal	162	Flûte (Joueur de)	175
État à marteau	162	Flûter	175
Étoile du chant	164	Flûter	175
Étoile filante	164	Flûter (Envoyer)	176
Étoilomanie	164	Flûter (Se faire)	176
Exécuter	164	Flûtes	176
Exécution	165	Flûtes	176
		Flûtes (Accorder ses)	177
		Flûtes (Astiquer ses)	177
		Flûtes (Être du bois dont on fait les)	177
F		Flûtes (Jouer des)	178
		Flûteur	178
Fa bémol	165	Flûteuse (La)	179
Fagot	166	Flûteux	179
Fanfarer	166	Flûtiau	179
Fauvette	166	Flûtiez (C'est comme si vous)	179
Femme du régiment	166	Fondre la cloche	179
Fesser le requiem	167	Four	179
Ficelles	167	Fourche (Faire la)	180
Ficelles	167	Fourchette	180
Fifre (Jouer du)	169	Fourchette harmonique	180
Fifrelin	169	Fredaine	180
Fignolade	169	Fredonneur	181
Filer un son	170	Fredons	181
Filet de vinaigre	170	Fugue	181
Filet de voix	170		
Fioritures	171		

G

	Pages
Galoubet.	182
Gamme (Chanter une)	182
Gamme (Être hors de)	184
Gammes	185
Gargariser (Se).	185
Gargarismes	185
Gargouillade	185
Générale (Battre la)	185
Générale avec ses dents (Battre la)	186
Gent chante-menu (La)	186
Glas	186
Gloria	186
Gloria patri	187
Gluckistes	187
Goguette.	187
Goguette.	188
Goguette (Chanter).	188
Goguette (Être en)	188
Goualante	188
Goualer	188
Goualeur-euse	188
Graillement	188
Grande musique.	189
Grand opéra.	189
Gratter le Jambon	189
Grelot	189
Grelot (Agiter son)	189
Grelot (Attacher le)	190
Grelot (Avoir son)	190
Grelot (Faire péter son)	190
Grelot (Mettre une sourdine à son)	190
Grosse caisse.	190
Grosse caisse (Battre la)	191
Gros Violon	192
Guimbarde.	192
Guimbarde.	193
Guimbarde.	193
Guimbarde.	193
Guimbarde.	194
Guitare	194
Guitare (Acteur)	194
Guitare (Avoir une sauterelle dans la).	195
Guitare (Pincer de la)	195
Guitariste	195

H

	Pages
Harmonica bachique	195
Harpagon	196
Harpe	197
Harpe (Craindre la)	198
Harpe (Jouer de la)	198
Harpe (Jouer de la)	198
Harpe (Pincer de la)	199
Harper.	199
Harpie.	199
Harpigner (Se)	200
Haut.	200
Hautbois (Jouer du)	200
Homme-orchestre	201
Hymne	203

I

	Pages
Impossible (Musique)	203
Inchantable	204

	Pages		Pages
Indéchiffrable	204	Luthier	216
Ingrat (Instrument)	206	Lyre, luth, théorbe, etc	216
Injouable	206	Lyre (La)	221

J

Jambon, Jambonneau	207
Jeton (Chanter ou jouer faux comme un)	208
Jeunes (Les)	208
Jouailler	209
Jouer	209
Jouer en si	209
Jouer le second violon	210

K

Kaléidoscope	210
Kyrielle	211

L

La (Donner le)	212
La (Prendre le)	212
Lanlaire (Envoyer faire)	212
Larynx (Jouer du)	213
Litanies (Chanter des)	213
Lit-notes (Tête de)	213
Livre ouvert (Lire à)	214
L'Op	214
Loups	214
Lullistes	214
Lurelure (A)	215
Luron	215

M

Machin, machine	221
Machine pneumatique	222
Magnificat à matines (Chanter)	223
Maîtresse de piano	223
Majuscule	223
Manivelle	224
Mannesingue	224
Marchand de robinets	225
Marmites	225
Marseillaise de la mort (La)	225
Martel en tête (Avoir)	225
Martelé	226
Martyr de la chanterelle	227
Massacre	227
Méli-mélo	228
Mélodiphobes	228
Mélomane	228
Mélomanie	229
Mélophobe	229
Mélophobie	230
Méloplats	230
Ménétrier	231
Ménure-lyre	231
Mère Gaudichon (Chanter la)	231
Messes (Chanter des)	232
Méthode Chevé	232
Mettre un bémol à	233
Mettre un dièse à	233

TABLE ALPHABÉTIQUE DES MATIÈRES

	Pages		Pages
Midas	234	Musique	246
Ministérielle (Musique)	234	Musique	247
Mirecourt	235	Musique	247
Mirliton	236	Musique	247
Mirliton	236	Musique	247
Mirliton héroïque (Le)	236	Musique	247
Mirliton (Vers de)	237	Musique	247
Misère (Chanter	237	Musique de l'avenir	247
Mistanflûte (A la)	237	Musique des Saints-Innocents	248
Moitié	237	Musique (Faire de la)	249
Monniaux (Ce qui fait chanter les)	238	Musique (Faire de la)	249
Monstre	238	Musique (Faire de la)	250
Monter	239	Musique (Faire de la)	250
Motif	240	Musique (Passer à la)	250
Mouche	240	Musiquer	250
Moudre un air	240	Musiquer	250
Mouiller (En)	241	Musiquer	250
Moulin à café	241	Musiquette	250
Moulin à son	242	Musiqueur	250
Musard	242		
Musarder	242		
Musarderie	242	**N**	
Muser	242		
Museur	243	Naturel (Ton ou son)	251
Museau de Chien	243	Noire	252
Musette	243	Note (Avoir la)	252
Musette	243	Note (Être dans la)	253
Musette	243	Note (Faire la)	253
Musette	244	Note (Ne savoir qu'une)	253
Musette (Couper la)	244	Nourrir les sons	253
Musette (Jouer de la)	244		
Musicastre	244	**O**	
Musicien	245		
Musicien	245	Œil (Jouer à l')	253
Musicien	245	Offenbachique	254
Musiciens	246	Oignon (Flûte à l')	254

	Pages
Oiseau-cloche	254
Oiseau-trompette	254
Olla-podrida	255
Opéra	256
Opéra-Franconi	256
Orchestre	257
Orchestre-monstre	257
Orchestre (Jouer de l')	258
Oreille (Avoir de l')	259
Oreille (N'avoir pas d')	260
Organiste (L')	260
Orgue	261
Orgue	261
Orgue	262
Orgue	262
Orgue (Jaspiner sur l')	262
Orgue (Jouer de l')	262
Orgue (Manger sur l')	262
Orgue de barbarie	263
Orgue de mer	263
Orgues (Jeux d')	263
Orphée	264
Orphée de carrefour	264
Orphie	265
Os à moelle	265
Ouïsme (L')	265
Ours	266
Ours (Danse d')	266
Outil	266

P

	Pages
Palette	266
Palette des sons	266
Palinodie (Chanter la)	267
Papa, maman	267
Papier à musique (Réglé comme un)	267
Par cœur (Chanter ou jouer)	268
Paroles et musique	268
Parolier	268
Partie de remplissage	269
Partir	269
Pastiche	271
Patapouf	272
Patiner (En)	272
Pâtissier	272
Pauses (Compter des)	272
Pauvre homme!	273
Pavillon	273
Pavillonner	274
Paye tes dettes!	275
Peau d'âne	276
Pédale	277
Pendule à plumes	277
Perce-oreille	278
Perruquerie	278
Perruquinisme	279
Persécution (Instruments de)	280
Perte d'oreille (A)	280
Petite musique	280
Petit son	280
Pétrin	281
Philomèle	281
Philomèle	282
Phone	282
Piane-piane	282
Pianiste	283
Piano	284
Piano (Jouer du)	284
Piano de Savoyard	285
Piano (Vendre son)	285

TABLE ALPHABÉTIQUE DES MATIÈRES

	Pages		Pages
Pianomane	286	Prix de rhum	301
Piano-morbus	286	Prix marqué et prix net	302
Pianophobe	286	Psaltérion (Mettre au)	302
Pianopolis	287	Puff	303
Pianotage	287		
Pianoter	287		
Pianoteur-euse	287	**Q**	
Piccinistes	288		
Pied levé (Jouer au)	288	Quadrumanes	303
Pif	289	Quatre (Se mettre en)	303
Piffre	289	Quatuor	304
Piffre	290	Queue	204
Piffrer (Se)	290	Queue de poisson	305
Pilier d'opéra	290	Quinte	305
Pincer de la guitare, de la harpe etc.	290	Quintette	306
Pincer (En)	291	Quinze-Vingts (Musique de)	306
Pipe	291		
Piper	291	**R**	
Piper	292		
Piper (Ne pas)	292	Raboter le sifflet (Se)	308
Piquer une muette	292	Raccord	309
Piquer une romance	293	Râcler le boyau	310
P... dans un violon	294	Rafistoler	311
Piston (Jouer du)	294	Rafistoler (Se)	311
Planche aux soupirs (La)	294	Râler	311
Plumer la dinde	294	Ramage	311
Poireau	295	Ramistes	312
Ponts-neufs	295	Raquette	312
Porte-lyre	296	Rasibus	312
Porte-lyre	296	Rataplan	313
Posséder son embouchure	297	Registres de la voix	313
Posséder son instrument	297	Rémouleur de buffet	314
Pot-pourri	298	Remplir le battant (Se)	315
Préludeur	298	Rentoilage	315
Prima donna de l'égout	299	Répétition	316
Prima gueula	300	Reprise	316

	Pages		Pages
Reprise perdue	317	Saboter	332
Requin	317	Saboteur	332
Ricochet (Chanson du)	317	Sabrer	333
Rincer les oreilles (Se)	318	S..., musique	333
Rince-voix	318	Sangsue (Poseur de)	333
Ring-zing-guing !	318	Savante (Musique)	333
Ripiène	319	Savonner	334
Ritournelle	320	Savonner	334
Romancier	320	Saxons et Carafons	335
Ronde	321	Scier du bois	337
Rosalie	321	Scierie	337
Rossignol	322	Scieur de bois	338
Rossignol	322	Secouer la commode	338
Rossignol	323	Se l'extraire	339
Rossignol	323	Serinade	339
Rossignol	323	Serinage	339
Rossignol	323	Seriner	339
Rossignol à glands (Chanter comme un)	324	Seriner	339
		Serinette	339
Rossignol d'Arcadie (Chanter comme un)	325	Serinette	341
		Seringue (Chanter comme une)	341
Rossinisme	327	Serpent	342
Rossiniser	327	Siffle	342
Rossinistes	327	Siffler	342
Roteur	328	Siffler	343
Roucouler	328	Siffler la linotte	343
Roue de vielle	329	Sifflet	344
Roulade	329	Sifflet d'ébène	345
Roulades (Chanteuse à)	330	Sifflet (Couper le)	345
Routinier	330	Sirène	345
Rupture de gamme (En)	330	Sirène de boulevard	345
		Sirène de moulin (Chanter comme une)	346
S		Sirènes ou Musicos	346
Sabbat	331	Sombré	347
Sabot	331	Sonner	347

TABLE ALPHABÉTIQUE DES MATIÈRES

	Pages
Sonner	348
Sonner la grosse cloche	348
Sonner le tocsin	348
Sonnet	349
Sonnette	349
Sonnettes	349
Sonnettes	349
Sortir les sons (Faire)	350
Soufflant	351
Soufflet (Crever son)	351
Soufflet	351
Soufflets (Paire de)	351
Souliers à musique	352
Sourdine (A la)	352
Sourdine (Mettre une)	352
Souricière	352
Spé	353
Succès étourdissant	353
Syncope	353

T

	Pages
Tabatière (Musique de)	354
Tablature (Donner de la)	354
Tagnards	354
Talon	355
Tambour	355
Tambour	355
Tambour	355
Tambour battant (Mener)	355
Tambour des escargots	356
Tambour (Battre du)	356
Tambour (Crever son)	356
Tambour (Roulement de)	356
Tambourin des crapauds	357
Tambour ni trompette (Sans)	357
Tambourineux	358
Tam-tam	358
Tap ou tapin	358
Tap à mort, Tapin	358
Tapoteur de piano	359
Tapotoir	360
Taquiner les dents d'éléphant	360
Tarabuster	361
Tarare	361
Tarare-ponpon !	362
Te-Deum raboteux (Chanter un)	362
Tenir le piano	362
Ténor	363
Tierce mineure	363
Timbale	364
Timbale	364
Timbale (Faire bouillir la)	365
Timbalier du roi de Maroc	365
Timbré	365
Tintamarre	366
Tintouin	367
Tire-flûte (Boire à)	368
Tire-larigot (Boire à)	369
Tirelire	370
Tirer la ficelle	371
Ton	371
Ton (Donner le)	372
Ton (Faire baisser le)	372
Ton (Faire changer de)	372
Ton (Faire chanter sur un autre)	373
Ton (Le prendre sur un)	373

TABLE ALPHABÉTIQUE DES MATIÈRES

	Pages		Pages
Ton (Se donner un)	373	Trompette (Sonner de la).	387
Toquade	373	Trompetter	388
Toquante	374	Troubadour, Troubade	388
Toqué	374	Tube	388
Tord-boyaux	375	Tube (Ramoner son)	388
Tortue-luth	375	Tubulaire-chalumeau	389
Torture (Instruments de)	376	Turlutaine	389
Toucha	377	Turluter	389
Toucher du piano ou de l'orgue	378	Turlututu !.	389
		Turlututu	389
Touches de piano	378	Tutu-panpan	390
Tour du bas ton	379	Tuyau	390
Tourlourou	379	Tuyau	390
Tours de force	380	Tuyau d'orgue	391
Trac (Avoir le)	381	Tympaniser	391
Tralala	382	Tympanite	391
Tralala	382		
Traviata	382		
Trembleuse	383	**U**	
Tremoloter	383		
Trio laid	383	Unisson (Être à l')	391
Triton	383	Usine musicale (L')	392
Trois-pieds	384	Ut !	392
Trombone	384		
Trombone (Faire)	384		
Tromper	385	**V**	
Trompette	385		
Trompette	386	Vacarmini (Il signor)	394
Trompette	386	Vaudeville	394
Trompette	386	Vent ! (Du)	395
Trompette	386	Vent (N'y entendre que du)	395
Trompette d'arrière garde	386	Vent (Instrument à)	396
Trompette de cimetière	387	V.E.R.D.I	396
Trompettes de la mort	387	Vesse	396
Trompettes de mer	387	Veste (Remporter une)	397
Trompette (Bon cheval de)	387	Vicarier	397
Trompette (Nez en)	387	Viellé ou violé (Bœuf)	397

	Pages		Pages
Vielles (Accorder ses)	398	Voix de fausset	409
Vielles (Être du bois dont on fait les)	398	Voix de macaroni	410
Vielleux, Vielleuse	398	Voix de poitrine, Voix de tête	410
Violon	399	Vrille	411
Violon	402	Vriller le tympan	411
Violon	403		
Violon	403		
Violon de bourrique	403	**W**	
Violon (Jouer du)	403		
Violon (Jouer du)	403	Wagnérien	411
Violon (Jouer du)	404	Wagnérisme	411
Violon (Sec comme un)	405	Wagnérolâtrie	412
Violoneux	405		
Violoniste (Le)	405		
Violoniste (Le)	405	**X**	
Violon-répétiteur	406		
Violons	406	X	412
Violons (Donner les)	407		
Violons (Payer les)	407		
Virtuoses du pavé	407	**Z**	
Voix (Avoir de la)	408		
Voix (Être en)	408	Ze-ze	412
Voix (Se faire la)	408	Zéphirienne (Musique)	412
Voix blanche, Voix sombrée	409	Zinc	414
		Zinc (Avoir du)	415
Voix de Centaure	409	Zut!	415

www.ingramcontent.com/pod-product-compliance
Lightning Source LLC
Chambersburg PA
CBHW071058230426
43666CB00009B/1747